变革 创新

电网企业生产组织优化提升与指挥体系建设实践

国网甘肃省电力公司　组编

中国电力出版社
CHINA ELECTRIC POWER PRESS

图书在版编目（CIP）数据

变革·创新：电网企业生产组织优化提升与指挥体系建设实践 / 国网甘肃省电力公司组编. —北京：中国电力出版社，2023.5
ISBN 978-7-5198-7723-1

Ⅰ. ①变… Ⅱ. ①国… Ⅲ. ①电力工业–工业企业管理–生产组织–研究–甘肃
Ⅳ. ①F426.61

中国国家版本馆 CIP 数据核字（2023）第 064935 号

出版发行：中国电力出版社
地　　址：北京市东城区北京站西街 19 号（邮政编码 100005）
网　　址：http://www.cepp.sgcc.com.cn
责任编辑：周秋慧（010-63412627）
责任校对：黄　蓓　常燕昆
装帧设计：赵丽媛
责任印制：石　雷

印　　刷：北京华联印刷有限公司
版　　次：2023 年 5 月第一版
印　　次：2023 年 5 月北京第一次印刷
开　　本：710 毫米×1000 毫米　16 开本
印　　张：17.75
字　　数：277 千字
印　　数：0001—3000 册
定　　价：95.00 元

编 委 会

前言

党的十八大以来，以习近平同志为核心的党中央统筹中华民族伟大复兴战略全局和世界百年未有之大变局，提出“四个革命、一个合作”能源安全新战略，做出推进碳达峰碳中和的重大战略决策，明确了建设能源强国新目标，为新时代我国能源清洁低碳转型指明了发展方向、提供了根本遵循。“十四五”是碳达峰的窗口期，也是我国布局新时代国际能源供给高地的关键期，能源是主战场，电力是主力军，国家电网有限公司（简称国家电网公司）坚决贯彻落实党中央、国务院决策部署，主动适应能源战略发展方向，提出一业为主、四翼齐飞、全要素发力的“一体四翼”发展布局，大力推进能源低碳转型，构建新型电力系统，深入推进能源安全、能源生产与能源利用方式的变革，加快建设具有中国特色国际领先的能源互联网企业，助力我国能源事业在高质量发展道路上迈出新步伐。

甘肃电网是西北电网的中心枢纽，是“西电东送”的主通道，也是国内典型的“三高”（高比例清洁能源、高比例电力电子设备、高度市场化）特征电网。国网甘肃省电力公司（简称国网甘肃电力）作为国家电网公司驻甘央企，承担着引领西北能源产业发展、保障能源供应“一盘棋”、构建以新能源为主体的新型电力系统建设的重要使命。国网甘肃电力抢抓机遇、改革创新，顺应能源革命与数字革命融合发展新趋势，深度落实国家电网安全管理体系（SGSMS）与现代设备管理体系（SEMS），以全业务数字化转型为核心大力推进生产组织变革、生产方式变革、安全管控方式变革；创谋“大安全、大应急”框架，探索构建“强前端、大后台、精准指挥”的新型平台型生产指挥体系，实现设备精准可知、风险精准可控、应急精准指挥；广泛聚合内外部资源，着力构建电力保供“共同体”，有力提升生产质效，牢固保障能源安全，助力地方经济与社会民生的良好发展，推动西北能源产业现代化转型，构筑纵向信息贯通、横向业务协同、政企合作共赢、产业开放联动的电力安全生产新发展格局，以新担当新作为，在能源转型与构建新型电力系统的新征程上贡献甘肃力量。

本书分为机遇篇、变革篇、创新篇、笃行篇四篇。

机遇篇主要阐述了我国能源领域出台的一系列重磅规划和政策，明确了建设能源强国、数字中国新目标，为新时代我国能源清洁低碳转型指明了发展方向。国家电网公司全面贯彻新发展理念，全力推进“一体四翼”高质量发展，是国网甘肃电力近几年变革发展的目标方向、主要路径、动力源泉与理论基础。

变革篇是国网甘肃电力近五年的重大变革举措与重要行动。主要阐述了在政策、产业发展环境下，积极落实“两个体系”建设内容，以数字化为核心，创新提出平台型安全生产组织体系与“大安全、大应急”框架，深入推进生产体系变革、生产资源聚合，构建公司内外变革基础与发展环境。

创新篇是指挥体系与指挥中心创新建设内容。主要阐述了在各层级、各专业变革基础上，国网甘肃电力创新建设指挥体系，明确指挥中心定位、组建方式、核心业务、管理机制，深入推进组织平台与技术平台的建设，正式开启构建新型安全生产体系的征程。

笃行篇是国网甘肃电力基于党的二十大精神的未来发展规划。阐述了国网甘肃电力对于党的二十大精神的理解，分析了国家“十四五”期间产业发展和技术发展的新方向，明确了国网甘肃电力在此背景下未来发展的新目标，探索出企业级数智化指挥体系构建思路及未来发展方向。

书中的主要内容与案例素材，主要来源于国网甘肃电力发布的管理机制、工作方案、汇报材料等，部分内容源于各专业部门历年积累的学习研究资料。本书内容主要以“主体内容＋延伸阅读”的形式设定，其中延伸阅读是国网甘肃电力各级单位、各专业部门近几年来所做出的典型案例与具体成效，希望能够为同行带来参考价值。

编　者

2023 年 1 月

目录

第三篇　创新篇

第四篇　笃行篇

第一篇　机遇篇

党的十八大以来，习近平总书记创造性提出“四个革命、一个合作”能源安全新战略，做出推进碳达峰碳中和的重大战略决策部署，强调要把能源饭碗牢牢端在自己手里，明确了建设能源强国、数字中国新目标，为新时代我国能源清洁低碳转型指明了发展方向、提供了根本遵循。国家电网公司全面贯彻新发展理念，全力推进“一体四翼”高质量发展，积极服务碳达峰碳中和目标，坚持清洁低碳是方向、能源保供是基础、能源安全是关键、能源独立是根本、能源创新是动力、节能提效要助力，努力争当能源清洁低碳转型的推动者、先行者、引领者。国网甘肃电力深入贯彻落实国家电网公司党组和甘肃省委省政府工作部署，以高质量发展为主线，坚持“37814”工作思路，依托自身独特优势，积极稳妥推动公司管理模式和电网生产方式变革，实现生产力生产方式生产关系协同演进，努力打造电网指挥体系的国网示范，在服务碳达峰碳中和、构建新型电力系统中打造甘肃样板。

本篇主要阐述了我国能源领域出台的一系列重磅规划和政策，以及国家电网公司推进能源革命和数字革命的非凡成就，从而深刻指引了国网甘肃电力积极推进电网生产体系变革。

第一章 能源发展新战略

能源是人类文明进步的基础和动力，关系人类生存和发展，攸关国计民生和国家安全。

当前，我国能源电力发展面临保障安全可靠供应、推动能源高质量发展、加快清洁低碳转型、助力实现碳达峰碳中和目标等重大战略任务。党的二十大报告要求积极稳妥推进碳达峰碳中和，深入推进能源革命，加快规划建设新型能源体系，确保能源安全。

一、四个革命、一个合作

“四个革命、一个合作”能源安全新战略的提出，为我国能源高质量发展指明了方向、提供了根本遵循。在此指引下，我国全方位推动能源消费革命、能源供给革命、能源技术革命、能源体制革命，加强国际合作。能源消费和生产结构显著优化，煤炭消费比重从2014年的65.8%下降到2021年的56%，清洁能源消费比重同期从16.9%上升到25.5%，占能源消费增量的60%以上[1]；可再生能源并网装机容量快速增长，截至2022年5月底，装机规模已突破11亿千瓦，稳居世界第一[2]，为满足清洁能源输送，中国已在运在建共39个特高压工程，线路总长度超5万千米。我国正在加快构建清洁低碳、安全高效的能源体系，能源生产和利用方式发生重大变革，能源高质量发展迈出了新步伐。

“四个革命、一个合作”能源安全新战略，要求电网充分发挥国有企业“六个力量”作用，坚持清洁低碳是方向、能源保供是基础、能源安全是关键、能源独立是根本、能源创新是动力、节能提效要助力的原则要求，努力争当

[1] 数据来源：环球网. 国家能源局：2014年以来我国单位国内生产总值能耗累计降低20%[EB/OL].（2022-7-27），https://baijiahao.baidu.com/s?id=1739488673099848198&wfr=spider&for=pc.

[2] 数据来源：中国工业报. 我国持续推进能源绿色低碳转型［EB/OL］.（2022-11-11），http://www.chinapower.com.cn/tanzhonghe/dongtai/20221111/174483.html

能源转型的推动者、先行者、引领者。

二、碳达峰碳中和

全球第三次能源转型在碳中和背景下加速推进，发展清洁能源、降低碳排放成为国际社会的普遍共识与责任担当。碳达峰碳中和目标，明确了到2030年风电、太阳能发电总装机达到12亿千瓦以上，非化石能源消费占比达到25%左右，到2060年非化石能源消费比重提升到80%以上，为中国能源发展设定了新航标，已经成为我国的重大国家战略目标。

碳达峰碳中和目标将倒逼电力行业加快清洁低碳转型，清洁能源消费比重将不断提升，电力系统“双高”“双峰”特征凸显，亟须加快构建适应新能源占比逐渐提高的新型电力系统，全面提升电力系统调节能力和灵活性。随着新型电力系统构建深入推进，电网的枢纽和平台作用将更加突出，电网生产、调度指挥系统也面临新的更高要求。

三、总体国家安全观

当前，我国面临复杂严峻的国家安全形势，各种风险挑战不断显现，必须坚定不移地贯彻总体国家安全观，加强重点领域安全能力建设，确保粮食、能源资源、重要产业链供应链安全。能源安全作为国家安全的重要组成部分，是保障国民社会可持续发展的命脉，也是促进经济高质量发展的“工业粮食”。党的十八大以来，以习近平同志为核心的党中央对能源安全问题高度重视，在重要会议中多次强调，保障能源安全的战略地位不断提升。2021年12月11日，中央经济工作会议强调确保能源供应；2022年，《政府工作报告》将能源安全升至与粮食安全同等重要的战略高度。

当前，外部形势的错综复杂、内部经济发展的新态势与碳达峰碳中和目标能源转型进程均对保障我国能源安全、能源高质量发展提出新的挑战与要求。在新形势下，保障国家能源安全的全局战略重要性愈加凸显。能源电力企业必须做到居安思危，统筹发展和安全，统筹保供和转型，在电力生产、调度等重要领域和环节积极构建大安全大应急体系，完善重点领域安全保障体系和重要专项协调指挥体系，有效防范和化解各类风险，为确保能源安全、把能源饭碗牢牢端在自己手里提供有力支撑。

四、数字化发展新趋势

能源革命与数字革命加速融合，人工智能、物联网、区块链、数字孪生等新兴数字技术正在深刻地改变传统电力系统，驱动电网发展模式、生产方式和治理形态变革。数字化与智能化转型已成为电力企业高质量发展的必由之路。当前，能源电力发展面临保障安全可靠供应、加快清洁低碳转型、助力实现碳达峰碳中和目标的重大战略任务。电网是能源转换利用和输送配置的枢纽平台，提高电网数字化水平是数字经济发展的必然趋势，也是构建新型电力系统、促进能源清洁低碳转型的现实需要，具有重要意义。

在“四个革命、一个合作”能源安全新战略、碳达峰碳中和、总体国家安全观的大背景下，深入推进数字化转型，必须加快推动电网指挥体系变革，不断适应能源转型和生产力发展需要，坚决扛起能源高质量发展、新型电力系统建设、电网安全稳定、电力可靠供应的责任。

第二章 电网转型新使命

一、推动能源电力高质量发展

党的十八大以来，国家电网公司牢记党的初心使命，坚定理想信念，胸怀“国之大者”，以改革促发展、以改革强实力、以改革增动力，全面落实“四个革命、一个合作”能源安全新战略，提出一业为主、四翼齐飞、全要素发力的“一体四翼”发展布局，加快建设具有中国特色国际领先的能源互联网企业。坚持系统观念、建立平台思维、加强科技创新、发挥市场作用，出台了一系列务实举措，推动了能源电力的高质量发展。在消费端，大力实施电能替代，提高终端消费电气化水平，电能占终端能源消费比重达到27%左右[1]。在供给侧，打造清洁能源优化配置平台，促进能源供给清洁化，实现跨省区输电能力达到2.3亿千瓦，输送清洁能源电量比例43%[2]。在技术上，加强核心技术创新，推动清洁能源利用高效化。在机制上，加强配套政策机制建设，保障电力安全稳定供应。在开放合作上，深化国际交流合作，集聚能源绿色转型最大合力。

作为电网企业，要充分发挥国有企业“六个力量”作用，坚定不移把党中央的一系列重大决策部署落到实处，在推进能源生产和消费革命，着力构建清洁低碳、安全高效的能源体系方面全力以赴、担当作为。主动适应电网向能源互联网转型发展的新趋势，从而不断推动能源高质量发展。

二、构建新型电力系统

实现碳达峰碳中和目标，能源是主战场，电力是主力军，迫切需要构建

---

[1] 数据来源：国务院国有资产管理委员会. 国家电网辛保安：服务构建新发展格局 奋力推动高质量发展 谱写中华民族伟大复兴电力新篇章[EB/OL].（2022－11－28），http: //www.sasac.gov.cn/n2588025/n16303206/c26596152/content.html

[2] 数据来源：澎湃新闻·澎湃号·政务·国家电网. 助力新型能源体系建设 推动电网绿色低碳发展[EB/OL].（2022－11－25），https：//www.thepaper.cn/newsDetail_forward_20890184

新型电力系统。制定构建新型电力系统行动方案，发起成立新型电力系统技术创新联盟，凝聚各方共识，推动各要素优化组合，努力抢占能源电力科技制高点，推进新型电力系统示范区建设，全力打造新型电力系统创新高地。作为关系国家能源安全和国民经济命脉的特大型国有重点骨干企业，国家电网公司坚决贯彻落实党中央、国务院决策部署，坚持清洁低碳是方向、能源保供是基础、能源安全是关键、能源独立是根本、能源创新是动力、节能提效要助力，充分发挥“大国重器”和“顶梁柱”作用，推动构建新型电力系统，争当能源革命的推动者、先行者、引领者，努力实现更高质量、更有效率、更可持续、更为安全的发展，更好服务碳达峰碳中和目标。

构建新型电力系统是一场全方位的变革，不仅会深刻改变电力的供需结构、电力市场的体制机制、电力的关键技术和电网的核心装备，还将重构电网的生产、调度指挥系统。作为电网企业，必须按照国家电网公司的相关要求，积极构建功能更加强大、运行更加灵活、更加具有韧性弹性的新型电力系统，并建立与之适应的新型指挥体系，努力实现更高质量、更有效率、更可持续、更为安全的发展，更好服务碳达峰碳中和目标。

三、全力做好电力保供

2021 年，能源电力荒遍及全球，美国一季度寒潮导致德州电价飙升超百倍，欧洲电荒英国三季度电价也一度大涨 7 倍，而印度全国频频大面积停电成为家常便饭……面对新冠肺炎疫情、俄乌冲突、极端天气频发等因素影响，统筹发展和安全，积极应对当前能源供应的突出矛盾，全力做好能源保供非常重要[1]。

国家电网公司作为关系国计民生和能源安全的“国家队”，切实把思想和行动统一到习近平总书记重要指示批示精神上来，坚决贯彻总体国家安全观，始终把确保电力安全可靠供应作为第一责任、首要任务，从电力调度、设备运维、安全生产、应急响应、优质服务、需求侧管理等多方面发力，研究提出 38 项措施，深入推进安全生产专项整治，扎实开展安全生产大检查和央企

---

[1] 中国气象报社. 上海国际问题研究院联合国家气候中心发布报告 – 复合危机下中国能源和粮食安全韧性建设面临严峻挑战［EB/OL］.（2022 – 11 – 30），http：//www.cma.gov.cn/2011xwzx/2011xqxkj/2011xkjdt/202211/t20221130_5203603.html

安全生产提升年行动，全力推动党中央、国务院安全生产部署扎实落地，坚决守住大电网安全生命线和民生用电底线[1]。

我国正处于稳增长的关键时期，面临能源保供与能源转型的双重任务，能源供给和能源消费存在较大的不确定性。因此，弹性生产办法和应急保供能力建设显得尤为重要，急需构建极端天气、极端情况影响下的电力调度指挥、电煤互济应急预案，科学制定有序用能方案，坚决做到“限电不拉闸”“限电不限民用”，确保能源供应平稳运行。

四、电网数字化转型

国家电网公司全面推进数字化转型，印发《数字化转型发展战略纲要》，持续推进能源电力与数字技术深度融合。随着电网数字化转型的深入推进，数字技术已经深刻地改变了电力系统的功能形态，特别是深刻地改变了电网生产管理模式。通过云平台、企业中台和物联平台等新型数字基础平台建设，国家电网公司已建成央企领先的企业级数字化管控系统，日业务量峰值达3500 万笔，管理设备超 17 亿台（套）。电网规划、建设、调度、运行、检修等全环节实现数字化管控，基本实现“电网一张图、数据一个源、业务一条线”。通过对电网运行状态和设备数据的采集、存储、处理，实时对电网生产运营状态分析判断，随时随地把数字化电网展示给管理者，并通过电网大数据分析，及时提出优化建议和改善方案。在运检领域推广无人机自主巡检，实现设备巡视图像自动识别；实施变电站智能巡视，初步形成“机巡为主、人巡为辅”的巡视模式。数字化技术正在驱动传统电网生产管理模式向智能化发展。全面推进数字技术在电网各环节、各领域广泛应用，电网智能互动和安全运行水平不断提高，为新型电力系统的构建和能源互联网企业的建设提供了助力。

随着电网数字化转型的深入推进，传统的电网生产、管理和运营模式不断被改变和颠覆，电网企业指挥体系的构建是适应数字化转型趋势的必然选择，是促进更加科学决策、提高资源配置效率、让生产关系适应生产力的发展的重要举措。

---

[1] 电网头条. 国家电网公司 2022 年迎峰度夏保安全保供电保稳定工作纪实［EB/OL］.（2022－9－26），https：//baijiahao.baidu.com/s？ id＝1745023102313626412&wfr＝spider&for＝pc

第三章 甘肃电力新担当

甘肃省是我国风光能源大省，也是我国西部“大送端”电网，国网甘肃电力既拥有甘肃的区位与资源优势，同时也承担着发展新能源、保障电力供应等重要责任。国网甘肃电力自身的特点和优势，支撑其率先构建电网指挥体系。

一、风光能源资源优势

甘肃省地处我国西北区域，位于黄河上游，东通陕西，西达新疆，南瞰四川、青海，北倚宁夏、内蒙古，西北端与蒙古国接壤，是古丝绸之路的锁匙之地和黄金路段，省内地形呈如意状，东西长 1655 千米、南北宽 530 千米，土地总面积 42.59 万平方千米（全国第七），下辖 12 个地级市、2 个自治州、17 个市辖区、5 个县级市、57 个县、7 个自治县，常住人口 2490.02 万人。甘肃省化石能源和清洁能源种类齐全、资源丰富，特别是以风、光为主的新能源产业基础雄厚、前景广阔，在国家能源发展战略中占有重要地位，是我国清洁能源开发利用和“西电东送”的重点区域。

甘肃省新能源发展起步非常早，2008 年就谋划建设全国首个千万千瓦级风电基地，全国首个太阳能光伏发电特许权招标项目也由甘肃省发起。全省新能源可开发容量整体位居全国前列，主要集中在河西地区，开发条件较好。根据中国气象局 2020 年资源评估成果，100 米高度 150 瓦每平方米以上，全国风能技术开发量 99 亿千瓦，甘肃省 5.6 亿千瓦，全国排名第 4，随着低风速风机普及利用，风资源开发量还将进一步提升；全国光伏发电技术开发量 1287 亿千瓦，甘肃省 95 亿千瓦，全国排名第 5，开发利用空间巨大。从资源条件看，省内风光资源互补性强。从市场需求看，新能源建设前景广阔，产业需求旺盛，具有较强的发展潜力和带动效应。敦煌 10 万千瓦熔盐塔式光热发电项目如图 3－1 所示。

图 3－1 敦煌 10 万千瓦熔盐塔式光热发电项目

“十三五”期间，建成首条以输送新能源为主的特高压直流输电通道，跨省区外送电量连年增长。甘肃电网已通过 18 回 750 千伏线路与宁夏、青海、新疆和陕西电网联网运行，输电能力由 2016 年的 1400 万千瓦提高到 2021 年底的 2300 万千瓦，形成了东联陕西、北通宁夏、西接青海、西北延至新疆的电网结构，电力电量交换能力显著提升，进一步巩固了在西北电网中“坐中四连”的枢纽地位。省内主网架实现了从 330 千伏到 750 千伏的跨越升级，形成了以兰州、白银为核心，东西延伸、南北拓展的 750 千伏高电压等级网架结构，从酒泉自西向东的三回 750 千伏线路成为河西新能源“西电东送”的重要保障通道。甘肃“电力高速公路”如图 3－2 所示。

图 3－2 甘肃“电力高速公路”

截至 2021 年底，甘肃电网新能源装机容量达 2879 万千瓦，占全网总装机容量的 48%，继续担任省内第一大发电电源。2021 年，新能源发电量达 446 亿千瓦时，首次突破 400 亿千瓦时。新能源产业发展迈上新台阶，预计到 2025 年，甘肃新能源装机总量将突破 8000 万千瓦，非化石能源占一次能源消费比重接近 30%。甘肃新能源发展已进入“快车道”，绿色发展势头强劲，“风光大省”的新能源产业迎来“风光无限”。

延伸阅读

国网甘肃电力做好绿色能源消纳的“五篇文章”

甘肃省是我国重要的清洁能源基地，新能源占电源总装机的比重达 48%，2021 年新能源发电量 446 亿千瓦时、占比居于国家电网经营区第三位。新能源连续 3 年“双升双降”，成功解除“红色预警”，2021 年利用率达到 96.83%，陇电外送 21 个省市，创历史新高。制定碳达峰碳中和行动 20 项任务，构建新型电力系统“5565”实施路径，自主研发智慧“观碳”平台，建成国家电网公司首个“零碳”绿色数据中心，全力服务甘肃省由“风光大省”向“风光强省”转变，重点做好“五篇文章”，持续推动电网绿色低碳安全发展。

一是做好“通道”文章。先后建成祁韶、河西三通道等重大工程，省内 750 千伏电网已形成覆盖全省主要能源基地和负荷中心的坚强网架，省际间 19 回 750 千伏线路与陕、青、宁、新等省互联互通，累计外送电量 3200 亿千瓦时，西北电网中心枢纽作用进一步凸显。陇电入鲁上报核准，陇电入浙启动预可研，酒泉至中东部直流被列为国家“十四五”沙漠基地重点建设输电通道。甘肃电网在西北区域“坐中联四”的区位特征和国家“西电东送”重要输送通道的战略定位日益显现。

二是做好“并网”文章，坚持应并尽并、有序并网，截至 2021 年底，新能源装机容量达 2879 万千瓦，累计消纳新能源电量 1978 亿千瓦时，新能源利用率由 2016 年的 60.3%提升至 2021 年的 96.83%，增幅位居全国第一位。2021 年新能源发电量 446 亿千瓦时，较 2016 年翻了一番。

三是做好“消纳”文章，拓展省内、省外“两个市场”，做大电力受端市场“蛋糕”，2021 年，省内售电量首次突破 1000 亿千瓦时。五年来电能替代 432 亿千瓦时，相当于节约标煤 2389 万吨，减排二氧化碳 1.8 亿吨。五年间跨省跨区外送电量累计 1987.7 亿千瓦时，其中新能源电量 718.9 亿千瓦时，占比 36.2%，有效促进新能源消纳。

四是做好“调峰”文章，推动 27 个站点纳入国家抽水蓄能中长期规划，总装机规模 3350 万千瓦，玉门昌马、张掖盘道山等 3 个项目 2022 年内核准开工。积极开展火电机组灵活性改造，引导传统高载能工业负荷、工商业可中断负荷参与系统调节，带动发电侧、用电侧共同为新能源发展贡献力量。

五是做好“科技”文章，累计获得省部级（行业）奖励 152 项，累计取得专利授权 949 项，其中国际专利 14 项，发明专利 236 项。开发世界上首套千万千瓦级风电光伏集群控制系统，荣获甘肃省科技进步奖一等奖、国家科技进步奖二等奖；大规模新能源电站多层级智能化运行控制关键技术研究与应用获甘肃省科技进步奖一等奖。发挥电力大数据优势，建成国家电网公司首个绿色超大型零碳数据中心，推出的“电眼看黄河”“电眼看祁连”等项目积极助力精准治污，在甘肃武威结合治沙工程提出的“电沙成金——沙漠能源生态圈建设”项目在推动地方实现生态治理的同时，将资源优势尽快转化为发展的动能。

二、电力保供区位重任

甘肃省是我国重要的“西电东送”基地，担负着向华东、华中等用电高负荷地区电力保供的重任。近年来在电力外送过程中，绿电发挥着越来越重要的作用，不仅保障本地电力安全供应，还通过大电网源源不断向东流。2021 年，受全国范围内煤价高企、经济复苏加快等多重因素影响，部分地区出现电力供应紧张。对此，甘肃省在自身供应形势严峻的情况下，加大统筹力度，开展电煤外购、增加本地煤炭产能，同时加快新能源装机并网速度，使出浑身解数开展电力保供，向华中、华东地区足额兑现电量外送合同，为保障当地电力供需平衡发挥重要作用。甘肃电力已外送至 21 个省（区、市）。

电力大规模外送离不开完善的特高压通道建设。甘肃省已建成至湖南的祁韶±800千伏直流特高压工程，为陇电外送发挥重要作用。此外，甘肃省还积极谋划陇电入鲁、陇电入浙、陇电入沪等项目，不断为甘肃绿电外送增添主动脉。大量绿电的开发和运用，是经济发展“含金量”“含新量”“含绿量”最有力的证明。据测算，祁韶直流五年间输送电量1000亿千瓦时，相当于减少标煤燃烧3200万吨，减排二氧化碳8640万吨，有力支撑甘肃乃至华中地区经济社会高质量发展。为进一步促进新能源消纳，调动电力资源大范围配置，甘肃省近年来依托国家启动的新一轮电力体制改革，加快电力现货市场建设。2020年5月，国网甘肃电力省内电力现货市场整月结算试运行总结报告出炉，成为全国首家完成整月结算试运行的省份，标志着电力现货市场长周期结算试运行成功，也预示着更大范围内电力现货市场形成的现实条件日趋成熟，为电力资源更大范围调配奠定了基础。

随着甘肃大地的风光资源源源不断地转化为绿电，并通过横贯东西的特高压通道，输送到20多个省市的千家万户。国网甘肃电力在全国一盘棋中的电力保供责任越来越大，需要推动电网指挥体系的构建，更好地适应大电网发展要求。

延伸阅读

国网甘肃电力做好保供工作助力电网安全运行

国网甘肃电力从严加强安全生产，开展“严管理、守规矩、治违章、提能力”人身安全防护专项整治，深化现场+视频“四不两直”督察，拧紧各级安全责任。强化隐患排查治理，扎实推进专项整治三年行动，以“五查五严”为抓手，推动问题隐患及时治理，保障电网安全运行。

河西三通道、银西高铁配套供电工程等重大项目优质高效建成，祁韶直流输送功率首次达到600万千瓦。圆满完成国家领导人视察、党的十九大、党的二十大、神舟飞船发射等重大保电任务。有效应对岷县泥石流、陇南洪涝等自然灾害，彰显“陇电铁军”形象。按照电力保供“一盘棋”要求，主力参加郑州暴洪、西安抗疫、四川度夏保供支援，保障大电网安全稳定运行。

在 2022 年迎峰度夏期间，甘肃绿电提供了强劲动力，甘肃电网运行平稳，未发生电网稳定破坏及大面积停电事故，未启用需求响应、未采取有序用电。

发电情况。截至 2022 年 8 月底，黄河上游、黑河、白龙江流域来水较多年分别偏枯 2 成、2 成、1.5 成，水电发电量 231 亿千瓦时，同比下降 10.13%，火电发电量 700 亿千瓦时，同比增加 1.58%，新能源发电量 350 亿千瓦时，同比增长 18.73%，利用率 93.46%(风电 91.29%，光伏 97.99%)，同比下降 3.5%。

用电情况。2022 年迎峰度夏用电负荷呈现“来得早、峰值高、时间长”特点。全省用电负荷 3 次创历史新高，最高达 1953 万千瓦，同比增长 2.93%。日用电量 4 次创新高，达 4.28 亿千瓦时，同比增长 8.36%。

外送情况。2022 年，外送电力 6 次创历史新高，达 1422 万千瓦；日外送电量 4 次刷新历史纪录，最大达 2.52 亿千瓦时；8 月外送电量创历史新高，达 65.46 亿千瓦时，同比增长 78.17%。度夏期间，通过省间现货和应急交易累计支援电量 3.3 亿千瓦时。8 月 12 日起，通过 220 千伏早广线支援四川电网，最大支援电力 21 万千瓦，日均输送电量 200 万千瓦时，累计输送电量 2.65 亿千瓦时。在 2022 年中东部及西南电力保供中贡献了甘肃力量。

三、变革创新基础坚实

国网甘肃电力本部设 16 个职能部门和电力调度中心，下辖 5 个事业部，23 个二级单位、80 个县公司。截至 2022 年 5 月底，公司全口径用工 4.27 万人，服务用电客户 926 万户。2021 年，完成营业收入 578.31 亿元、同比增长 2.4%，资产负债率 64.46%、同比下降 0.27%。售电量 1087 亿千瓦时，同比增长 11.12%，跨区跨省外送电量 517.55 亿千瓦时。

2018 年，国网甘肃电力党委在国家能源安全新战略和国家电网公司战略目标的指引下，立足于省情和企情，研究提出“37814”工作思路（积极履行三项承诺、严格防范七大风险、从八个方面解放思想、聚焦十四个着力点），引领公司变革创新，在一些影响长远发展的关键问题上取得了重要突破，在一些重点领域走在了前列、形成了示范，在新时期公司生产力与生产关系协同演进上迈出了坚实步伐，提升了企业竞争力和综合实力，为国家电网实现绿色发展国际领先、建设能源互联网贡献甘肃力量。

履行三项承诺包括不忘初心、牢记使命，担当尽责、做好表率，依靠职工、共谋发展。

图 3－3 防范七大风险

防范七大风险包括防范人身伤亡风险，防范设备损坏风险，防范大电网停电风险，防范网络安全风险，防范合规经营风险，防范供电服务风险，防范廉洁从业风险，如图 3－3 所示。

坚持八个方面解放思想包括坚持发展第一要务，坚持统筹原则性与灵活性，坚持人民电业为人民，坚持以利润为中心，坚持全面从严治党，坚持营造和谐发展环境，坚持强基固本，坚持提升制度化标准化水平，如图 3－4 所示。

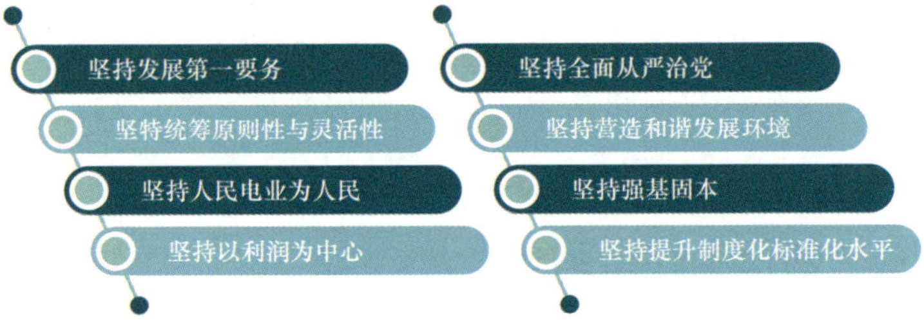

图 3－4 八个方面解放思想

聚焦十四个着力点包括着力推动党建高质量发展，着力确保安全稳定，着力突出规划引领，着力深化提质增效，着力深化改革攻坚，着力推动产业升级，着力推动数字化转型，着力服务清洁能源发展，着力提升服务品质，着力加强队伍建设，着力深化强基固本，着力强化科技创新，着力全面依法治企，着力加强品牌建设，如图 3－5 所示。

甘肃已建立省内、省外两个市场相辅相成，中长期、现货和辅助服务市场协同发展的全国领先的电力市场，从加强跨区电网建设、实施全网统一调度、提高调峰能力、推动市场建设等方面多措并举，全面提升新能源消纳水平，推动国家能源局解除甘肃风电、光伏投资建设红色预警，为“十四五”期间甘肃新能源可持续发展创造了条件。围绕服务清洁能源发展，国网甘肃电力积累了相对成熟的市场、调度、管理、技术等先行优势，打下了绿色发展基础。

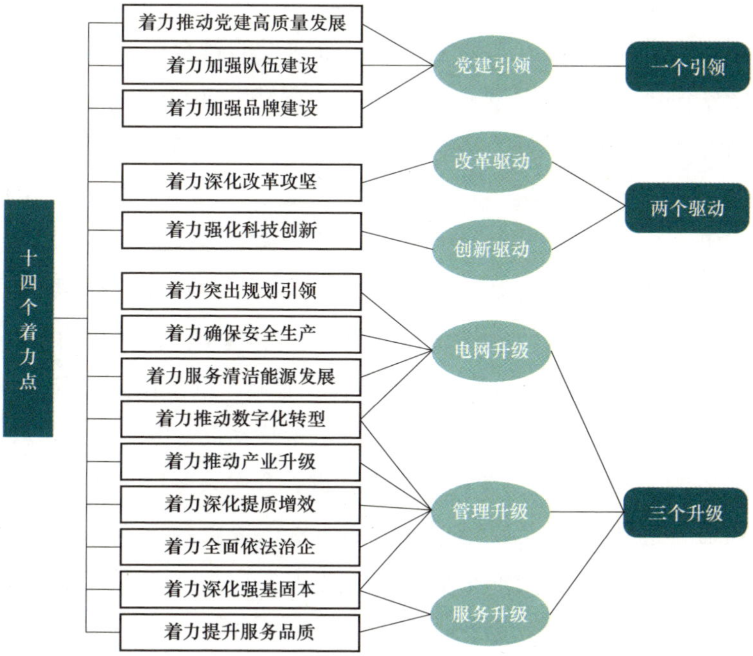

图 3-5 国网甘肃电力推动战略落地的十四个着力点

组织机构变革提升。国网甘肃电力高举改革旗帜，落实国企改革三年行动实施方案，推进“放管服”和三项制度改革，冲破思想观念束缚，突破利益固化藩篱，破除体制机制弊端，主动应对外部环境变化带来的风险挑战，在省市县所多层面多维度积极探索组织机构改革，创新实施事业部制、“一县一公司”等改革举措，人员编织和机构大幅精简。混合所有制改革持续深化，国网首家完成设计业务市场化改革，营收增长 7.6 倍，利润增长 4.8 倍，树立了设计业务混改示范；电力改革纵深推进。电力市场建设工作走在国家电网前列，国家电网首家实现用户侧报量报价的“双边”电力现货市场不间断运行，市场化交易电量占比 62.4%。

数字化转型加快推进。国网甘肃电力大力推动数字化转型工作，“智能运检”“数智双碳”“智慧线路”“数字化班组”“数字化供电所”等数字化智能化转型成果频现，标志着在加快推进电网数字化转型工作上踏上了新阶段。

能源大数据中心通过国家电网验收，5 个多站融合数据中心站纳入“国网算力”体系。培育 200 余项数据产品，营收 1.6 亿元、同比增长 15%。成立省级“RPA 研发中心”，助力基层工作效率提升 30%以上。国网甘肃电力还将持续提升数字化赋能价值，让数字化成为新型电力系统建设的融合引擎和智慧引擎。

推动经营环境优化。国网甘肃电力全力服务甘肃经济社会发展，连续第五年获评全省帮扶工作“好”等次，成为唯一在甘央企获评全国脱贫攻坚先进集体。优化电力营商环境、服务新能源发展、助力乡村振兴等工作成效得到省委省政府主要领导同志高度肯定。一直以来，国家电网公司与甘肃省委省政府保持着良好的政企关系，2018～2021 年连续四年双方主要领导同志会谈，2018 年、2020 年分别签署战略合作协议。国家电网公司和甘肃省领导对甘肃电力批示肯定 113 次，其中主要领导调研慰问、批示指示 61 次，省政府首次编发企业经验做法要求全省学习借鉴，均创历史新高。电网企业与公安机关紧紧围绕甘肃省经济发展大局，秉持“携手共进、合作共赢”的理念，开展警企合作，建立覆盖省市县乡各层级、各警种、各专业的警企合作体系，在联合打击整治涉电违法犯罪、重要输电通道联合巡护等方面取得一系列工作成效。

国网甘肃电力作为国家电网公司战略的承接者、践行者和推动者，在以主要负责同志任组长的战略目标落地领导小组的统筹推动下，加强研究、周密部署、细化举措，以“37814”工作思路为衔接载体，滚动修订《国家电网战略国网甘肃电力落地实施方案》，明确了甘肃电力争做“三者一排头”的战略定位，丰富了“37814”工作思路，加快推进“一体四翼”发展布局落实落地、建设具有中国特色国际领先能源互联网企业，推动公司发展进入新的阶段。国网甘肃电力一系列战略部署和变革举措，厚植公司创新土壤，提升公司发展能力，为探索构建电网指挥体系奠定坚实基础。

延伸阅读

世界一流企业行动计划国网甘肃电力落地方案

国网甘肃电力以习近平新时代中国特色社会主义思想为指导，以“四个革命、一个合作”能源安全新战略为统领，紧扣国家电网公司发展战略和“一体四翼”发展布局，坚持“37814”工作思路，持续深化改革、强化创新、提质增效、完善治理，全面增强公司竞争力、创新力、控制力、影响力、抗风险能力，为甘肃经济社会发展做出更大贡献。

一、基本原则

坚持和加强党的领导，完善公司治理；坚持改革突破，突出创新驱动；坚持质量第一，提升运营质效；坚持目标导向，重点补齐短板。

二、主要目标

围绕“一核四色五优”，立足近、中、远三个阶段，坚持夯当下、筑中期和谋长远相结合，2023 年夯实基础、2025 年基本建成、2030 年全面建成“产品卓越、品牌卓著、创新领先、治理现代”的国家电网公司加快建设世界一流企业的西部区域领先标杆。助力国家电网公司建成具有中国特色国际领先的能源互联网企业和世界一流企业。

“一核”：围绕“努力成为国家电网公司加快建设世界一流企业的西北区域领先标杆”这一核心。

“四色”：聚焦红色文化、绿色资源、特色领域、亮色治理关键点发力攻坚。以红色文化为引领，打造陇电企业文化载体，助力开创富民兴陇新局面，为创西北领先标杆强功能；以绿色资源为主导，坚持绿色低碳转型，提供清洁能源电力，为创西北领先标杆蓄势能；以特色领域为支撑，发挥甘肃电网架构、地域区位、能源产业等比较优势，构筑具有甘肃特色的高质量能源互联网生态圈，为创西北领先标杆增动能；以亮色治理为突破，从改革、合规、效率等方面提升企业治理现代软实力，为创西北领先标杆提效能。

“五优”:在产品卓越上,2025 年 110 千伏及以上线路长度达 56498 千米、变电容量达 17151 万千伏，新能源装机达 8122 万千瓦，实现贡献优。在品牌卓著上，2025 年外送电量达到 1010 亿千瓦时，外送电量中清洁能源占比超过 44%，让“甘肃绿电”品牌走得更远、叫得更响，力争国网甘肃电力品牌建设工作专业水平名列西北区域领先，实现品牌优。在创新领先上，2025 年研发经费强度提升至 1.15%，在引领推动能源清洁低碳转型中的作用更加突出，实现实力优。在治理现代上，2025 年营业收入达到 742 亿元、利润总额达到 0.92 亿元；将深化改革、效率效益、法律合规等企业治理现代软实力优势转换为竞争优势，实现效益优。在变革引领上，聚焦“三位一体”等改革实践，围绕国家电网公司战略在甘肃落地的10个特色亮点和36项工作举措，推动公司高质量发展，实现管理优。

三、引领式任务

以“红色”为引领，为创西北领先标杆强功能：以红色底蕴打造陇电文化载体；弘扬国家电网公司优秀企业文化；不断提升国家电网在甘品牌形象。

以“绿色”为主导，为创西北领先标杆蓄势能：坚持能源绿色低碳转型；树立“甘肃绿电”知名品牌；打造绿色清洁能源产业高地。

以“特色”为支撑，为创西北领先标杆增功能：发挥甘肃电网关键枢纽作用；发展区域特色战略新兴产业；强化能源产业核心技术攻关。

以“亮色”为突破，为创西北领先标杆提效能：加快完善中国特色现代企业制度；以深化改革激发公司发展新活力；发挥合规管理“软实力”要素作用。

四、长效式任务

（1）提升电网资源配置能力。

（2）提高电网本质安全水平。

（3）打造高品质卓越用电服务。

（4）建设绿色现代数智供应链管理体系。

（5）着力推动标准战略实施。

（6）高质量践行央企社会责任。

（7）发挥高质量党建引领保障作用。

（8）建设领先的科技创新体系。

（9）加快企业和电网数字化转型升级。

（10）培育高水平科技领军人才队伍。

（11）建设科学高效的人力资源管理体系。

（12）提升公司的价值创造能力。

（13）优化管控模式提升战略引领能力。

（14）建设高素质专业化领导队伍。

（15）筑牢坚强的风险防控基础。

（16）构建西北地区领先财务管理体系。

（17）优化公司现代企业管理体系。

第二篇　变革篇

2018 年以来，国网甘肃电力发挥国有企业“六个力量”作用，准确把握生产关系与生产力辩证统一的规律，结合甘肃电网实际构建新型安全生产管理体系。着力推进生产体系变革，完善组织结构，优化管理方式，提高专业数字化水平，奠定了安全生产体系变革的组织基础、管理基础和专业基础。同时，积极联动政府、产业链上下游合作伙伴，广泛聚合公司内外生产资源力量，为打造新型电力系统与甘肃电网可持续发展，构建了良好的合作生态。

本篇主要阐述国网甘肃电力面对发展新机遇和变革新趋势，全面落实国家决策部署和国家电网公司战略要求，积极构建“强前端、大后台、精准指挥”安全生产组织新模式。

第四章 构建新时代安全生产管理体系

本章主要阐述了国网甘肃电力“两个体系”落地建设思路，以及指挥体系的理论依据、顶层设计与建设思路。

统筹发展和安全，统筹保供和转型，加快国家电网安全管理体系（SGSMS）和现代设备管理体系（SEMS）落实落地，以构建公司内外联动的新时代安全生产管理体系为目标，全面应用大数据、云计算、物联网、移动终端、人工智能、区块链等新兴技术，优化变革电网安全生产组织方式和运营模式，形成数智驱动下“大安全、大应急”和“强前端、大后台、精准指挥”框架，在深入推进“一体四翼”发展布局落地与构建新型电力系统中做出甘肃示范。

第一节 打造“两个体系”

一、国家电网安全管理体系

为深入贯彻《中共中央 国务院关于推进安全生产领域改革发展的意见》（中发〔2016〕32 号）要求，2019 年，国家电网公司正式启动国家电网安全管理体系建设研究，成立攻关团队，开展体系研究建设工作。2022 年 1 月，国家电网公司印发了《国家电网安全管理体系试点建设工作方案》（国网安委办〔2022〕4 号），部署试点重点工作任务，有序推进试点建设。

构建安全管理体系，是落实新时期安全生产工作部署的迫切需要。党的十八大以来，党中央国务院对安全生产工作要求越来越高，习近平总书记就安全生产作出一系列重要论述，《中华人民共和国刑法修正案（十一）》将未造成事故后果但存在事故风险的行为纳入刑事追究范围，新修订的《中华人民共和国安全生产法》将企业安全生产主体责任、“三管三必须”等纳入法律范畴，强调加强安全生产标准化建设，推动安全生产规范化、科学化、系统化、法治化。国网甘肃电力深入贯彻习近平总书记关于安全生产重要论述，坚持“人民至上，生命至上”安全发展理念，严格落实党中央国务院、国家电网公司安全生产各项部署，确保安全生产管理依法合规。国家电网安全管理体系建设推进计划如图 4-1 所示。

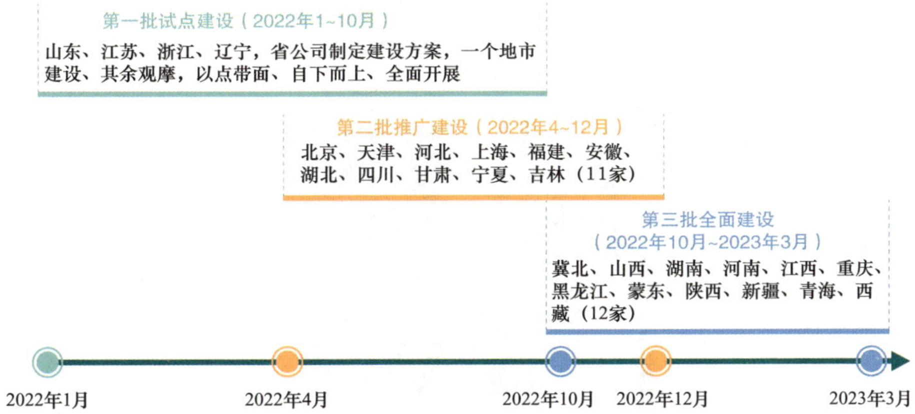

图 4-1　国家电网安全管理体系建设推进计划

构建安全管理体系，是服务新形势下公司发展战略目标的内在需求。国网甘肃电力坚持“37814”工作思路，稳中求进、加快发展、提质增效、深化改革、强基固本，以高质量发展为核心，对照新型电力系统、能源互联网企业等战略要求，充分吸纳先进安全管理理念，建立适应新领域、新业务、新业态等发展要求，覆盖各层级、各领域、各专业的安全管理体系，有效保障和支撑公司战略实施落地，为公司和电网高质量发展创造安全稳定环境。

构建安全管理体系，是提升公司安全管理水平的必由之路。“十四五”时期，甘肃电网发展建设仍处于高峰期，电网设备规模不断扩大，业务模式、作业方式都将发生很大转变，内外部安全风险增多，安全管理基础还不牢固，安全生产压力增大，传统的安全管理方法已无法适应新形势、新变化。国网甘肃电力在继承和发展安全生产创新实践的基础上，对现有安全制度、安全责任、流程再梳理，找准方向、聚焦短板、填补空白、减负明责，实现公司安全管理持续改进。

国网甘肃电力作为国家电网安全管理体系推广单位，按照建设具有“国网特色、陇电特点”的思路，扎实推进安全管理体系建设，取得阶段性成果。国网甘肃电力安全管理体系“一张图”如图 4-2 所示。

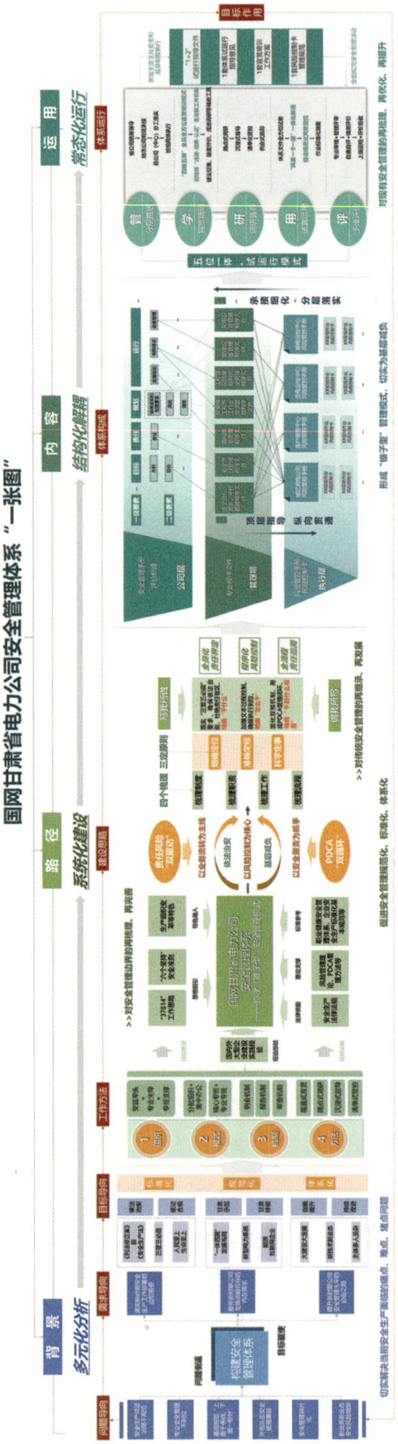

图 4-2 国网甘肃电力安全管理体系"一张图"

二、现代设备管理体系

2021 年，国家电网公司制定下发《现代设备管理体系建设方案》，27 家省公司迅速制定落地执行方案，以数字化班组、数字化变电站、智慧线路、新一代集控系统、全业务核心班组为建设重点，全面开展基于新型生产要素的数字化转型。

立足国家电网公司发展战略、资产战略，国网甘肃电力坚持实物与价值并重，强化资产全寿命周期管理业务协同，统筹兼顾安全、质量、技术、经济、服务五大核心要素，遵循设备管理规律，构建“管理精益化、队伍专业化、装备智能化、业务数字化、绩效最优化”的现代设备管理体系（SEMS）（见图 4–3），实现安全稳定、质量可靠、技术先进、经济高效、服务优质。以“两个驱动（价值驱动、创新驱动）、三个升级（设备升级、管理升级、保障升级）”为建设指引，实施转型提升“六项行动（安全保障提升行动、设备质量提升行动、资产价值提升行动、管理质效提升行动、业务模式转型行动、数字化转型行动）”，实现设备管理从专业管理向全员管理转变，从维修管理向健康管理转变，从设备管理向资产管理转变。现代设备管理体系建设思路如图 4–4 所示。

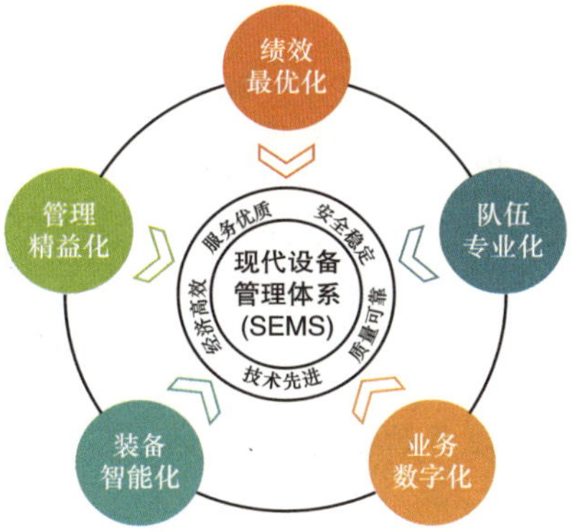

图 4–3　现代设备管理体系建设内涵

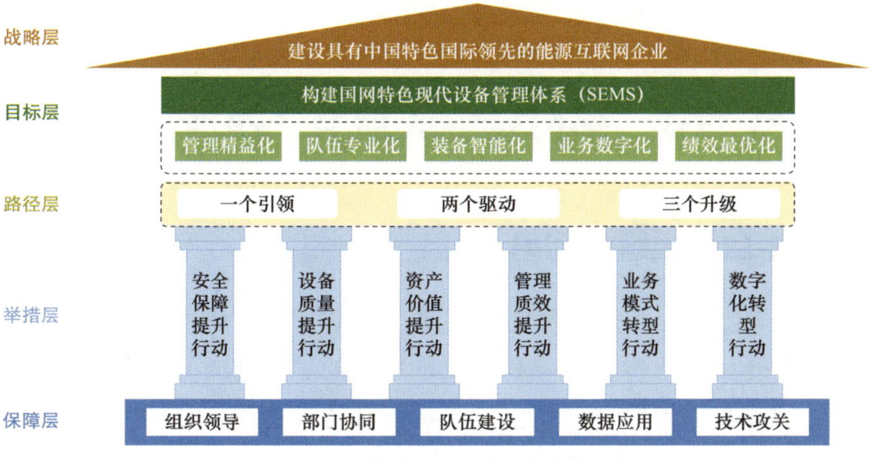

图 4–4　现代设备管理体系建设思路

1. 一个引领

战略引领：始终把践行国家电网公司战略目标作为设备管理工作的出发点和落脚点，坚持党的领导，立足国家电网特色，瞄准国际领先，着力构建现代设备管理体系。

2. 两个驱动

价值驱动：统筹安全、质量、效率、效益平衡发展，发挥协同价值、挖掘数据价值、提高服务价值，增强设备资产管理带动力、穿透力，提升资产运营绩效。

创新驱动：加强技术创新，积极运用数字化、智能化手段，为设备管理赋能赋智，提高核心竞争力；深化管理创新，优化体制机制，推动模式变革，激发内生动力，提升设备管理质效。

3. 三个升级

设备升级：坚持标准先行，强化技术引领，提高设备可靠性和运行效率，增强设备智能互动水平，推动电网装备迈向中高端，支撑电网向能源互联网升级。

管理升级：健全制度标准，优化业务模式，完善管控机制，推动业务模式转型升级，实现理念先进、管理科学、运转高效、绩效领先，引领管理体系现代化。

保障升级：服务国家和公司战略部署，打造坚强智能电网，加强设备风险管控，筑牢大电网安全防线，保障电力可靠供应，支撑能源安全新战略有效落实。

第二节　强前端、大后台、精准指挥

一、平台型组织的创见

随着全球化的发展和工业化的深入，从第一次工业革命开始奠基的科层制组织也开始了逐步地深化和进化，主要的进化方向有三种形态：一是流程制。通过流程梳理和强化，进一步明确传统的简单分层分职能委托代理责任中未明确的责任事项，实现委托代理的进一步完善。二是矩阵制。

通过矩阵架构设计，赋权于横向项目责任人。来弥补传统科层制逐层逐职能委托代理模式中，应对变化的委托代理责任不完全性，将一切未尽的委托代理责任委托于横向项目负责人。三是事业部制。通过将传统科层的U型结构转变成M型结构，局部引入对事业部的高能激励，使得企业对事业部的委托代理简化，局部降低了委托代理的成本，提高了科层制组织的效率。

以科层制为底层架构的组织模式，在带来效率、标准、统一的同时，也存在严密分工导致部门隔阂、多层级导致沟通障碍、标准化阻碍变革创新等问题。为强化协同合作，企业开始借助IT技术的力量，进行信息化建设与内部流程的优化，进一步提高了组织效率，但也导致了专业化隔离、层级化隔离与目标区隔化隔离的现象。面对上述组织管理模式暴露出来的突出问题，如何选择合适的路径破解，成为数字化转型关键时期极为重要的战略抉择。

进入21世纪，数据成为除能源、资源、资本之外的重要生产要素，在数字革命的背景下，以云计算、大数据、智能化为标志，“云、网、端”[1]开始成为企业的基础设施，数字生产力成为推动时代变革的巨大驱动力，纵观刀耕火种到铁犁牛耕再到机器代人，生产力的变革总会带来生产方式、管理方式、资源获取方式的巨大改变。这种变化推动人类从工业时代进入“数据时代，并孕育了全新的组织管理形态——平台型组织。

企业组织演变如图4–5所示。

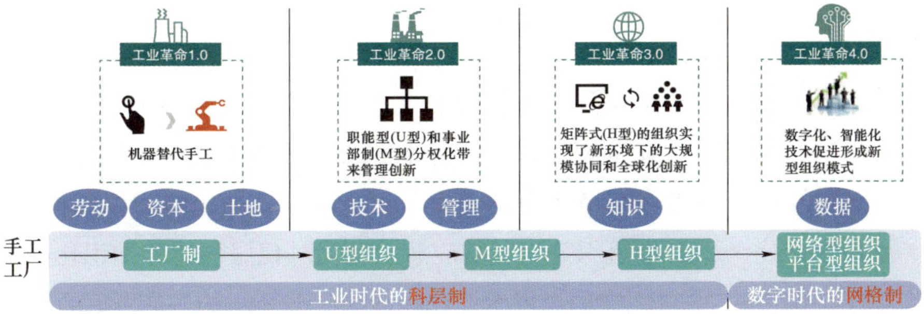

图4–5　企业组织演变

[1] “云”是指云计算、大数据，基础数据的积累和对数据的挖掘应用成为新商业的基础动力。“网”不仅包括原有的互联网，还拓展到物联网领域，人与人、人与物、物与物之间的连接得到进一步的增强。“端”是用户端的个人电脑、移动设备、可穿戴设备、传感器或者一些软件形式存在的应用，它们是为用户提供服务的界面，也是数据采集的来源。

平台型组织企业将自身变成资源支持平台，通过开放的共享机制，赋予员工相当的人事权、决策权、分配权，使其能够通过灵活的组织运营模式组织各类资源，形成产品、服务、解决方案，满足用户的各类个性化需求。用户、供应方、平台提供者、平台支持者、互补方等多方主体共同参与平台的构建和运行，实现共创共享。组织形态与管理模式演变如图 4－6 所示。

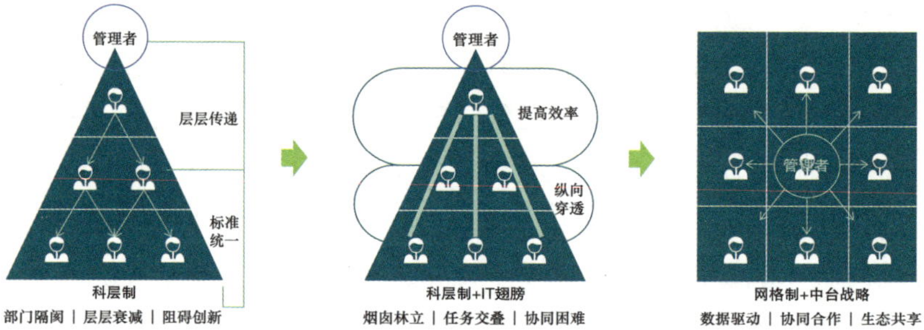

图 4－6　组织形态与管理模式演变

平台型组织运用数字化和智能化的信息技术，对传统科层制的委托代理模式和外部交易模式进行改造和升级。一方面实现基础设施大规模集中，在数字技术的支持下实现模块化按需调用。另一方面确保每个具体业务单元能够被高度赋能赋权，拥有较为充分的高能产权激励，使得每个业务单元都有动力、有能力去实现客户的按需定制和即时响应，使其既能保持大企业的规模化和资源集聚优势，又能兼具小企业的灵活化和敏捷化特征，成为企业面向数字化的知识经济时代的组织转型良方。

平台型组织具有以下特征：

（1）扁平化。平台型组织是在信息技术支持下的扁平化组织，作为业务单元的各个经营模块被充分授权，并在中台的赋能下灵活地开展经营。因此平台型组织颠覆了层级金字塔逻辑，变成了一个高度扁平化的网络链接组织。

（2）专业化。平台型组织是为了响应后工业化时代服务化和知识化的需求而诞生的新型组织，中台职能的高度专业化和前端作战小组的多专业联合是其竞争力最基础的来源，也是应对日益升维和升级的外部能力要求的基础支撑。

（3）智能化和敏捷化。平台型组织是构建在信息技术和大数据基础上的现代组织模式，大数据集成化、即时化和智能化是其运行的基本保障，同时，资源和能力的集成和业务端的高度柔性，使得平台型组织具备随需而变、高速响应的智能化与敏捷化特征。

（4）开放化。平台型组织已经远超传统科层组织的边界，资源和能力池的开放使得它可以整合一切资源能力为己所用，业务组合和集群边界的开放也使得组织的业务集群处在动态更新中，因此平台型组织也可被视为“开放整合型组织”。

电网企业作为国家经济发展、能源安全、社会稳定的重要支撑者，面临数字化转型的重要机遇与挑战，也面临着市场化改革与电力体制改革的重要机遇与挑战，亟须随着外部环境和内部条件的变化而快速转型变革，促进公司在数智驱动的发展征程中，建立先进、高效、牢固的管理基础。

为适应新技术应用、生产关系转变及安全生产效率最大化，国网甘肃电力基于现有的组织结构、技术资源、资产基础，积极探索安全生产组织体系变革新方向——平台化。最终形成以指挥体系为枢纽的“强前端、大后台、精准指挥”的平台型安全生产组织体系，如图 4－7 所示。

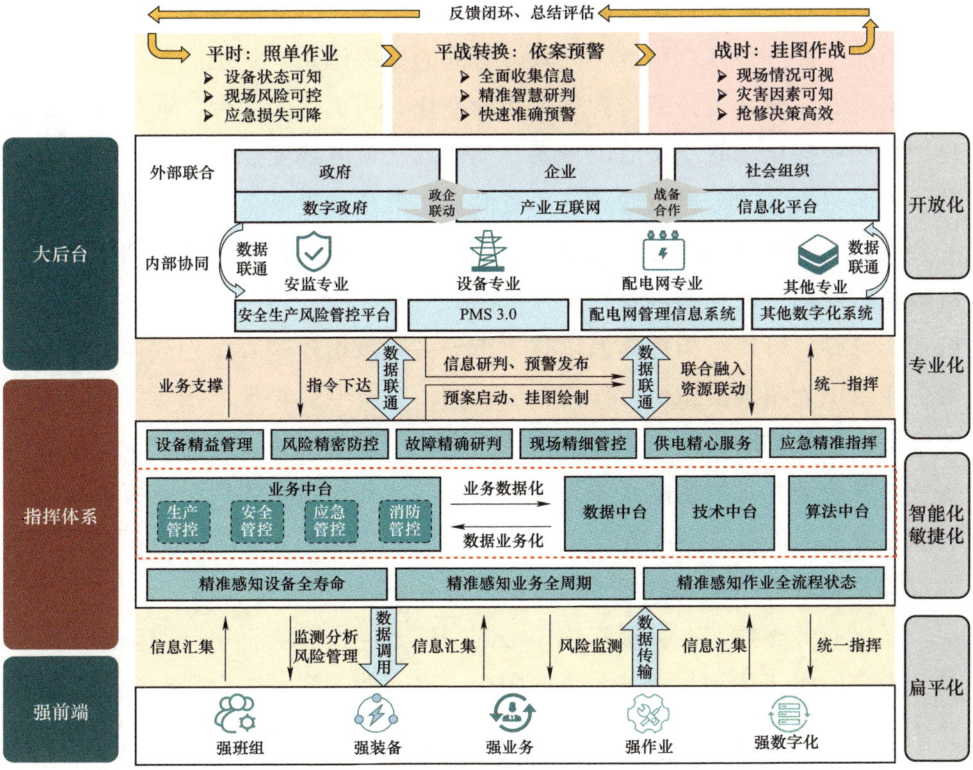

图 4－7　平台型安全生产体系架构

强前端，指高度数字化、智能化的前端作业班组。是通过数字化建设、专业化建设内部培养的知识型创新业务单元，是集状态感知能力、缺陷发现能力、设备管控能力、主动预警能力和应急处置能力于一体的数字化班组。以业务数字化为核心，现代化技术为支撑，管理模式变革为基础，拥有数据驱动、高度灵活、管理扁平的特点，能够利用中台的知识资源、业务资源、可视化分析场景，精准感知设备与作业现场，依照指挥高效实施作业及工作信息反馈，始终将自己的饭碗端在自己手里，由下至上串联组织信息传递，在应变现场与前端作业中快速反应、精准执行。

大后台，指高度数字化条件下，内外部管理高效协同，资源高度共享的新型组织技术平台。按照“平时业务中心、战时指挥中心”定位，内部强化业务协同、信息共享、联合管控、综合研判、扁平管理。平时作为前端业务和专业管理的支撑，战时作为应急指挥决策层。外部通过集合政府、社会与产业链各主体的数据资源、专业力量，共同保障电网安全、电力供应、应急处置，形成内外联动的安全生产大生态。

精准指挥，即打造精准、高效、协同的指挥体系。是生产组织体系中的平台资源池，也是内外部资源集聚和标准化、模块化的中台，通过业务数字化、数字业务化，联动安监、设备、配电网、调度等安全生产业务，统筹人身、电网、设备的数据资源和信息资源，精准感知设备全寿命、精准感知业务全周期、精准感知作业全流程状态，实现设备精益管理、风险精密防控、故障精确研判、现场精确管控、保供精心服务、应急精准指挥，让安全生产可观、可测、可控。指挥体系以省—市—县三级指挥中心作为载体。其中省级生产组织为精准决策层，作为顶层机构，突出专业管理，在省级指挥中心的分析评估与辅助决策下，负责全省安全生产发展规划、专业提升、特重大事件处置决策。市级生产组织为全面管控层，突出技术管理，在市级指挥中心的支撑下，负责公司业务管理部门专业规划的落地、安全生产组织的实施，并收集反馈省公司决策执行过程中的成效及问题。县级生产组织为业务执行层，强化业务支撑，在县级指挥中心的指挥下，负责安全生产业务的组织实施。未来的指挥体系，将基于企业中台、电网业务资源中台，融合安全生产全要素，形成业务协同、信息流通、资源集约、数据融合的大安全生产体系的综合平台。

通过“强前端、大后台、精准指挥”组织架构的高效运转，实现资源集约、专业协同、业务联动、数据融合的现代化安全生产管理体系，推动生产管理模式从事后应对向事前防范、从分散现场管控向集约生产指挥、从传统人工驱动向数据智能驱动的转变。

二、大安全、大应急框架的创谋

甘肃省除台风以外，其他各类自然灾害频发易发，主要气象灾害种类有暴雨洪涝、大风、沙尘暴、冰雹、霜冻等，是全国气象灾害最为严重的省份之一。自新中国成立以来，甘肃省平均每年因气象灾害造成的经济损失占 GDP 的 4%～5%，此外，甘肃省地形、地质构造极其复杂，地质构造活动强烈，地质灾害频发，截至 2020 年，地质灾害隐患点多达 1.9 万处，2021 年全省发生 162 起地质灾害，是我国地震活动频繁发生的省份之一。自然灾害给电网安全和电力保供带来严重影响。

甘肃电网处于西北电网的枢纽中心，与其他省份通过 19 条 750 千伏线路联网，境内有 4 条特高压直流输电线路，目前甘肃电网新能源装机占比高达 51%，是国内典型的高比例清洁能源、高比例电力电子设备、高度市场化的“三高”特征电网，也是典型的大送端电网。

面对自然灾害的严峻威胁、能源保供的重大责任、基础薄弱和资源匮乏的巨大压力，保障安全生产始终是重大课题和重要使命。国网甘肃电力立足省情、网情、企情，坚持系统思维，进一步强化前瞻性思考、全局性谋划、战略性布局、整体性推进，以平台思维构建平时精准预测预警、战时可观可测可控“大安全、大应急”框架，遵循以下两个原则，明确短期目标与长期目标。

（1）框架视角贯穿全业务链路。把安全生产数字化转型作为企业战略，针对生产体系的整个业务链和电网枢纽平台的上下游产业链，放弃“孤岛式”思维，避免产生分散的“烟囱式”系统，全方位推动数字化转型和产业链的现代化。

（2）数据管理驱动全业务优化。将系统中产生的数据有效地沉淀、利用，使其发挥出数据优化业务的价值，让专业部门统一建设、管理业务与数据，畅通数据价值回流业务的链路，实现以数据驱动业务、业务闭环管理的目标。

短期目标：组织架构调整与数据贯通融合。建成省一市一县三级贯通、安全生产全业务横向联动的指挥体系。短期内，依托指挥体系调整生产体系的组织架构，统筹推进数字化班组建设和全业务核心班组建设，全方位支撑安全生产业务。整合业务系统，构建数据贯通、信息串联的业务中台与数据中台，提高数据资源共享服务能力。

长期目标：实现“数据+算法”决策模式。在指挥体系数据共享与融通基础上，进行基于业务场景的数据沉淀与价值挖掘，深度结合典型业务场景，不断完善数据中台上的数据种类、维度，沉淀和优化算法，深度实现数据业务化、业务数据化，通过业务中台和数据中台所构建的数据采集、汇聚、分析、反馈的闭环，结合大数据领域不断发展的机器学习、人工智能等技术，逐渐打磨和沉淀出给企业带来核心竞争力的数据和算法，运用“数据+算法”进行决策，精准实现“看得见、摸得着、控得住”。

三、新型指挥体系的创革

国网甘肃电力经过多年的建设发展，构建了安全生产体系平台化演进的三大优势。一是数据优势，各专业多年的业务系统建设沉淀了大量数据，支撑了数据业务化的基本条件，也构建了数字化平台的建设基础；二是专业优势，坚持发展安全生产专业能力，精简组织架构，提高管理效益，投入大量资源建设融合新兴技术的核心业务班组，形成了坚强的前端作战部队；三是资源优势，始终优化提升基层组织与电网基础设施，积极统筹公司内外政府、产业链资源，为安全生产组织体系整体性变革建立了护城河。

借鉴国内外诸多企业成功变革的经验，国网甘肃电力以平台型组织的核心——中台资源层的建立为抓手，以生产组织体系建设为核心，开启了迈向平台型组织架构的第一步。以数据分析智能化、业务流程信息化、生产指挥集约化、设备状态全景化、运检管理精益化为特征主线，统筹总部—省—市—县安全生产业务，组建省公司指挥中心，因地制宜推进地市公司级指挥中心建设，完善县公司安全生产业务，构建以总部、省公司、地市级公司、县级公司指挥体系为载体的一体化安全生产组织体系。联合统筹安监、设备、配网、调度等专业，提高安全生产质量与效率。新型安全生产体系建设思路如图4–8所示。

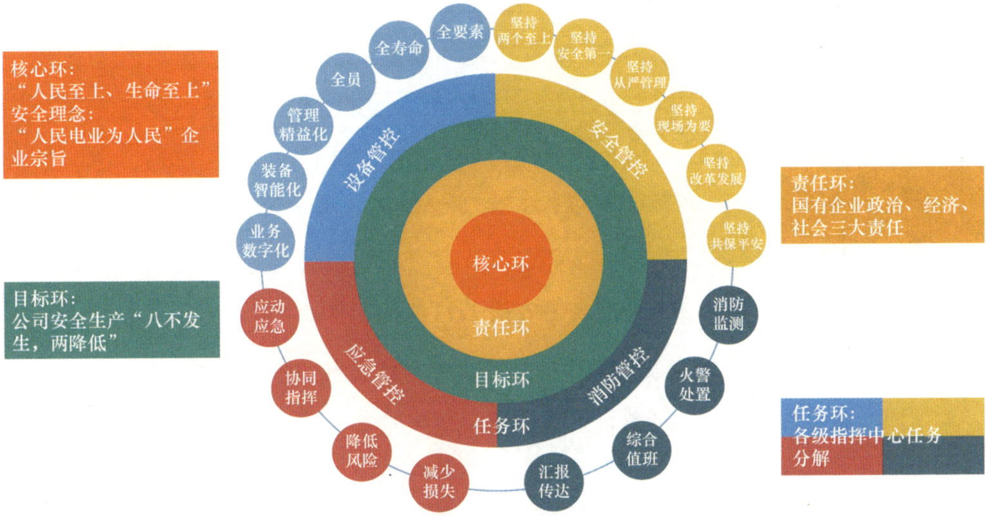

图 4-8　新型安全生产体系建设思路

三级指挥中心建设基于“数据+管理”双轮驱动的原则，推动构建安全生产体系的中台资源层，既是安全生产管理的数据中台，又是安全生产管理的业务中台，延伸至数字化班组业务执行端，安全生产组织和方式的形态逐步向“强前端、大后台、精准指挥”的平台模式演进。三级指挥中心运转基于数据增值服务和“数据+算法”的决策能力提升为原则，将公司彻底转型为由数据驱动增长的能源互联网企业；同时结合大量企业内外部数据，为公司上下游企业、甚至行业内其他企业和组织带来数据共享的价值，通过数字赋能进行产业能力提升和转型，成为引领行业现代化的组织领袖。

延伸阅读

指挥中心三级联合完成五一保电现场管控

“五一假日期间，全省电网设备运行正常，未发生安全事故，未发生消防事件，未发生供电服务投诉情况……”随着值班人员的汇报，标志着2022年五一节日值班保电、现场管控工作圆满完成。

此次五一节日值班，指挥中心坚决落实公司二季度会议安全生产决策部署，对节日期间不停工现场全部提级管控，管控五级及以上作业风险现场共计269个。国网甘肃电力赴祁连换流站、祁韶线年检现场，强化现场管理，安全总监全程驻守指挥中心，各专业部门组成15支督察队，负责人亲自带队督察，现场管控工作安全高效。指挥中心按照“现场不停、督察不断”的要求开展管控资源调配、作业现场风险管控及视频反违章督察工作，加强电网重要断面、重要设备监控。全方位发力，圆满完成五一保电、现场管控工作。

提前统筹安排节日值班工作

按照节前公司要求，指挥中心召开省市两级五一工作安排部署会，对节日期间安全管控工作细化安排，对指挥中心值班力量、现场督察、到岗到位、责任落实情况全面统计分析，对重点现场、重点任务、重点风险做到心中有数，同时对疫情防控、交通安全、驻地安全、食品安全以及和政府部门的沟通协调提出明确要求。

科学调配省市县三级管控力量

节日期间，省市县三级领导均在指挥中心在岗值班，各级分管领导全部在岗值班，指挥中心共安排各级人员在岗值班2262人次，其中省公司及地市指挥中心499人次，县级指挥中心1763人次。提级管控风险作业共269项，作业人数12211人次。派出安全督察队伍50支，视频督察队伍47支。采用“现场+视频”方式对全省作业现场开展全覆盖督查，共查纠问题117项。省市县指挥中心三级联动开展7×24小时在岗值班，重点以人身风险防控为核心，实施现场督察管控、资源力量调配、到岗到位检查落实，每日按照“三清单、两核实、两督察”要求开展工作，节日期间各级指挥中心管理有方法、管控有力度，确保了甘肃电网稳定运行。

国网甘南公司反恐实战应急联合演练

为做好党的二十大供电保障工作，2022年9月19日，国网甘南供电公司邀请甘南藏族自治州反恐办、特警支队、合作市公安局在110千伏合作变电站共同开展2022年防暴恐应急演练，如图4－9～图4－11所示。

图 4–9　国网甘南供电公司 2022 年防暴恐应急演练现场 1

国网甘肃电力安监部、党委党建部、综合服务中心、输变电运检中心等单位 33 人参与演练。

110 千伏合作变电站作为全市重要枢纽变电站，合作市反恐怖防范三级重点目标单位，承担着地方政府、特警队等重要设施的供电责任，一旦遭到破坏，将会严重影响电网运行，造成指挥中心的供电中断。因此，做好合作变电站的日常运维巡视和安全防护工作是重中之重。

图 4–10　国网甘南供电公司 2022 年防暴恐应急演练现场 2

图 4-11　国网甘南供电公司 2022 年防暴恐应急演练现场 3

本次演练以实战为主，模拟 110 千伏合作变电站遭到非法分子入侵，保安人员迅速反应，利用一键报警平台向 110 指挥中心快速报警，并呼叫站内值班人员，依靠防爆装备，利用大门等地理优势与不法分子周旋、对峙，在确保自身安全的前提下为公安特警出警实施救援抓捕争取了有利时间。待公安特警到达现场后，对“暴恐分子”采取强制措施，及时制止“暴恐分子”犯罪行为。

演练结束后，甘南藏族自治州反恐办、合作市公安局特警支队对本次演练进行了点评与培训，肯定了演练的突出成效，认为演练活动情景设置合理，整场演练环节紧凑，准备充分，展现了“打防结合、源头预防”的工作方针。并希望双方能够继续深化警电合作、共谋发展，为地方经济社会发展共同贡献力量。

国网甘肃电力以此为契机，将加大各类专项应急预案演练活动，不断提高电力企业应对突发事件，紧急处置电网反恐怖袭击的实战水平。为“五无甘南”建设创建贡献力量，为服务平凉经济社会发展、满足人民群众美好生活做出新的努力。

第五章 生 产 体 系 变 革

国网甘肃电力全面贯彻新发展理念和新工作思路，准确把握生产体系深化变革方向，推进生产组织变革、生产方式变革、安全管控方式变革，积极探索生产指挥中心建设，推动生产关系与生产力相互促进、协调发展，为新型安全生产体系的构建奠定了坚实基础。本章主要阐述了国网甘肃电力生产组织、生产方式、安全管控方式变革的具体举措与实践成效。

第一节 生 产 组 织 变 革

一、优化输变电运检机构

国网甘肃电力始终坚持问题与目标导向，因地因时制宜，持续深化生产组织变革。

首家实施超高压设备属地化。准确定位超高压公司、地市公司安全生产工作重心，稳妥实施 330（220）千伏输变电设备属地化移交，超高压公司聚焦特高压直流和 750 千伏设备专业化管理，市州公司集中优势力量强化 330 千伏及以下设备运维，有效降低生产成本，提升设备管理质效。

积极推进运检机构“管办分离”。科学界定专业管理和业务实施职能，完成市州公司运维检修部“管办分离”，成立设备管理部，差异化设置输（变）电运维（检修）中心，设备部更加突出专业管理，中心更加专注业务实施。

率先完成变电监控职责移交。面向一线、贴近设备，强化设备主人制，变电设备监控权由调度移交至集控站，完善智能巡检等监控手段，监控范围拓展至辅控设备，人均监控变电站数量由 20.4 座减少至 11.6 座，有效提升变电主辅控设备集中监控能力。

提升送变电运检能力。优化甘肃送变电公司职能定位，将特高压直流、750 千伏跨区跨省、重要 330 千伏等 53 条输电线路运维检修业务委托至甘肃送变电公司，全力打造甘肃电网输电运检和应急抢修的中坚力量，推动送变电公司业务从基建为主向基建与运检并重转变。

（一）主网设备属地化

为适应超（特）高压电网迅速发展、运检水平精益化提升要求，以及部分专业体系对超高压公司（原省检修公司）业务支撑不足的问题，自 2018 年起，国网甘肃电力开展实施了主网设备属地化举措。

移交输变电设备。330（220）千伏输电线路运检业务全部按照地域移交属地市（州）公司管理。考虑到国网甘南、临夏供电公司运检力量偏弱，甘南、临夏区域内的 330 千伏变电运检业务实行移交过渡期代管制度，暂由超高压公司（原省检修公司）管理，330 千伏输电线路运检业务委托至甘肃送变电公司。对跨地区线路，按照所跨行政区划实际，整条线路划归一家市（州）供电公司运维（一对一移交）。750 千伏及以上输电线路的运检业务全部委托至甘肃送变电公司。

机构调整与职责划分。各市州公司涉及“大检修”体系相关二级机构维持不变，将输、变电专业室改为输、变电运检中心，实现管理职能（运检部）和业务实施（运检中心）分离；超高压公司（原省检修公司）撤销输电检修中心、酒泉分部、天水分部、武威分部、庆阳分部，在酒泉、天水设立变电检修分中心。同时，对超高压公司（原省检修公司）、送变电公司、供电公司职责进行了调整，具体见表 5－1。

表 5－1　　主网设备属地化职责划分表

单位	职责范围	职责阐述
省检修公司	负责全省 750 千伏变电站，甘南、临夏地域内 330 千伏变电站及将来特高压换流站设备的巡视、操作、检修、状态检（监）测、状态评价、故障分析和技术监督等运检工作	负责送变电公司代维输电线路的全寿命周期管理。 负责检修计划的编制、上报和现场作业组织及管控。 负责相关变电工程的验收管理和生产准备。 负责管辖变电站设备技改大修项目实施。 负责专业化检修基地和大型检修工器具管理。 负责变电站内通信机房设备的日常环境巡视。 负责省内变电站大型检修和应急抢修的技术支撑和人员支援
送变电公司	负责全省 750 千伏及以上及代维交、直流输电线路的运维、检修工作	负责相关输电工程的验收管理和生产准备负责管辖输电设备技改大修项目实施。 负责开展无人机巡检、维修保养、飞行空域申报及配合开展直升机作业等工作。 负责管辖范围内随线路架设的电力特种光缆的日常环境巡视和检修配合。 负责省内输电线路大型检修和应急抢修的技术支撑和人员支援

续表

单位	职责范围	职责阐述
供电公司	负责330千伏及以下电网设备的巡视、操作、检修、状态检（监）测、状态评价、故障分析和技术监督等运检工作	负责区域内输电线路通道环境运维。 负责检修计划的编制、上报和现场作业组织及管控。 负责输变电工程的验收管理和生产准备。 负责管辖电网设备技改大修项目实施。 负责管辖范围内随线路架设的电力特种光缆、变电站内通信机房设备的日常环境巡视和检修配合

定员调整与人员划转。考虑各地区运检水平、区域特性、各单位人员结构等情况，国网甘肃电力联合下级单位，按照330（220）千伏设备属地化调整方案，重新核定各单位定员。依据划转设备测算定员及划转专业用工配置率，测算划转人数，其中超高压公司（原省检修公司）不再承担750千伏和±800千伏输电线路运检业务，相关人员按比例移交至属地公司。

【成效】

主网设备属地化后，超高压公司（原省检修公司）更加注重750千伏及以上设备精益运维，各地市公司集中优势力量保障330（220）千伏设备安全稳定运行。2018～2020年变电设备故障停运率分别为0.097、0.08、0.07次/（百·台年），设备故障率稳步下降。

（二）运检机构“管办分离”

随着设备管理业务加大对新兴技术的融合应用，为适应新时期业务发展需要、提升生产管理效率效益，发展一批坚强运检队伍，及时优化调整设备管理模式，国网甘肃电力实施了地市公司运检专业“管办分离”。

优化地市公司层面机构设置。剥离原运维检修部（检修公司）设备管理职能与业务实施职能，运维检修部不再与检修公司合署，实施“管办分离”。地市公司运维检修部更名为设备管理部，作为独立的本部职能管理部门，配置变电运维、变电检修、输电运检、电缆运检、配电运检、项目管理、技术监督等专业管理岗位，负责统筹、指导各业务中心工作；撤销检修公司，在原输电运检、变电运检、电缆运检、配电运检等专业室的基础上，成立若干业务中心，作为运检业务实施的专业化机构。地市公司各业务中心作为地市公司二级机构管理，接受设备管理部管理、考评；根据业务量及人员配置情况，按需设置状态评价、变电运维、变电检修、变电二次运检、电气试验、输电运维、输电检修、输电带电作业、输电监控、配电运维、配电检修、配电抢修、配电二次运检、配电带电作业、配电工程、电缆运检、无人机作业、机具维护等作业班组；根据业务中心职能定位，同步将相关专业班组调整至相应业务中心。地市公司同步建设指挥中心，协助设备管理部做好信息汇集、过程管控、预警研判、指挥协调等工作，原则上不与其他业务中心合并。

地市公司业务中心设置。根据设备管理模式及业务开展现状，制定典型、选配、精简三种模式。典型模式设置指挥中心、变电运维中心、变电检修中心、输电运检中心、配电运检中心共 5 个业务中心，分别负责所辖设备生产指挥协调、变电运维、变电检修、输电运检、配电运检业务。配电运检业务调整至配电管理部或供电服务指挥中心等机构的单位，不设置配电运检中心。选配模式是在典型模式的基础上，各单位视具体情况，选择性增设业务中心。运维电缆长度超过 500 千米的地市公司可增设电缆运检中心，年带电作业次数超过 1500 次的地市公司增设带电作业中心，配电网工程量较大的地市公司增设配网工程中心，分别负责所辖设备电缆运检、带电作业、配电网工程等业务实施。精简模式是变电设备规模较小的地市公司可将变电运维中心、变电检修中心合并成变电运检中心，设置指挥、变电运检、输电运检、配电运检 4 个业务中心。输变电设备规模较小的地市公司将变电运维中心、变电检修中心、输电运检中心合并成输变电运检中心，设置指挥、输变电运检、配电运检 3 个业务中心。输变配电设备规模较小或人员较少的地市公司将变电运维中心、变电检修中心、输电运检中心、配电运检中心合并为输变配运检中心，设置指挥、输变配运检 2 个业务中心。运检机构“管办分离”前、后组织机构图分别如图 5－1 和图 5－2 所示。

【成效】

2019 年，国网甘肃电力所属 13 家地市均印发文件，实施了运检机构的“管办分离”。其中，国网天水供电公司等 9 个单位设置输电运检中心、变电运检中心 2 个业务机构；国网兰州供电公司等 3 个单位设置输电运检中心、变电运维中心、变电检修中心 3 个业务机构；国网白银供电公司除成立输电运检中心、变电运检中心外，还分区域成立 2 个综合的输变电运检中心。

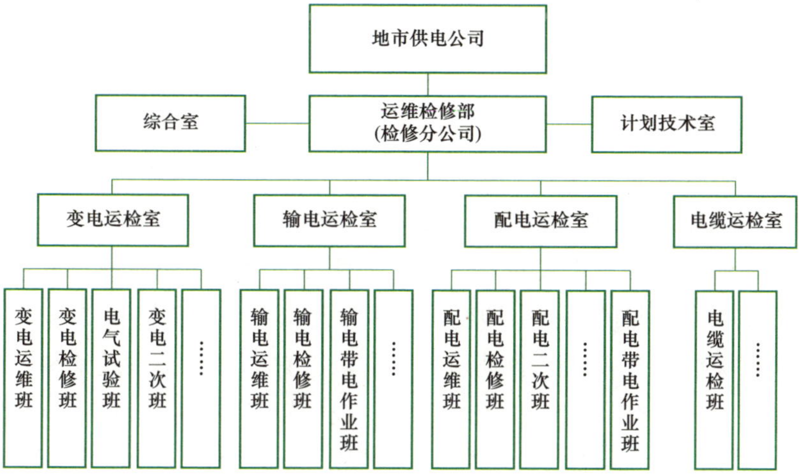

图 5－1 运检机构“管办分离”前组织机构图

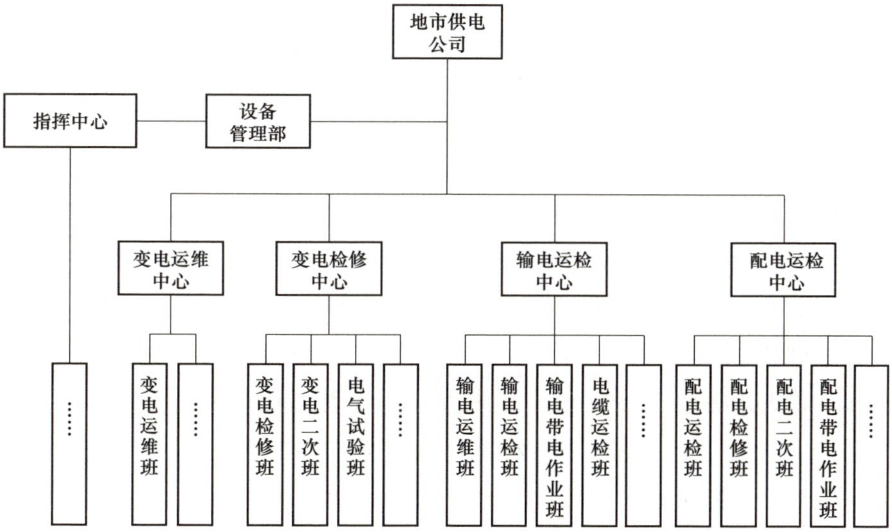

图 5－2 运检机构“管办分离”后组织机构图

通过运检机构的“管办分离”，剥离了大量安全管控、项目实施、专业运维、应急抢修等具体业务工作，强化了运检业务指导力度，解决了合署办公模式下，地市公司运检部更多地被定位为业务实施机构、未能完全行使职能管理部门职责的问题，有效提高了地市公司运检部与建设、营销、调控、财务等其他部门间的专业协调工作质效。同时，依托现代信息新技术，深化智能运检体系建设，推进设备信息融合共享，全面感知设备状态，强化业务过程管控、加强故障预警研判、统筹运检资源调配，持续提高设备状态管控力、管理穿透力。

（三）变电设备监控权移交

按照“贴近设备、贴近一线、贴近基层”的思路，国网甘肃电力在完成主网设备属地化、运检机构“管办分离”变革基础上，以提高变电运维人员全员履职能力和加强变电设备监控强度、管理细度、应急响应速度为目标，全面推进变电设备监控职责由调度控制中心向设备运维单位移交。

过渡期集中监控模式。各地市公司利用已有地调监控系统终端，由变电运检（运维）中心开展集中监控。管辖变电站较多的单位结合人员配置和变电站地域分布情况，实行分区域监控。首先，每值设 2～3 人开展集中监控，监控变电站系数不超过 40（330 千伏变电站系数为 2，110 千伏变电站系数为 1，35 千伏变电站系数为 0.5）；其次，集中力量完成调度监控系统、录波组网系统、视频监控系统和消安防监控系统等终端部署，满足多系统综合监控要求。

过渡期支撑系统建设。通过工程师站搬迁、辅助设备监控和智能机器人巡检组网等系统建设，实现多源头数据采集、多角度综合分析的立体监控，为变电站故障异常综合分析处置提供技术支撑，提升设备主人状态感知能力、缺陷发现能力、设备管控能力、主动预警能力和应急处置能力。

运维站集中监控模式。运维站监控模式是各地市公司变电设备监控的终期模式。首先，每值设 2～3 人，监控变电站系数不超过 30；其次，完成调度监控系统、录波组网系统、视频监控系统和消安防监控系统等终端部署，满足多系统综合监控要求；再次，完成工程师站搬迁和辅助设备监控系统建设。

【成效】

2020 年 4 月，国网兰州、金昌、定西、酒泉、张掖、平凉、白银、天水、武威、庆阳、陇南供电公司完成了全部变电站监控职责移交；变电站省调监控业务与地调监控业务也相继完成了监控信息核对与业务移交。

监控职责移交后，监控强度显著加强，变电设备监控由 14 个省市两级调度移交至 41 个运维站，每值人均监控变电站数量由 20.4 座减少至 11.6 座；监控范围有序扩展，除主设备监控外，范围扩展至主辅设备、统一视频、电气消防、在线监测和机器人巡检等综合监控；异常处置更加高效，按照“以

330 千伏为中心，覆盖周边 110 千伏及以下变电站”的原则，优化调整设置 55 个运维班，2018～2020 年 330 千伏设备缺陷消除率分别为 92.4%、94.2%、95.1%，缺陷消除率逐步提升。

（四）送变电运检能力提升

2018 年全面开展属地化改革以来，甘肃送变电公司运维的线路规模发生了跨越式发展，2019 年，甘肃送变电公司开展运检能力提升专项行动，完成“一部三中心”运检机构优化，电网建设主力军、电网应急基干队伍、主网运检主要力量的作用更加凸显。

加强运检组织建设。补强运检业务主管领导，调整送变电公司领导班子内部分工，明确 2 名班子成员或职员分管运维检修业务。补强“一部三中心”管理干部，在省公司范围内招聘 4 名四级领导和管理人员，充实管理力量，优化“一部三中心”领导班子结构。提升专业管理人员管理能力，开展运检专业管理人员能力提升培训，重点加强安全意识提升、施工思维转变、统筹能力提高以及管控能力强化。健全运检制度标准，有针对性开展“立改废释”，重点强化运检、施工安全管控和制度标准化执行，发布现行有效规章制度清单。

加强运检队伍建设。优化劳务派遣人员管理体系，加强派遣人员培养、自有队伍建设，增加劳务派遣或劳务外包用工指标；制定积分制和直签制，严格执行淘汰制，培养更多的现场“明白人”，同时培育长期协作的外协核心队伍。开展人员胜任能力测评，通过对高空作业技能、安全作业素养进行测评，根据测评结果将一线作业人员分为 A、B、C 类，测评结果与绩效考核、岗位等级挂钩。将高空作业技能优异、安全意识强的人员优先安排到线路 A 类检修岗位，优化运维队伍、强化检修队伍。组建省公司、送变电两级输电运检新技术应用、研发创新、应急抢修、故障分析、带电作业、工法优化、流程再造专家柔性团队，指导帮助送变电运检能力的全面提升；通过返聘方式聘请责任心强、技术精湛的退休人员参加现场勘查、方案审查及现场督察。建立省内支援协同机制，在大型检修作业、应急抢修作业中，抽调省内各单位具备能力、条件、资格的人员及工器具、备品备件等提供作业支援，确保大型作业高效完成。强化人员培训工作，通过走出去请进来的方式，学习先进的管理、作业模式和方法；加强登高人员及无人机飞手的培养，重视“特种作业操作证”及无人机飞手的取证工作。

【成效】

持续开展运检专业管理人员能力培训，定期召开全省范围内输电专业技术交流会，促进运检专业内部横向对标，举办了 2 期安全管理专项培训班，重点加强安全生产法律法规、规章制度、标准规范相关培训宣贯，提高安全意识和安全生产标准化、规范化水平，专业管理人员管理能力得到提升。

加强现场安全监护，在现有 23 套的基础上增加了 60 套布控球，强化远程视频监控；对较复杂和危险程度较大的作业提级管控，执行“远程+现场”双监护。加大了新技术新装备应用，压减登塔作业，按每站 1 台标准配置“小飞人”电动升降装置；增加了 4 台激光远程异物清除器，达到每个输电中心配置 2 台的标准；2022 年无人机配置数量达到 235 架（1.52 架/百千米），满足了国家电网公司 1.5 架/百千米要求；跨省分界点线路覆盖率达到 100%，故障巡视效率有效提升。

延伸阅读

国网甘肃电力“去机关化”“去行政化”主要做法

国网甘肃电力落实国家电网公司关于对省公司本部机构编制优化调整、鼓励各单位结合实际创新探索组织模式优化的工作要求，针对原管理模式下存在的“机关化”“行政化”、机构编制冗余、管理主体责任落实不到位，以及综合管理人员占比居高不下、专业人员队伍力量不足等问题，积极探索本部和事业部改革，以“优化管理模式、压缩管理层级、提高用工效率，实现‘1+1>2’的管理效能”为改革目标，在公司系统创新推动本部管理模式优化，率先试点职能型事业部制改革，取得良好成效。

有的放矢，优化本部职能定位。聚焦战略决策能力提升，将发展、建设、营销、数字化、物资 5 个专业从本部剥离，本部摆脱日常事务管理；深入推进放管服改革，四批次共计放权 157 项；从严从紧控制本部机构编制总量，部门数量由 23 个减少至 17 个，精简 26%，人员编制由 456 人压减至 328 人，压减 28%，其中职能部门编制由 336 人压减至 225 人，压减 33%；精干高效人员配置，核定编制低于国家电网公司下达指导线，除近年有重大任务推进的部门外，其他部门人员配置率均控制在 90%以内。

精兵简政，优化本部管控机制。撤销本部职能部门内设处室设置，以业务链条线为导引，全面优化升级复合型岗位设置，打破专业壁垒，推动管理模式由管处室、管人员向管职责、管业务转变；同步取消处长、副处长职务设置，按照职务职级分离原则，设置高中级主管职级（四级正副职专责），采取“部门固定＋公司预留”方式核定，突破处室之间、本部与基层单位组织界限，打破论资排辈，推动本部和关键核心专业领导人员队伍培养储备。

革故鼎新，首创职能型事业部概念。创新将本部发展等5个职能部门，分别与省经研院等5家省层面支撑单位整合，组建发展、建设、营销、数字化、物资5家职能型事业部。职能型事业部既有本部职能管理职责，同时又在职能型管理模式基础上最大化赋予单位建制的用人、考核、薪酬权限，深化融合形成更靠近前端的组织新模式，管理层级更加扁平，管理力度更加穿透，实现事业部各项工作标准化、规范化、制度化，从根本上解决了“层级多、链条长、审批繁”等问题。

行之有效，完善事业部运作机制。改革实现“管理＋支撑”两级体系深入融合，专业管理主体责任全面落实；原本部内设处室与省层面支撑单位内设机构重组整合，组织壁垒彻底消除、业务链条有效压缩；事业部管理层级由五级压减为三级，内设机构精简1/3；人员编制精简1/8；事业部党建、工会、后勤及行政办公等综合业务等同本部部门管理，配套建立三家共享服务中心，助力破解机构小而全、综合管理人员占比高、用工效率低等问题；事业部轻装上阵，聚焦主责主业。

国网甘肃电力事业部制改革（以营销事业部为例）

为适应国家电网公司改革要求，通过整合本部职能部门与省公司业务支撑单位，创新组建新型职能型事业部，建设“强中台、大后台”管理服务体系，进一步优化专业管理模式、压缩管理层级、提高公司用工效率，全面支撑国家电网公司战略落地。将本部营销、发展、物资、建设、互联网、调度等专业管理部门与业务支撑单位进行有效融合，组建具有职能管理、业务实施一体的管理机构。共申报组建市场营销事业部、电网发展、物资、建设、数字化5个事业部。

一、组建形式及机构定位

整合营销部（农电工作部）和营销服务中心（计量中心）营销业务组建市场营销事业部，具有营销管理及营销省级集约业务实施双重职责，机构全称：国网甘肃省电力公司市场营销事业部（国网甘肃省电力公司计量中心），规范简称：国网甘肃市场营销事业部（计量中心），内部简称：营销事业部。考虑到对外工作需要，保留合并前国网甘肃营销服务中心（计量中心）牌子及资质，实行“两块牌子、一套人马”。

二、机构设置及职责

负责营销综合计划、营销项目管理；负责营销规划、战略分析、营销技术标准、营销政策研究；负责营销综合分析、营销同业对标及服务体系建设；负责营销安全管理；负责市场开拓、业扩报装、分布式电源并网服务及结算、综合能源、智能用电、电费抄核收账、电价执行、购电结算、直购电及市场化业务、客户服务、营销稽查及反窃查违、营销技术及信息化建设、计量采集管理、台区线损、“三农”服务等专业管理；负责售电公司代理客户和未参加市场用户购电量清分管理；负责各类发电企业、电网企业、售电公司、电力客户最终购售电费计收管理；负责测算优先用电需求；负责实施客户电费核算集约业务；负责实施营销电费账务集约业务；负责实施全省各类发电企业购电费结算业务；负责95598等投诉、意见审核转派及各类工单执行、跟踪、督办和回访；负责营销业务稽查及运营监控；负责营销信息系统业务运维与开发建设，开展“网上国网”等运营推广；负责全省计量检定法定授权、计量印证的统一定制和管理；负责计量资产全寿命周期管理，负责拆回计量器具分拣业务；负责电能表、低压互感器和用电信息采集设备的检定检测、生产调度管理；负责计量装置现场检验、周期检定（轮换）；负责技术质检、标准量传等业务；负责公司和用户或售电公司之间的供用电合同签订与管理；负责年、月负荷预测及迎峰度夏（冬）平衡预测；负责公司直购电业务组织实施，协同开展电力电量平衡。

三、配套调整

将省综合服务中心内设机构设置标准数量上限由职能部门 2 个、业务机构 5 个，调整为职能部门 2 个、业务机构 8 个，增加机构如下：

1. 资金集约中心

成立市场营销事业部后，资金集约中心纳入省综合服务中心管理，并将现综服中心社保财务纳入资金集约中心统一管理。内设收入业务处、支出业务处、会计核算处、稽核监控处。

2. 共享中心

为进一步提高事业部总体用工效率，促使事业部聚焦主责主业，依据三支柱理论，构建共享服务中心，负责人资、财务日常基础性事务类工作；省公司本部为政策中心，负责各事业部人资、财务等政策研究和流程设计；各事业部为执行中心，负责政策落地和业务执行。

二、重构配电网管理体系

国网甘肃电力主动应对有源配电网发展新形势，深化“1135”新时代配电网管理总体战略部署，重构配电网管理新体系。成立配网管理部，推进配电网规划、建设、运维、服务一体化管理，加快配电网建设，加强供电保障水平和抢修服务水平。夯实专业管理基础，梳理完善配电网专业管理标准、制度、指标体系，优化供电所配电管理模式和工作方式，提升配电网设备运检能力。提高配电网建设质量，以标准化为基础，优化配电网建设流程，深化典型设计，积极推进配电网工程施工转型升级三年行动与安全管理巩固提升行动，优化城市配电专业管理工作。积极推动配电网工程升级，顺利完成新一轮农网改造升级，提前建成“一区一州”及深度贫困县脱贫攻坚电网工程，创新试点“生命线”工程。

（一）健全配电网一体化管理体系

打造全链条管理体系。成立配网管理部，将原设备管理部的 10 千伏及以下配电网运检及配电网工程管理职责，以及原发展策划部的 10 千伏及以下配电网规划、项目管理职责划转到配网管理部，打造县、区公司配电网规划、建设、运维、服务全链条组织管理体系，强化市、县两级供电服务指挥中心作用发挥。推进配电网运检全业务核心班组建设，在城区公司设置供电服务指挥中心并部署配电网调控、抢修、运检等核心班组。在县公司或大型供电所设置配电网抢修、运检专业班组，培育稳定的专业化配电网运维队伍。

优化全业务制度建设。建立健全配电网专业管理标准、制度、指标体系，印发配电网管理文件 38 项，重塑再造省、市（州）、县（区）、供电所四级配电网管理流程，优化调整配网设备运检策略。综合运用好企业负责人、安全生产奖惩等考核机制，建立配电网上下联动、有效穿透机制，加强基层单位人才队伍建设，提高各级支撑能力。完善配网基础资料，优化班组基础资料，动态修订配电网“两图两册”和 PMS、GIS 系统数据，促进专业管理精益化水平不断提升。

（二）优化配电网管控模式

推进工单驱动业务配电网管控模式。持续推进数字化县公司建设，全面推广配电业务移动作业和在线管控，逐步实现业务工单化、工单价值化、价值绩效化，强化供电服务指挥系统应用来加强配电网设备的运行监测、分析，有效管控重过载、低电压、配电网故障、隐患排查治理等措施的落实落地，持续跟踪、督办、评价工作成效。

推动供电所配电管控模式。压实供电所配电专业运维管理责任，提升配电专业队伍技能水平，优化业务流程和考核评价方式，员工绩效考核与设备运维数量、工作质量和工单任务量紧密挂钩，全面提升供电所配电设备运检水平和供电服务保障能力。

（三）提高配电网建设质量

优化配电网建设流程，印发 3 项配电网工程管理文件。纵深推进标准化，精简配电网标准物料到 26 类 154 种，全面推行一/二次融合断路器、直线杆头、绝缘横担成套化招标配送、安装和结算。

深化典型设计应用，出版《甘肃 10kV 架空配电线路差异化典型设计》，编制《10kV 配网柱上开关标准化建设手册》《10kV 大档距、覆冰区架空配电线路典型设计》《10kV 电缆线路工程典型设计技术手册》《10kV 配电站（箱）工程典型设计技术手册》，为全省提供技术标准。

抓规划蓝图落地，提级管理 38.37 亿元配电网工程项目储备及可研初设一体化审查、批复，全口径完成全省 83 个县（区）以“应联必联”为目标的 10 千伏网架优化调整项目审查和批复，下达投资 12.82 亿元全面实施。

配电网工程施工转型升级三年行动取得良开好局，持续强化“产业单位+施工项目部”管理方式，6 个项目部管控体系进入实质性运转，施工组织管理模式实现新变革，深化以劳务派遣为主的施工用工体系，杜绝违法转包、违规分包和以包代管，实行将单体工程对应到施工班组实施“挂图作战”，实现配电网工程向单体发包、单体抢单、单体结算模式转变，加速配电网施工队伍转型升级和优胜劣汰，推进施工现场作业全场景“四化”应用和“四个标准化”作业，国家电网公司系统首家举办配电网机械化施工装备展览会获好评，11 家县公司参加国家电网公司施工转型升级三年行动验收，10 项工程参加国家电网公司优质工程评选。

连续 5 年组织配电网工程现场安全管理巩固提升行动，实行配农网工程现场分级放行管理制度，靠实业主、施工关键管理人员到岗到位，深化现场管控系统 App 应用，常态组织县（区）公司分管领导跨市域、县域现场安全标准化督查 17 次，查出整改问题 672 项，现场安全管控能力提升。建设全面提速，统筹推进 84.3 亿元、13 个批次、23478 个项目建设任务，186 项高考保电电网侧改造工程提前投运，精准实施万台柱上开关改造，提前 3 个月完成 13.39 亿元配电变压器能效提升工程，助力乡村振兴建成 6.47 亿元农网巩固提升工程，加大投资建设坚强兰州城市配电网，下达 2.33 亿元启动兰州国际一流城市配电网示范建设，针对陇南 82 条 10 千伏线路雨雪冰冻灾害，精准研判下达投资 6283 万元防覆冰改造，实施 116 处配电网线路跨越普通电气化铁路治理项目，治理率达到 100%，完成 1.76 万户生态及地质灾害移民搬迁配套电网建设，全面开展配电网低电压排查和治理改造。采取优化钢杆设计、利旧配电变压器、限价招标电能表箱等措施，实现提质增效 1.42 亿元。

加强城市配电专业管理工作。落实国家电网公司 4 方面 12 项重点措施要求，着力解决城市配电管理中面临的重难点问题，全面提升城市配电网的运营管理能力、供电服务能力、网架承载力、运行控制能力，推动适应中国式现代化建设的城市配电网高质量发展。

（四）“党建+配农网改造升级攻坚”工程

发挥党建引领作用。全面统筹各批次 67.44 亿元配农网工程实施，2020

年调增配电网工程竣工投运，结算率 81%。2021 年聚焦 23 个国家级和 16 个省级乡村振兴重点帮扶县，下达配农网工程建设投资 64.65 亿元，农网巩固提升工程加快现场施工，整体进度 97%，竣工率 78%，打造 4 个配农网工程建设示范县，建成陇南电力“生命线”示范工程，4 项工程入选“国网百佳示范”工程，配电网线路故障率下降 43.7%。2021 年第二批配电网、调增配电网、配电变压器能效提升等重点工程加速推进，2022 年 82.78 亿元配农网工程全面开复工，总投资 0.69 亿元高考保电电网侧改造工程竣工投运。

创新试点陇南电力“生命线”工程。推行工厂化预制、成套化配送、装配化施工、机械化作业，新建改造配电变台和柱上开关工厂化预制率达到 100%。推广“超高性能轻型水泥杆+绝缘横担”应用，加大“开关+故障定位系统”覆盖建设。常态化质量评价工作，开展配农网优质工程和标准化项目部创建，发挥示范效应。建成陇南“生命线”试点工程，打造清水、通渭、华池、两当 4 个配农网工程建设示范县公司，4 条线路全部投运。优化强控 10 千伏及以下业扩配套工程管理，同时，积极排查梳理“三供一业”工程，提高供电服务水平。

抓好项目建设管控。创新建立业主、施工、监理+设计、物资、结算 6 个标准化项目部组织模式，发挥设计、评审两个柔性管理专家团队作用，建立横向协同、纵向贯通的管理新体系。充分发挥审计、内部巡查、协同监督作用，全面规范项目建设管理。合规选择劳务分包商，促进劳务分包队伍向成建制专业化队伍转变。深化标准化建设成果应用，拓展“四化”作业范围。严把验收环节管控，推进工程现场、竣工图、结算审价、废旧物资、工程档案和 PMS 系统“六对应”。结合现场工作加强安全学习，强化“四个管住”，提升现场安全水平，牢固树立红线意识和底线思维，严格执行电力安全工作规程、“十八项禁令”等，杜绝违反安全生产红线情况发生。

【成效】

优化重构配电网管理体系后，主要指标向好。2021 年，实现了“一个夯实、两个提升、三个防范”，尤其在严峻的安全形势下全面防范配电网人身伤害事件，供电服务投诉数量同比压降 91.47%，配电线路故障次数同比降低 40.48%，故障率低于 1.27 次/（年·条）、4.95 次/（年·百千米），故障报修工单数量同比压降 11.34%，10 千伏分线线损达标率 93.25%，投诉数量在国家电网公司（由低到高）排名第 7 位、降幅排名第 2 位，分线线损达到国家电网公司中游水平。供电能力持续提升，开展城乡配电网装备升级，有效消除结构性电网风险隐患，供电可靠率显著提高，城乡电网户均停电时间减少 6.14 小时。打造 4 个配农网工程建设示范县，建成陇南“电力生命线”示范工程，4 项工程入选“国网百佳示范”工程，配电网线路故障下降 43.7%。

国网甘肃电力依托配电网管理专业化，积极推动前端配电网专业队伍，严格提升配电网关键指标，持续开展配电网线路故障治理与配电网设备隐患排查，大力提高了配电网精益化管理水平，达到更扁平、更集约、更专业的目标。

延伸阅读

甘肃省“一区一州”及深度贫困县脱贫攻坚电网工程建设

甘肃省“一区一州”及 18 个省定深度贫困县脱贫攻坚电网工程总投资 44.28 亿元。截至 2019 年 9 月 26 日，脱贫攻坚电网工程提前 3 个月竣工，甘肃省“一区一州”脱贫攻坚电网工程在全国“三区三州”范围内率先竣工。

工程涉及全省十个市（州）、三十五个县（区），7178 个村组，惠及人口 166 万人。重点解决了全省“一区一州”和 18 个深度贫困县的电网突出问题，同时解决了易地扶贫搬迁、煤改电、光伏扶贫等配套电网建设问题。全省农村地区“两率一户”指标达到了国办发〔2016〕9 号文提出的目标，提前三个月完成了新一轮农网改造升级建设任务。

为确保工程按期高质量完成，国网甘肃电力超前谋划、提前部署，2018 年工程实施之初，就确立了“9.30”竣工目标。克服了地形复杂、天气多变、工期短等多重困难，实现了电网建设“四个最”“三加强”“三提升”。

一、电网建设“四个最”

一是投入力量最多。发挥集团优势、抽调精兵强将，集全公司之力投入 9000 余名电力建设者，全力开展电网工程建设大会战。二是建设任务最重。脱贫攻坚电网建设工程投资规模创历史最高，是往年投资的 3 倍以上。三是建设速度最快。工程自开工至竣工仅 9 个月，开工较往年提前 6 个月，工程建设时间缩短 3 个月。四是建设质量最高。脱贫攻坚电网工程现场 13891 个，高峰施工期间现场超过 350 个，实现安全零事故、质量零缺陷的目标。

二、专业管理“三加强”

一是管理能力全面加强。省、市、县三级配农网工程管理人员到位 870 人，制定工程建设全过程指导意见、管理制度等共 9 项，管理能力全面加强。二是配电网架构全面加强。工程竣工后，公司 10 千伏线路绝缘化率提升至 15.49%，解决了 10 231 台配电变压器供电能力不足问题。三是施工力量全面加强。通过各种方式增加现场工程管理人员 560 余人，全省累计使用施工队伍 452 支。

三、工程建设“三提升”

一是工程建设质量明显提升。全面应用典型设计等标准化建设成果，新建工程工厂化预制率达到 100%，单体工程“一次性”通过验收达到 85%。二是安全管控水平明显提升。扎实开展现场安全巩固提升行动，省、市、县三级巡查组发现安全质量问题 8812 个，下发通报 205 份，缺陷和隐患已全部消除，全省配农网工程现场未发生轻伤及以上事件。三是供电可靠性明显提升。“一区一州”及深度贫困县 10 千伏线路跳闸率同比降低 42%，农村电网供电可靠率达到 99.83%，综合电压合格率达到 99.61%，户均配变容量达到 2.5 千伏安。

东西帮扶连心桥　电力供给生命线

131 基，这是国网甘肃省电力 10 千伏“电力生命线”示范工程所包含铁塔的数量，在国家电网东西帮扶资金的支援下，甘肃陇南“电力生命线”全部建成投运，让陇南地区 10 千伏线路第一次搭在了铁塔的肩膀上。

甘肃省陇南市位于甘肃省东南部，地处秦巴山区，境内山大沟深，地形复杂，水系丰富，生态环境脆弱，暴洪、泥石流、滑坡、地震等自然灾害频发。2020 年“8.12”暴洪灾害累计造成 183 条 10 千伏线路停运，7033 个变压器台、43 万用户停电，让陇南人民深受其苦。

安全可靠的电力供应对抢险救灾至关重要。为了从根本上扭转年年受灾、年年抢修的被动局面，国网甘肃电力立足实际、着眼长远，创新提出“电力生命线”理念，并选取受灾最严重的陇南武都区 121 三外线、文县 112 临舍线、文县 113 临河线、文县 113 桥尖线 4 条线路开展试点示范建设。

2021 年 3 月 24 日，“党建+配农网改造升级攻坚”工程首基铁塔浇筑仪式在文县桥头镇举行，“电力生命线”示范工程正式启动。工程建设过程中，国网甘肃电力全力协调、督办落实，国网陇南供电公司全体员工迅速行动、精打细算，强化项目可研审查，精准安排预算，及时支付资金，有力保障工程顺利实施。

“电力生命线”工程的带电投运，彻底解决了原有线路“重过载、低电压”的问题。同时，通过采取专用变压器用户加装硬隔离等措施，频跳线路等问题得到有效消除，供电可靠性从原来的 80%升至 99.99%，电压合格率从 85.5%升至 99.99%，自然灾害防治能力得到显著提高，进一步改善了陇南地区电网结构，极大保障灾区群众安全可靠用电需求。

三、强化支撑机构建设

国网甘肃电力加速推进支撑机构优化改革，全面提高新型电力系统建设的支撑作用，有力推进电科院院所制改革，聚焦电科院在技术监督、技术创新中的作用发挥，形成“五部七所”的新型电网设备技术支撑架构。构建新型调度通信管理体系。适应现代通信技术发展和智能电网运行需要，首家实现电力、通信“两网”融合，电力、通信调度实行一体化值班，更好支撑新型电力系统建设。

（一）电科院院所制改革

强化各专业技术支撑，更加重视科研及成果转化。2019 年，为回归电科院科研本质，提升支撑能力，打造省层面专业门类齐全、技术支撑全面的科研基地，强化科研能力提升及成果转化，结合“三项制度”改革，整合资源，构建新的院所结构，实施了电科院院所制改革。

初期改革：调整管理部室。管理部室数量不变，单独设生产技术部，安全监察质量部和发展策划部合并形成安全发展部。优化二级机构。设置 10 个二级机构，新增配网技术研究所、泛在电力物联网技术研究所（能源互联网技术研究中心）、化学环保与职业健康技术研究所、材料技术研究所4个研究所。电网技术中心更名为电力系统技术研究所，设备状态评价中心更名为高电压技术研究所。电源技术中心与风电技术中心合并为网源协调技术研究所（风电技术中心）。保留客户服务中心、综合服务中心、计量中心，计量中心与电测技术研究所合署办公。增加设备智能管控中心，与生产技术部合署办公；技术服务中心更名为成果转化中心，与科技部合署办公。物资质量检测中心与高电压技术研究所合署办公。为保持和发展电源专业，在集体企业设立火力发电技术、水力发电技术、自动化技术、电力工程检测技术 4 个研究所。电科院初期改革组织架构示意图如图 5－3 所示。

深化改革：根据电科院近期发展，进一步加强科研、技术支撑、技术监督三大核心业务，具备基础人员力量后执行中长期方案。二级机构较近期改革调整增加 5 个研究所，将电力系统技术研究所保护及自动化分离设立保护技术研究所，将高电压技术研究所输电业务分离设立输电技术研究所，将网源协调技术研究所新能源业务分离设立新能源技术研究所（风电技术中心），将网源协调技术研究所储能业务分离设立储能技术研究所，将泛在电力物联网技术研究所（能源互联网技术研究中心）人工智能与信息业务分离设立人工智能与信息安全技术研究所，共设置 15 个二级机构。电科院深化改革组织架构示意图如图 5－4 所示。

【成效】

通过院所机构改革，电科院专业机构设置更为全面合理，专业科研、技术支撑、技术监督三大支柱业务全面优化，完善国网甘肃电力全专业建设，推动能源互联网与新型电力系统研究落地，更好地为国网甘肃电力智库建设提供坚强的智力支撑，全面提升核心竞争力和持续发展能力。

（二）调度通信一体化

2022 年，为突出通信专业支撑新型电力系统建设，调整通信业务运行模式，数字化事业部（原互联网事业部）两个通信业务中心与本部调度中心一体化运作。新模式运作以来，各级通信网保持平稳运行，重点工作稳步推进，为调度通信一体化运作提供了可复制可推广的试点经验。

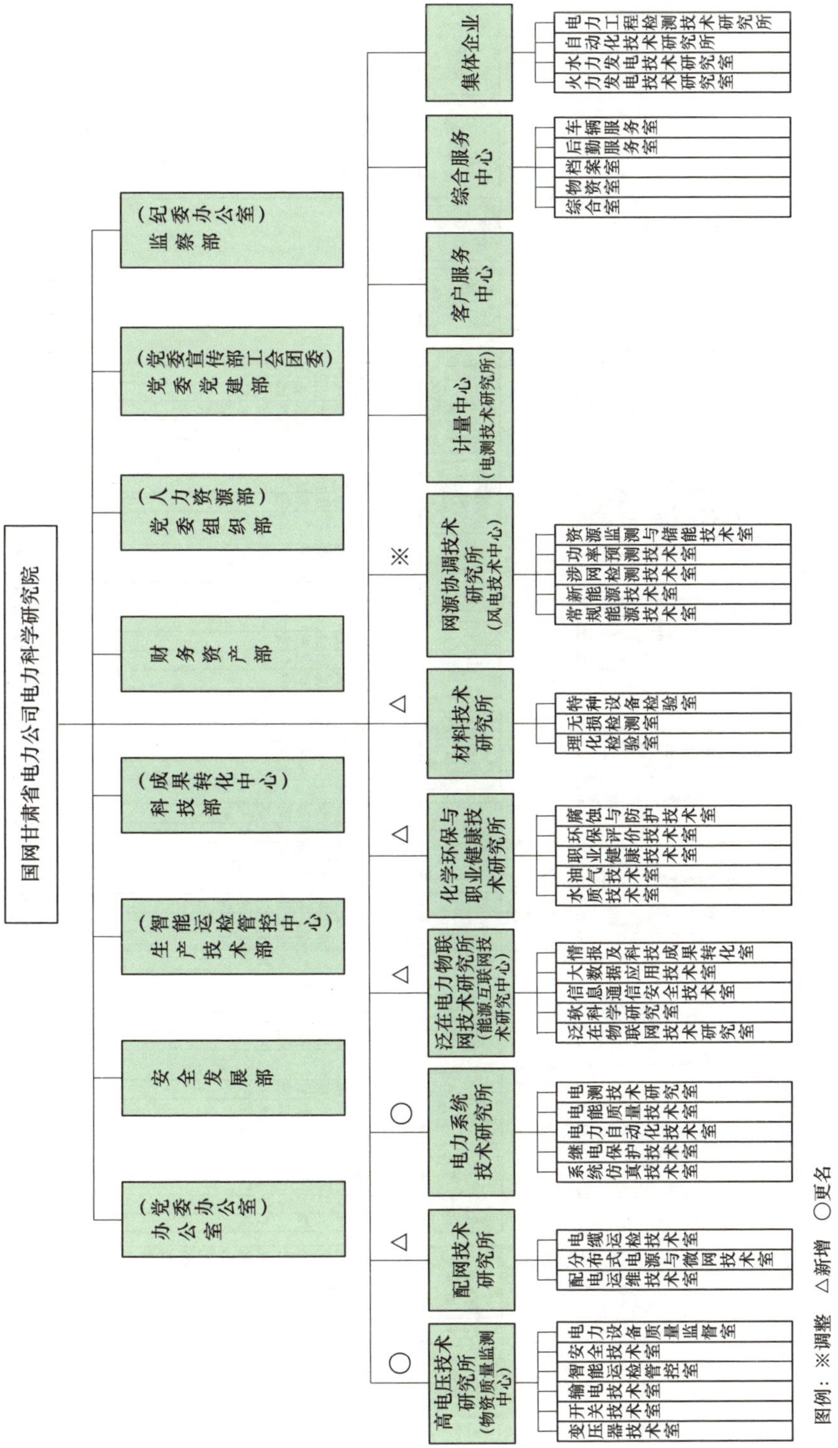

图 5-3　电科院初期改革组织架构示意图

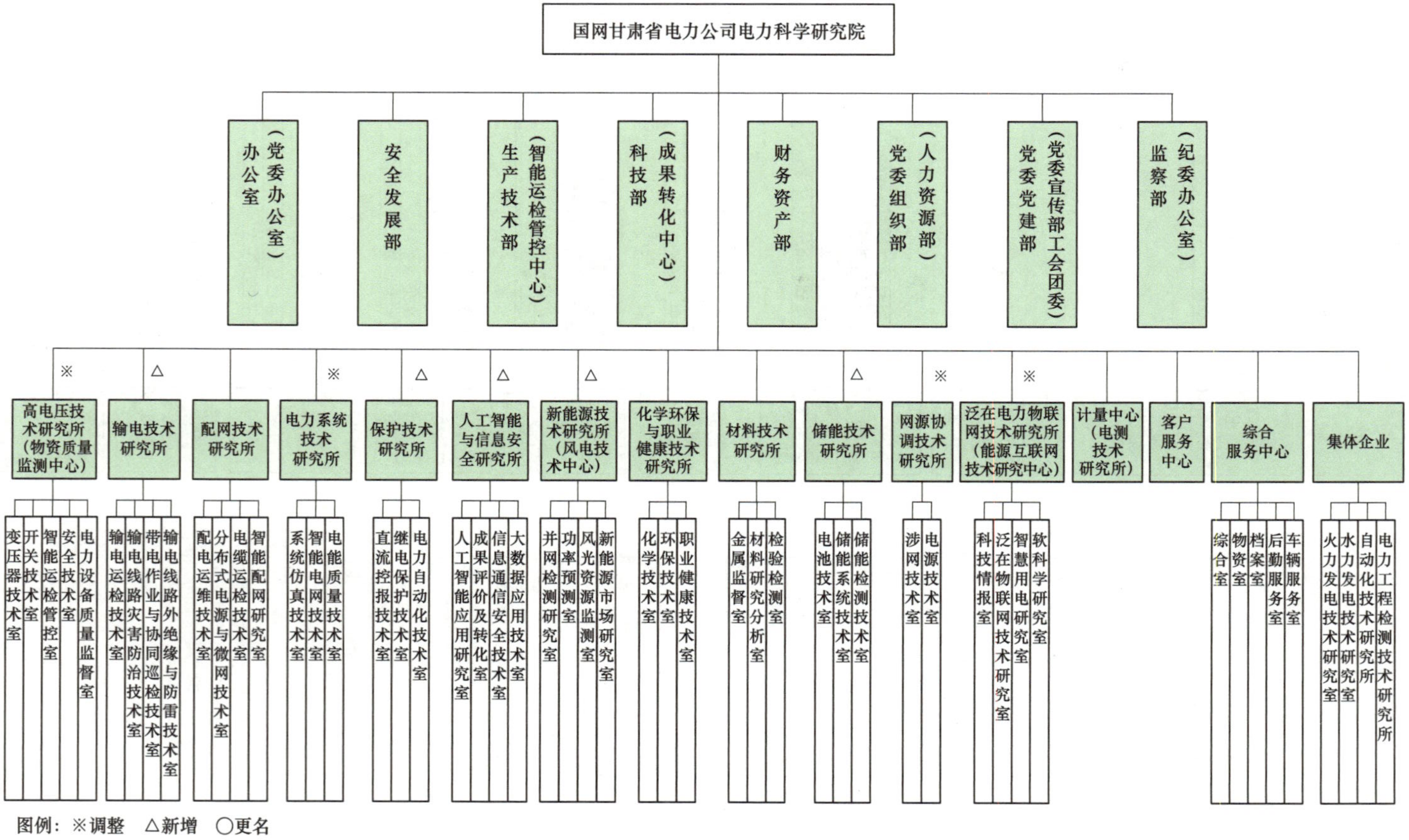

图 5-4 电科院深化改革组织架构示意图

调整组织架构。电力调度中心新增两个通信业务实施机构，即通信调度中心、通信运检中心，通信处与“两中心”开展通信专业一体化运作。通信处负责公司通信指标管理；负责制定公司通信管理工作的制度标准；负责公司通信网规划的编制并组织实施，提出通信网发展需求；负责公司通信年度计划的编制与实施；负责公司通信专业运维服务成本、固定资产零购的计划管理及全过程管控；负责本专业内的电力设施保护和消防管理；负责公司通信人才队伍建设管理，开展专业技术交流、竞赛和培训；开展通信新技术研究、试点和推广应用工作；负责公司通信资源使用审核和统筹管理；负责公司无线电频率管理；负责公司电视电话会议业务保障工作。通信调度中心负责全省通信调度管理；负责所辖范围内通信设备安全管理、安全生产监督；开展通信安全检查、安全性评价等工作；定期组织开展通信安全督查和应急演练；负责责任范围内技术改造、大修、科技项目及物资管理；负责国网一、二级及省网三级通信系统调度监控、检修、方式、应急、隐患缺陷管理及 7×24 小时值班等工作，同时履行西北通信调度备调职能；组织编制审定公司通信系统运行方式。通信运检中心负责 330 千伏及以上一、二、三级通信系统设备和业务系统的健康状况的周期性检查、测试及方式执行；负责所辖范围内通信网络的故障处置；负责编制检修计划和检修方案；负责设备与业务系统的消缺和现场检修工作；负责电网基建配套通信工程、专项、技改大修等其他通信项目的工程前期、资质管理、质量管理、队伍管理、现场安全、投运验收、工程结算等项目的实施及管控工作；负责省级数据通信主干网的运维及建设实施工作；负责省级调度交换、行政交换系统的建设及运维工作；负责公司重大通信检修技术支撑及业务保障等工作；负责三级骨干通信网运行、监控、检修、巡视、风险隐患上报、应急故障处置及物资调配管理等工作。

重塑工作流程。检修方面，将国网一、二、三级检修业务核实优化为调度中心统一组织实施，通过内部协作机制可完成三级检修全流程管控。方式方面，取消原信通公司调控中心与通信运检中心跨部门沟通环节，通信资源审批、业务申请及方式单流程扁平化，方式管理工作职责进一步明确。风险预警方面，减少部门间会商环节，由调度中心内部即可完成风险辨识、风险等级评估、迂回方案制定、下发风险预警单等全流程管控。缺陷处置方面，调度中心内部统一进行缺陷业务核实，下发缺陷单。工程建设方面，计划下达、计划分解、工程验收由调度中心、原信通公司逐级组织实施，优化为省调度中心统一开展。隐患管理方面，将原隐患录入由调控中心、通信运检中心分别录入，分别进行隐患的评估、核定、治理、验收、销号等环节，公司领导及安监部参与，合并为统一由调度中心执行。违章管理方面，将原安监部、调控中心、通信运检中心、外部单位分别督查违章、录入系统、违章整改，简化为调度中心和外部单位两个环节。业务协同方面，原信通公司通信调控中心、通信运检中心统一通过省调通信处协调或支撑保护、自动化专业，优化为直接协调或支撑省调各专业。

延伸阅读

调度通信一体化运作成效

缩短管理链条，工作更高效。调度通信一体化新模式下管理和实施的工作机制转变为内部协同模式，各阶段主体管控层级由原来的3层减少至1层，优化35项工作流程，减少71个工作环节，安全、调度、运检、工程、业务保障管理效率提升30%～50%。适应新运作机制，修编全员安全责任清单，签订年度安全责任书，压紧压实安全责任，确保边界清晰、职责明晰、高质效运转。

聚焦主责主业，服务更精准。充分利用调度通信一体化优势，精准服务电力生产保供、新能源消纳等核心任务，开展“四化一降低”“保护、安控系统通信保障能力提升”等专项活动。靶向提升生产业务支撑保障能力，骨干网保护光纤化率提升至99.7%，保护装置AB口改造通道方式预安排达100%，13家地调调度数据网二平面带宽由155兆提升到1000兆。对标国家电网公司建成视频会议“两张网＋五套系统”架构，视频网络容量翻倍，圆满完成各类视频会议保障1332场次。建成技术领先的应急通信系统，组织全省通信应急基干队伍参加“应急使命·2022”等4次大规模、高级别应急演练，通过重点科目演练树立通信专业形象。

优化内部管控，协同更便捷。加强通信与调度、运检、基建等专业的检修协同，通信检修计划与电网检修计划同步下发，通信与电网检修计划深度耦合。通信调度与电力调度同场所合署值班，通信专业向调度生产体系深度融合，通信调度调令执行刚性进一步加强，业务会商、检修会签、开工确认等横向协同更加高效。省市两级通信调度纵向协同更顺畅，规范市州通信调度机构运行、检修、缺陷处理流程，疫情期间组织两级通信调度开展同城异地值班，确保调度运行工作有序开展。

统筹全省资源，管理更有力。建立通信专业一体化安全管控体系，组建现场作业督查队伍，形成“日督查、周统计、月通报”制度，累计开展检查1066次，查纠违章45项。重点工作高效推进，成功将750千伏官东二线地线改造为OPGW光缆，750千伏武郭三线通信系统投入运行，国内首个5G电力无线专网在750千伏兰州东变电站建成使用，率先完成国网通信现场作业移动智能运维部署应用。组织开展通信“智创”工作，组建8支创新柔性团队开展重点课题攻关，“智在纤里”项目获第八届中国青创赛铜奖，3项成果入选中电联电力5G应用创新竞赛典型案例，4项成果获得省公司科技进步奖，1项成果获第二届电力北斗应用创新竞赛最高奖项“卓越”奖。

四、加强县公司组织建设

国网甘肃电力积极响应国企改革要求，勇于承担新型电力系统与国网战略目标的建设使命，持续优化组织机构与管理模式。全面推行县公司“大部制”改革，准确研判县公司运行短板，优化整合职能部门，调整业务机构，精简组织机构，大幅提升基层管理效率。有力实施一县两公司合并，按照行政区域属地化管理原则，全面完成30个县公司和6个跨县域管理的乡镇供电所的整合工作，优化基层资源配置，提高供电服务水平。

（一）县公司“大部制”改革

为深化基层数字化转型步伐，适应新型安全生产管理模式，国网甘肃电力以赋效能、提效率、增效益原则，为打造“强前端”及时布局，开展县公司“大部制”运行机制改革，重点解决“机构庞杂、职责混杂、流程复杂、人员闲杂”顽疾，按照“选取参数—划分规模—确定内设机构数量上限”的方式，科学测定县公司内设机构数量合理值，按照综合类、生产类、营销类、业务类四类划分，构建出以“四部一中心”（办公室、安全监察部、生产技术部、营销部、供指中心）为基础的新型县级供电企业组织架构。

确立整合原则。精简机构。构建大部制，进一步减少县公司机构设置数量，精简后可不核减二级机构负责人职数。业务驱动。按照综合类、生产类、营销类、业务类四类设置机构，强化业务实施单元，促进组织机构高效运转。管办分离。优化机构和岗位设置，理顺内部管理关系，专业管理与业务实施有效分离。兼顾差异。差异化机构设置和业务管理模式，按照“一县一方案”由各单位因地制宜确定机构设置。

优化整合职能部门。部门设置。设置Ⅲ型、Ⅱ型、Ⅰ型三类企业分档。Ⅲ型县公司职能部门设置不超过4个，分别为办公室、安全监察部（保卫部）、生产技术部（生产管控中心）和营销部（客户服务中心）；Ⅱ型县公司职能部门设置不超过 5 个，在Ⅲ型县公司的基础上，增设人资财务部或党建工作部（工会、团委）。Ⅰ型县公司职能部门设置不超过 6 个，在Ⅲ型县公司的基础上，增设人资财务部和党建工作部（工会、团委）。同时，鼓励管理水平高和业务量少的县公司，将生产技术部（生产管控中心）和营销部（客户服务中心）进一步整合为业务管理部。内设班组设置。生产技术部（生产管控中心）在满足班组设置条件下，选设综合一次班、综合二次班、变电运维班、输电运检班、配电运检班、带电作业班、电网建设班 7 类技能类班组，对于业务量较小的单位，将带电作业班并入配电运检班，将综合一次班、综合二次班整合为变电检修班；营销部（客户服务中心）在满足班组设置条件下，选设市场班、计量班、运营管控班、营业班等 4 类技能类班组。生产技术部（生产管控中心）和营销部（客户服务中心）内根据定员情况设置若干技术类专责岗位，技术类专责仅负责专业管理，业务实施全部由技能类班组负责，且专责不得兼任班组长，确保专业管理与业务实施“管办分离”。职责调整。将原县公司行政办公、人资、财务、党建、工会、团青、后勤等管理职能全部整合至办公室；将原县公司规划、建设、运检管理职能和业务实施全部整合至生产技术部（生产管控中心）；安全监察部（保卫部）和营销部（客户服务中心）职责保持不变。

优化调整业务机构。鼓励各县公司成立城区供电所，将由客户服务中心和检修建设中心负责的县城配电、营销业务移交城区供电所管理，同时生产技术部（生产管控中心）不再设置配电运检班，营销部（客户服务中心）不再设置营业班；成立供电服务指挥中心（县配调控中心），在满足班组设置条件下，选设县配调控班和供电服务指挥班两类技能类班组；符合综合服务中心成立条件的县公司，如后勤业务未集约，成立综合服务中心，在满足班组设置条件下选设物业服务班、车辆服务班两类服务类班组。未成立综合服务中心的县公司，在办公室下成立综合服务班，负责物业后勤相关业务。

【成效】

全面推行县公司“大部制”整合，调整实现县公司职能部门数量由 488 个大幅压减至 354 个，精简超过 1/4，县公司组织机构运行效率显著提升，为县公司数字化转型奠定了扎实的组织基础。

（二）一县两公司合并

国网甘肃电力所属公司原本存在“一县两公司”的有 15 个县、市（区）。为全面加强和规范公司新上划县公司管理，优化县公司资源配置，合理规范供电营业区域，提高供电优质服务水平，国网甘肃电力按照基础管理和专业管理调研情况，结合“一县两公司”现状和管理实际，按照机构、人员变动情况、薪酬标准、社保和福利等差异，由易到难逐步整合。

综合考虑公司对县公司的一体化管理、县公司的稳定发展等因素，“一县两公司”（含跨市州管理的一县两公司）和跨县域管理的乡镇供电所及营业班组整合坚持以下原则和方式：

（1）按照行政区域属地化管理的原则整合一县两公司和供电所及营业班组。

（2）按照行政区域属地化原则合并供电营业区，使一个县、市（区）只有一个供电营业区域。

（3）将原直管县公司人员转岗，由市（州）公司直属单位直管，如成立配电中心或变电中心等，将原直管县公司用户及营业区移交新上划县公司进行管理并合并营业区。

（4）将原直管县公司人员调入市（州）公司直属单位，消化原直管县公司人员。将原直管县公司用户及营业区移交新上划县公司进行管理并合并营业区。

（5）先整合供电所及营业班组，后整合县公司。

（6）先整合同一市（州）管理的县公司，后整合跨市（州）管理的县公司。

（7）按照县公司同一岗位薪酬（含社保福利）差额大小先小后大的原则进行整合。

（8）按照县公司整合时人员及干部流动数量多少先少后多的原则整合。

（9）如因客观原因三年之内确实难以整合，也可以按照一县一分中心设置，即新上划县公司为县级供电公司，原直管县公司设置成为市州公司客户服务中心的分中心。

利用 3 年时间，全面完成公司所属 15 个县的一县两公司的 30 个县公司和 6 个跨县域管理的乡镇供电所的整合工作，最终实现一县一公司、一县一营业区。

【成效】

国网甘肃电力开展“一县两公司”整合，同步实施“三项制度”改革，优化县所组织管理，县公司数量减少到 80 家，供电所数量压减至 528 个，掀开了推进机构融合、服务地方经济建设的篇章。

延伸阅读

国网平凉供电公司无供电所县级公司管理模式探索

为进一步深化电力体制改革，有效解决基层一线人员老龄化、专业技术人员匮乏、供电抢修服务时限长等问题，进一步缩短管理链条，提高执行力和穿透力，打造电网运营智慧化、用户服务精细化、企业管理数字化的县级供电企业，国网甘肃平凉供电公司以国网崇信县供电公司（简称崇信县公司）为试点，开展专业化班组和数字化县公司建设，从管理、组织、机构、业务、人员等多个维度重组变革，推动全国第一个无供电所的县供电公司落地平凉。

一、聚焦问题，在管理模式上求突破

截至 2021 年，崇信县公司全口径用工 98 人，平均年龄 44.25 岁。从整体人员年龄和结构来看，在原有供电所管理模式下，一方面人员老龄化严重、专业人才相对匮乏，一线人员实际具备能力与一专多能的要求难以匹配，尤其在信息化操作方面尤显不足；另一方面人员和人才分散在各供电所，核心班组缺乏人才，结构性缺员矛盾无法化解。从专业管理来看，崇信县公司管理呈现“小”“多”“全”“扯”“大”五个特点。为解决突出问题，打破专业和供电所之间的条块分割、壁垒现象，拟撤销崇信县公司原县域内的

3个供电所，成立运维检修中心和客户服务中心，汇集原来相对分散的一线骨干力量，形成集群效应。与当地政府对接，将日常服务办电接洽等工作进驻当地政务大厅，选派工作人员进驻全县6个乡镇便民服务大厅，区域内供用电业务一站式办理，实现“两中心”统一调配管理，使存量资源得到有效利用。

二、实践探索，在迈出改革步伐上求突破

在改革落地上，将着力点放在去供电所化、优化管理链条以及人员和设备提升上。设备方面，对存量基础数据核对整改、增量基础数据准确性提升、存量设备数字化改造和增量设备数字化规划等方面进行落地实施。人员方面，优化组合现有人力资源，相辅相成，优劣互补，让其发挥最大价值。管理方面，重新梳理县公司部门及班组职责分工，最大限度实现专业融合、任务协作。

党建融入，全程跟踪，宣贯公司党委对于数字化县公司建设的战略思维，提升各层级人员的政治站位和大局意识，确保改革顺利推进。党员率先行动，在落实机构改革、精简机关人员配置等方面打头阵。过渡期内建立工作首问负责制、责任追诉期，保质保量完成由原台区经理向片区经理转接。建立健全各部门与“两个中心”的岗位职责，制定考核评价方案，修订绩效考核办法，为量化考核提供依据。

优化体系，拓展改革方向，加快开展基础数据整治，深化规范系统应用，做好基础数据准确录入，为后续普及应用奠定基础。着力夯实规划设计基础，按照提升网架承载力要求，构建标准化目标网架，应用低碳环保配电设备，加强防灾抗灾能力建设，提升网架承载力。

三、巩固提高，在提高效率效益上求突破

建设核心班组的运营模式，初步实现了组织架构和人员匹配、制度建设等“四梁八柱”构建，实现了队伍稳定、安全生产稳定、经营秩序稳定。管理效率明显提升，解决了人资力量匮乏和人员老龄化问题，资源配置得到优化，现有车辆、办公、健身设施等资源利用效率进一步提升，主要经济技术指标位于省公司前列；专业管理成效显著，整合后各项业绩指标持续攀升，0.4千伏分压线损率下降至3.17%，台区分级线损达标率99.47%，较改革前提升5个百分点；管理穿透明显增强，减少了管理环节，扭转了供电所“突击式”工作模式，专业管理直接穿透到班组，实时报装实现100%，故障报修及时率达100%；困扰难题得到破解，实现了工单、人、车、物等业务全要素智能关联，物资、工器具就近领用、智能盘点、现场作业全流程管理，用户档案的精准定位、智能管理，出入库记录无纸化等功能。

五、人力资源队伍保障

（一）新形势下科学制定人才入口策略

高效毕业生招聘策略优化。随着数字化转型大背景下对人才素质要求的不断提高，国网甘肃电力根据不同类型单位对人才的实际需求，在校园招聘阶段，由业务部门、人力资源部门协同考评，开展分层次、分类招聘。针对事业部和电科院、培训中心等单位，注重高校毕业生创新能力，对应聘毕业生的理论水平、科研能力进行重点考察；针对发供电单位本部，注重高校毕业生的基础理论掌握水平和执行能力，注重对高校毕业生综合素质的考察；针对县公司，注重毕业生对电力行业的认同感和职业稳定性的考量；针对管理基础薄弱的甘南、陇南、临夏等地，加大对本地生源的招聘力度，开展省内院校专项招聘、订单培养等模式，与有志于扎根一线的优秀毕业生先达成招聘意向。通过分层分类招聘，既提高了对高水平人才招聘的针对性及高水平院校毕业生的招聘比例，又提高了县公司和部分管理薄弱单位本地生源的招聘比例及员工队伍稳定性。

强化其他专项补员。开展市场化单位社会招聘。针对部分市场化单位在电力建造、设计等领域业务拓展需求，面向紧缺的具备执业资格的高技术人才开展社会招聘，招聘了包含注册电气工程师、注册结构工程师在内的优秀人才，2019年招聘9人、2020年招聘4人，以提升市场化单位竞争力。持续开展“订单+定向”培养工作。为解决国网甘肃电力艰苦边远地区人员短缺问题，开展艰苦边远地区高校订单培养选拔工作，选拔有志于前往艰苦边远地区电力生产一线建功立业的青年作为订单培养人，在一定程度上缓解了甘肃高海拔艰苦偏远地区人才短缺的问题。做好复转军人安置接收工作。国网甘肃电力高度重视退役军人接收安置工作，通过接收安置退役军人，补充了一批具有严明的组织纪律、严谨的工作作风和不怕吃苦、勇于拼搏、甘于奉献的优秀员工，实现了促进公司发展和履行社会责任的“双丰收”。

（二）内部人力资源市场建设

持续深化改革，提升组织活力。重点突破，以本部先行引领改革破局。打破政策“制定在本部，执行在基层”的沉疴痼疾。坚持自上而下推动改革，打破了本部部分人员躺在“功劳簿”上等退休的心态，让德不配位、能不配位者退位让贤，制定本部岗位竞聘实施方案。打造公司内部岗位竞聘“本部样板”。分管领导亲自担任竞聘工作小组组长，主持竞聘工作，确保各项改革举措真正落到了实处。本部原有人员自觉拥护党委决策部署，全体起立重新竞聘，基层单位人员共计 483 人参加竞聘。竞聘过程组织严谨，公平公正，实现“零投诉、零举报、零信访”。优化配置，以全员竞聘促进改革落地。坚持试点先行，国网兰州、白银供电公司试点开展中层管理人员岗位竞聘，国网甘南供电公司试点开展县公司企业负责人副职岗位竞聘，电科院试点开展三级机构负责人和实验室负责人岗位竞聘，试点改革的成功，为竞聘工作的全面铺开奠定基础。各单位汲取本部和试点工作经验，结合实际，制定竞聘工作实施方案并认真落实落地。树立先进典型，开展典型示范讲演，开辟网站动态宣传专栏，建立三项制度改革进度“插旗”晾晒通报制度，及时总结各单位在改革竞聘中的工作亮点，确保竞聘工作推进“快而不乱，稳且有序”。通过岗位竞聘，四级领导人员、管理岗位、班组长、供电所长实现竞聘率 100%，人员换岗率达到 30%以上，彻底打破了“铁饭碗”和“铁交椅”。强化考核，以机制建设确保改革成效。建立空岗补员岗位竞聘长效机制。公司本部和各单位四级领导人员、一般管理技术人员和班组长、供电所长岗位空缺，原则上均需通过岗位竞聘方式进行人员补充，促进人才良性竞争，实现人岗匹配，使岗位竞聘工作外化于形、内化于心、固化于制、实化于行。全面推行聘期管理。明确聘任期限，签订聘任协议，约定考核目标、权利义务、续聘和解除条件，强化考核结果应用，建立以能力和绩效为导向的人员选拔任用机制，实现“上”之有凭，“下”之有据。建立聘期届满岗位竞聘“班车制”。以季度为单位，常态化开展聘任期满人员岗位竞聘工作。

持续盘活存量，强化队伍建设。坚持挂用结合，加快公司员工队伍培养。为培养锻炼优秀人才，促进人才交流，提高管理水平和业务能力，建立本部与基层单位、支撑单位与市（州）公司之间的双向挂职（岗）锻炼制度，选派具备较强专业素质和综合能力的优秀人才到本部部门、重点岗位进行培养锻炼，2019～2022年，共计选拔本部到基层单位挂职（岗）锻炼72人次，基层单位到本部挂职（岗）锻炼110人次，单位间挂岗锻炼52人次。强化员工退出，实现公司员工“能进能出”。持续开展不在岗人员核查清理工作，运用绩效考核、薪酬调节、转岗培训直至解除劳动合同等手段，规范清理公司现有不在岗人员，尤其是劳动纪律涣散人员，减少慵懒闲人，防范企业用工风险。2019～2022年，公司规范清理不在岗人员156人，其中解除劳动合同65人，返岗工作36人，办理病退18人，正常退休35人，死亡2人。严格执行低绩效人员降岗、待岗管理规定，研究制定降岗、待岗、转岗、下岗条款，并督促各单位刚性执行，促使员工“能进能出”落地，2019～2022年，公司共计执行降岗48人。以科源集团为试点，对省管产业单位员工开展末位淘汰，及时与不胜任工作岗位的人员解除劳动合同，持续提高队伍活力。

关注员工发展，强化队伍建设。建立人才留用机制。对高素质人才予以适度政策倾斜。对于高素质人才比例较高的电科院等单位，在四级领导人员职数、职员职数等方面进行倾斜。印发《关于落实和完善艰苦边远地区激励措施的通知》，完善艰苦边远地区人才培养、流动和激励保障机制，制定43条激励措施，鼓励引导优秀人才到艰苦边远地区干事创业，调动艰苦边远地区员工工作积极性。拓展农电用工发展通道。以国网平凉供电公司为试点，鼓励公司“三新”职工自愿与“三新”公司解除劳动合同，转签至省管产业单位。转签后，符合条件的“三新”职工可以参加省管产业单位岗位竞聘，竞聘至省管产业单位的管理、技术、重要技能甚至中高层岗位，打开了职业发展的“天花板”。截至2022年底，公司“三新”职工自愿转签6016人，转签率98.16%。优化公司职员职级序列。编制本部四、五级职员评聘工作实施方案，优化本部职员职级序列，本部现有职员全体起立，按照“考核评价+显性能力测评”方式进行职员评聘，将绩效表现好、能力素质高的优秀员工聘任到相应的职级，进一步畅通本部员工发展通道，共计选聘 4 级职员 7 人，5 级职员 33 人。拓展优秀员工的职业发展空间，3 年来累积选拔聘任 1～6 级职员 2020 人，其中 1 级职员 8 人，2 级职员 42 人，3 级职员 52 人，4 级职员 394 人，5 级职员 1212 人，6 级职员 312 人。突出基层、一线导向，各单位 5、6 级职员共计 1458 人，占职员总量的 72.2%，充分调动员工工作进取心和积极性，员工队伍活力有效激发。

（三）薪酬绩效导向作用

推动新版宽带薪酬体系。新版宽带薪酬体系实行一岗多级，各级单位部门负责人岗级跨度 8～10 级，管理技术岗位岗级跨度 10～12 级，一线班组岗位岗级跨度 12～14 级。相邻层级跨级交叉 6～13 个岗级。员工在岗位不发生变化的情况下，能够通过个人努力提升工作业绩，获得岗级晋升和收入增长，促进员工立足本职岗位得到成长发展。结合生产经营实际，广泛征求各单位意见建议，编制《国网甘肃省电力公司岗位绩效工资管理实施细则》，组织包括事业部、市县两级供电公司、产业单位、供电服务公司共 14 家单位开展新版岗位绩效工资试点运行，完成 17387 名职工新版岗位绩效工资套改测算，完成 1760 人试点发放，积累了丰富的经验和数据。

健全绩效管理体系。为指导各级单位、组织建立健全导向清晰、评价科学、激励有效、覆盖全员的绩效管理体系，切实提升各级组织绩效管理水平和各级绩效经理人履职能力，研究编制绩效管理“一库一集一指引”并在国网甘肃电力系统内全面推广。“一库”指绩效管理指标库。绩效指标分解指引以目标导图的方式展现了从国家电网公司战略目标到 162 个一级指标的分解过程；关键绩效指标库分专业列举了 700 个一、二、三级指标层级关系，从指标定义、数据来源、考核对象、考核导向等方面对每个指标进行分析解读；典型班组积分标准库提供了 9 类业务机构 19 个班组积分标准明细，精简高效，便于各级组织选取应用。“一集”指绩效管理案例集。以 3 个经典案例阐述了企业绩效管理的导向、目的，收录了近年来公司各级单位、各兄弟单位绩效管理典型案例 47 篇，全景展示了案例背景、实操做法，并附有实际工作中使用的指标、文件表单、成效数据等内容。“一指引”指绩效管理工作指引。系统阐述了绩效理论和公司绩效管理体系，包括绩效管理认识、绩效考核体系、绩效管理制度体系、绩效管理组织体系、绩效管理指标体系 5 个方面。聚焦主业主责，创新性建立事业部 360 度业绩考核体系。加大上级考评力度，设置事业部承担国家电网指标、国家电网专业工作评价、省公司领导评价三项主要考核指标，根据承担国家电网指标和专业工作评价排名及得分率、事业部整体工作业绩进行评价，推动事业部更好聚焦主业主责。优化同级考评指标，设置成本控制、人力资本效率、主要专业工作支撑关键业绩指标，适当降低党建工作考核、专业工作考核权重，由本部各部门、其他事业部根据专业贡献进行评价，助力事业部全力提升效益效率。探索下级考评机制，设置事业部服务指数关键业绩指标，由三级单位对事业部服务工作进行评价，避免事业部成立后，随意加大基层单位负担。

延伸阅读

深化三项制度改革，员工队伍建设全面升级

自 2019 年整合以来，甘肃科源电力集团有限公司（简称科源集团）对标国家电网一流企业，紧抓“三项制度”契机，聚焦人力资源管理重点难点问题，大胆改革创新，构建市场化用人机制，在引才引智、选人用人、岗位竞聘等方面改革成效显著，实现员工队伍活力和企业效率效益“双突破”。

一、升级引才引智渠道，夯实高质量发展人才基础

为解决队伍缺员严重、观念老旧、技能低下、人才断层等一系列紧迫性问题，科源集团主动打出校园招聘、人才猎聘、系统内竞聘等多维度组合拳，拓宽员工入口渠道，严把人才“质量关”，累计补充专业技术人才 512 人，其中引进优质毕业生 117 人，高端专业技术人才 292 人，试点引入 2 名高级职业经理人，1 个职业经理人团队，成功打造“科源样本”在国家电网系统内进行推广，逐步构建了一支接轨市场、思路开阔、技术先进的专业化队伍，筑牢了迎接市场化改革发展挑战的“坚强堡垒”。

二、健全选人用人体系，持续释放企业内部活力

企业内生动力源自人才资源活力，科源集团以“分层实施、分期推进、分步规范”为思路，不断创新能上能下新机制，组织开展“选将点兵”“揭榜挂帅”“双向选择”“考核上岗”等适用性强的多样化选聘工作，打破单位、部门、地域壁垒，破除身份、学历、资历背景限制，自 2019 年以来，科源集团共完成 2 轮全员起立竞聘工作，起立率、竞聘率达“双 100%”，累计晋升 203 人次、降岗 69 人次、落岗 48 人次、待岗 14 人次，41 名聘用职工聘任至部门（业务机构）负责人岗位，真正做实了“岗位管理”。主动革新选人用人观念，在国网甘肃电力系统内率先完成经理层和中层两级管理人员任期制、契约化管理改革，147 名部门（业务机构）负责人全部实施“去行政化”管理，封存原四级正、副职身份解聘 91 人，在形成“能者上、劣者汰”的选人用人格局，实现了更高水平的人岗匹配。

三、创新考核退出机制，激发员工主动进取驱动力

“难进更难出”是国有企业推进三项制度改革的核心弊病之一，为全面畅通员工“进出渠道”，激励员工聚焦自身专业能力素质提升，科源集团 2019 年压降低端岗位人员 187 人，2020 年创新季度待改进和员工退出管理机制，自实施以来累计纳入待改进管理 356 人，退出 213 人，其中，考核退出高级职业经理人（总经理）1 人、部门（业务）机构负责人 1 人，真正将“进的来、出的去，上的来、下的去”的改革要求落在实处，有效激发员工的市场化意识和危机意识，从被动作为转向主动作为。

科源集团的改革创新工作得到有效落实，2 项管理创新成果荣获中电联电力创新二等奖、国家电网公司管理创新三等奖及全省企业管理现代化创新优秀成果一等奖；1 项课题研究成果荣获省公司优秀研究成果三等奖；多项改革典型经验入选国家电网公司改革案例集和三项制度改革百问百答专刊。

第二节 生产方式变革

一、业务数字化转型

国网甘肃电力加快现代设备管理体系建设，深入实施业务数字化转型，积极推进“两个替代”。全面推进智能巡检作业建设，完成输电全景平台可视化巡检服务模块的优化提升，建立特定线路、特殊区段的定向可视化一键轮巡服务，加快“全景监控+立体巡检”运维新模式转变。基于新一代监控系统试点调试应用集中式一键顺控功能，在 110 千伏三川口变电站调试成功，推动传统人工操作向“区域五防+一键顺控+视频确认”智能操作模式转型。

（一）智能运检作业

输电全天候远程通道可视。完善 110～330 千伏全电压等级输电线路“三跨”（跨越高速铁路、高速公路和重要输电通道）、重要区段、智慧线路通道可视化终端装置，在输电线路“三跨”等重要交叉跨越区段、外力破坏多发区段及线路高风险区段，规模化安装具备边缘计算能力的智能可视化监拍装置，采用定时拍照、召唤拍照、短视频录制或实时视频等方式采集线路通道环境数据，利用图像处理技术在设备端实现外力破坏隐患智能识别；融合基于深度学习的图像识别方法，依托输电全景智慧物联监控系统建设，构建市级输电线路通道可视化远程巡检企业平台（见图 5－5），实现可视化装置的管理和通道的全天候远程巡视；完成基于规范统一的设备互联互通协议和系统接口建设，实现装置、系统的横向互联、纵向贯通；以服务一线基层为导向，将预告警信息实时推送至相关线路巡视人员移动 App，为运维人员分析故障提供支撑。

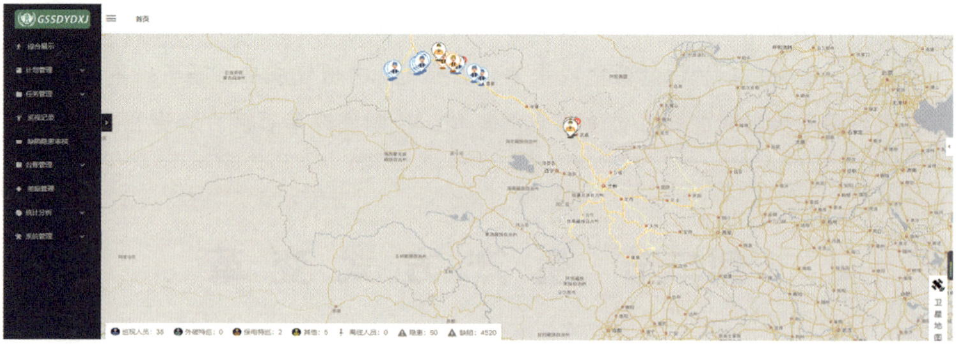

图 5－5 输电移动巡检应用平台

输电全视角协同自主巡检。以构建智能高效、安全可控的巡检体系为目标，进一步落实协同巡检体系建设，采用无人机、直升机、机器人等巡检手段，搭载多类型智能感知传感器对输电线路进行数据采集。利用无人机、直升机全面开展 330 千伏输电线路通道及杆塔设备三维数据建模，开展 Las 数据模型无人机自主航巡航线规划，综合利用机载边缘计算前端设备，利用人工智能、边缘计算等技术在前端边缘对输电线路设备和通道进行预识别，根据识别结果对线路进行精细巡检；利用直升机搭载可见光相机对输电线路设备和通道（特别是杆塔平台及以上部分）进行精细巡检，通过红外成像仪对绝缘子、金具等设备进行测温，并将测试数据实时接入全景系统，联动预警及辅助决策，实现温度数据实时展示和管控；建立智慧化数据存储和分析系统，实现无人机、直升机通道建模和巡检缺陷动态数据分类存储和查询功能。同时，分析系统嵌入边缘计算数据模块，进行人力巡视和普通机巡照片的缺陷识别，实现线路设备及通道缺陷和隐患检测；开展异常状态监控，提高系统预警能力。当状态量异常时，系统汇聚节点或接入节点主动调用平台相关关联数据，实现历史数据纵向分析，调用同类设备信息，进行横向比较，连同关联数据进行二次加工，实现线路状态的自主快速感知和预警。输电线路无人机自主飞行如图 5-6 所示，输电线路通道仿真建模如图 5-7 所示。

图 5-6 输电线路无人机自主飞行

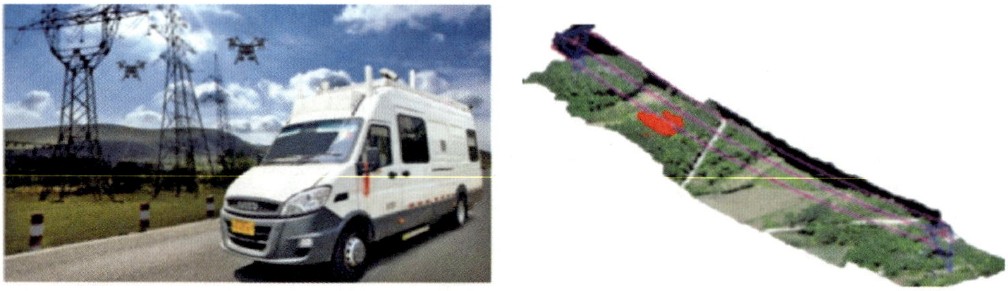

图 5-7　输电线路通道仿真建模

变电新一代集控站智能监控平台，基于监控平台与多系统嵌入式对接、互联互通，支撑变电监控业务运转。全面挖掘数据和信息价值，实现主辅设备智能监控、全景展示，实现集控主站一键顺控、区域防误，实现异常工况、异常环境、异常数据联动巡检、智能告警，全面提升主辅设备一体化智能监控水平。

变电智能巡视。以地市公司为单位建设智能巡视系统，110 千伏变电站采用固定式“红外+视频”巡视模式。调用机器人和红外热像摄像头对设备接头等进行测温（见图 5-8），调用云台、球机等进行智能巡视，可准确识别出开关位置、指示灯压板状态、油位气压指示、温度电流指示、设备外观状态等信息（见图 5-9）。同时，在发生大风、雨雪、雷电等恶劣天气的情况下，自动启动智能巡视功能开展远程巡视。

图 5-8　智能巡检系统设备测温

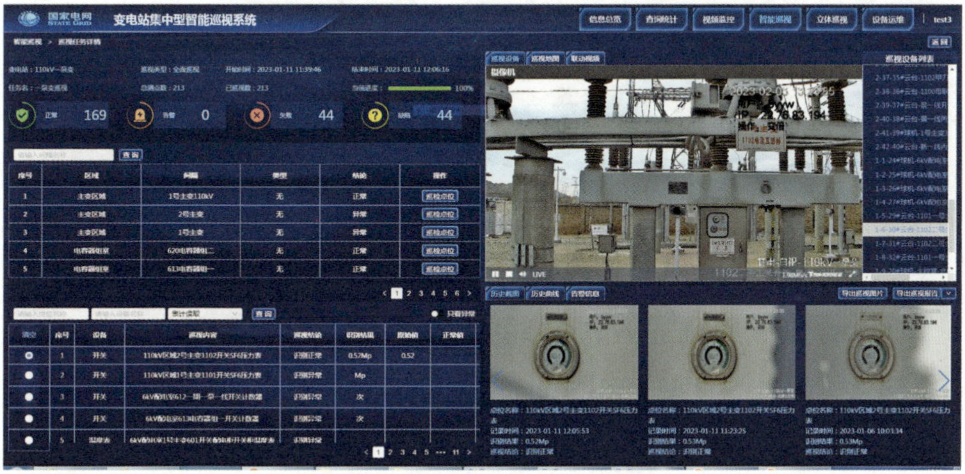

图 5-9　开关、表计状态识别

变电远程监控。330（220）千伏及以上变电站采用“机器人+视频”联合巡视模式，综合监控用来查看具体预置点位或者具体摄像头的实时监控画面，可以按照工作需要查看某一类设备或某一台设备的实时运行情况，进行对比、分析；录像回放用于调取某一摄像头的历史监控视频，用于追溯设备异常发展过程和人员历史违章行为。如图 5-10 和图 5-11 所示。

图 5-10　集控站视频摄像机

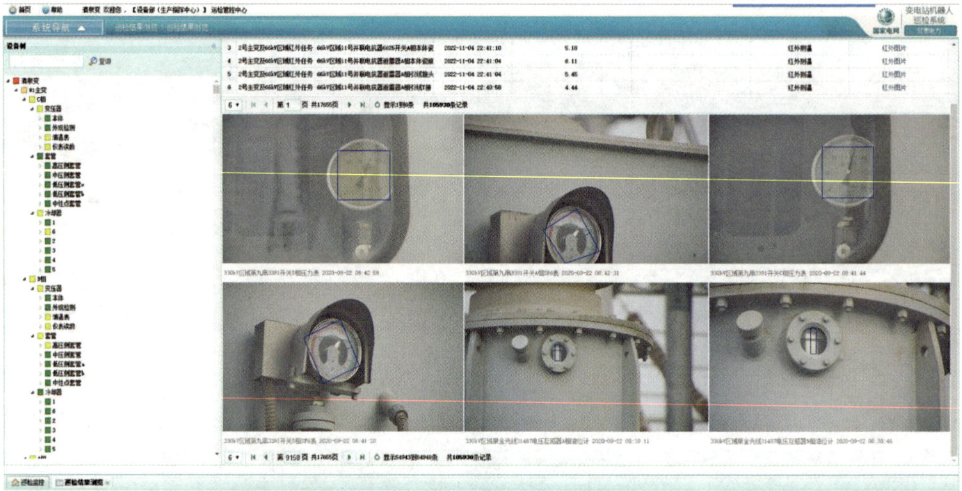

图 5-11 设备缺陷识别

（二）一键顺控操作

国网甘肃电力组织甘肃超高压公司和国网兰州、白银、酒泉、天水、定西、金昌、陇南供电公司 8 家单位，结合新一代集控站监控系统建设，组建专业团队开展一键顺控系统部署。甘肃超高压公司和国网兰州、天水、定西、金昌供电公司 5 家单位部署集中式区域五防系统，探索一键顺控操作的集中防误校验模式，并结合停送电开展一键顺控实操应用。

在集控站部署一键顺控系统，结合新一代集控站监控系统配套建设，贯通融合集中式智能巡检和集中式区域防误两大平台，综合应用传感、物联网、自动控制、状态自动识别、智能研判等前沿技术，将繁琐、重复、易误的传统人工倒闸操作转变操作任务模块搭建、设备状态多元判别、设备操作顺控执行、防误联锁智能校核的自动操作模式。通过区域五防强制性管控和授权式管理，联动智能巡检实时确认设备状态，采用集控系统获取设备变位信息 + 人工通过联动视频辅助判断的设备位置逐项“双确认”方式，推动传统人工操作向“区域五防 + 一键顺控 + 视频确认”智能操作模式转型。隔离开关一键顺控操作画面联动如图 5-12 所示。

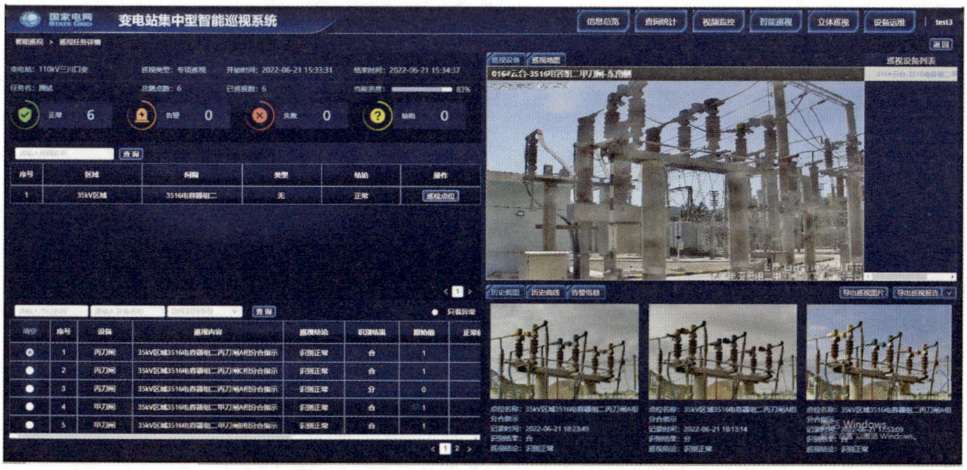

图 5-12　隔离开关一键顺控操作画面联动

【成效】

近年来，国网甘肃电力全力推进电网智能化升级和数字化转型，探索监控数字化、巡视智能化、操作顺控化、作业移动化等运检业务新模式，开展变电运维“两个替代”建设。完成全部 750 千伏变电站机器人组网，实现机器人远程巡视；在国网白银供电公司 110 千伏苏家墩变电站成功试点单站式智能巡视应用。2021 年建成集中式智能巡视系统，接入 9 座 330（220）千伏变电站和 46 座 110 千伏变电站机器人及固定视频。基于新一代监控系统试点调试应用集中式一键顺控功能，实现“区域五防＋一键顺控＋视频确认”智能操作模式，替代传统人工到站操作，人员只需在集控站下发操作任务，系统即可自动执行，单线路操作由原来最少 45min 缩减至 6min，支撑变电倒闸操作业务高效运转。

融合智能监控、智能运检管控、安全风险管控、应急指挥、消防物联网等系统功能，建成生产指挥平台，提升设备运行状态和现场作业过程可控、在控能力，利用平台提供的全量信息支撑生产指挥业务运转；融合智能巡检、安消防监控、保信分站、录波组网、一键顺控、区域防误等系统功能，建设集控站智能监控平台，全面挖掘数据价值，智能分析研判，提升设备智能化监控水平，利用平台提供的全量信息支撑变电监控业务运转，实现设备监控从人工向“智能＋数字”转型；对接生产管理、风险管控、智能监控、智能巡检等系统，建成移动作业平台，实现数据资料自动录入、设备巡检人机协同，利用平台提供的全量信息支撑数字化业务运转，推动运检班组业务向数字化转型，推进设备主人向全科医生转型。

延伸阅读

智能巡检系统建设进度与建设计划

一、输电专业智能巡检系统建设

1. 第一阶段（2022 年 8～10 月）

完成输电全景平台可视化巡检服务模块的优化提升，建立特定线路、特殊区段的定向可视化一键轮巡服务，提供包括电压等级、预告警信息类型、作业任务、班组部门等多种条件的自定义巡视设置功能。完成边缘侧物联感知设备全量信息的接入，根据感知设备台账及关联信息，建立边缘设备检索与地图定位服务，提供基于 GIS 地图的一键信息调阅、基于周边或关联设备的协同作业功能。完成三跨六区、密集通道、无人机巡检作业三项主题监测场景建设，支撑现场作业与边缘设备感知信息高效协同联动。

2. 第二阶段（2022 年 11～12 月）

完成边缘侧物联感知设备运行状态信息在输电全景平台的全量汇聚，建立边缘设备综合管理服务，提供设备在线率、故障率、故障类型分布、累计作业时长、损毁率等关键指标的实时监测功能。完善输电全景平台作业管理模块，建立任务执行偏差监测分析场景，提供运检人员当前作业执行情况的综合管理功能。

3. 第三阶段（2023 年 1～6 月）

全面收集整理系统应用过程中存在的问题和改善建议，结合业务实际，开展缺陷治理和问题整改，持续优化系统功能，提升系统易用性、可靠性等指标，巩固输电全景平台在基层作业的应用成效。

二、变电专业智能巡检系统建设

2022 年，完成 7 座 330 千伏变电站、2 座 220 千伏变电站、46 座 110 千伏变电站集中式一键顺控接入，率先实现国网白银供电公司 110 千伏及以上变电站一键顺控全覆盖。

2023 年，完成 5 座 750 千伏变电站、18 座 330 千伏变电站、70 座 110 千伏变电站集中式一键顺控接入，实现国网定西供电公司和国网金昌供电公司 2 家单位 110 千伏及以上变电站一键顺控全覆盖。

2024 年，完成 6 座 750 千伏变电站、19 座 330 千伏变电站、71 座 110 千伏变电站集中式一键顺控接入，实现甘肃超高压公司等 3 家单位 110 千伏及以上变电站一键顺控全覆盖。

2025 年，完成 19 座 330 千伏变电站、5 座 220 千伏变电站、80 座 110 千伏变电站集中式一键顺控接入，实现国网庆阳供电公司和国网平凉供电公司 110 千伏及以上变电站一键顺控全覆盖。

2026 年，完成 12 座 330 千伏变电站、90 座 110 千伏变电站集中式一键顺控接入，实现全省 110 千伏及以上变电站集中式一键顺控全覆盖。

三、变电专业集控站建设

为响应国家电网公司新一代集控站建设要求，国网甘肃电力进行了新一代集控站的试点建设。

2020 年，在国网兰州供电公司完成 2 座集控站试点建设，打破运维和监控人员专业界限，提高设备状态管控力和运检管理穿透力。将集控站打造成为设备信息全面感知、设备状态有效评价、设备异常快速处置、日常运维有序组织的生产基本单元。安宁集控站建成“调度延伸终端＋运维站工程师站搬迁”的主设备监控模式；建成变电移动作业平台，实现移动作业和 PMS 系统无缝衔接；建成防误智慧管理系统，实现操作票填写、审核、执行全过程电子化；建成安全作业智能全景管控系统，实现变电站全景实时监控、设备实时测温、作业人员安全行为自动分析告警；建成“智能巡检机器人＋实物 ID 巡检”系统，贯通巡检机器人与 PMS 系统接口，实现巡检过程全自动，系统接收异常图片后进行初步判断。榆中集控站建成调度终端延伸，满足集控站主设备监控要求；建成独立主设备监控系统，进一步完善监控信息，提升监控强度。

2021 年，在国网兰州供电公司安宁、榆中集控站建设基础上，全面推广集控站建设，综合考虑电网规模、基础设施、通信网络、地理环境和运维管理，在 55 个运维班基础上，设置了 32 个集控站。同时，选取国网兰州、白银供电公司两家地市公司作为集控站监控系统建设试点单位，3 年内完成其他地市公司集控站监控系统建设。

二、在线动态设备评价

以全景全息、透明透视、数字转型为理念，严格遵循 PMS 3.0 架构，率先施行输电全景数字化监控与评价，以智能巡检全景展示、物联感知设备多维监测、密集通道专题监测为抓手，推行“集中监控+立体巡检”模式，强化设备在线动态精益化评价。提升变电设备数字化管理，试点建设集控站，压紧压实变电设备监控职责，打造“无人值守+集中监控”变电运维管理新模式。加大配电网数字化建设力度，建成基于全域数据的配电网健康管理和增值服务，保障配电网健康运行。

（一）输电专业全景数字化监控与评价

输电线路智能化巡检服务。综合利用统一视频、七大预警中心等建设成果，按照“集中监控+立体巡检”业务流程，结合指挥中心实际业务需要，进一步完善线路可视化巡检日常巡视功能，针对特定线路、特殊区段，提供按照电压等级、预告警信息类型、作业任务、班组部门等多种条件设定，开展差异化巡视与结果输出。

感知设备全息地图服务。立体融合视频采集、微气象、覆冰等状态监测设备，七大预警中心监测数据，建立基于电网一张图的全景数据关联服务，提供单一设备的文本搜索、地图搜索功能，并以此衍生出该设备关联的周边设备定位、异类设备定位服务和区域关联设备定位服务。

感知设备实时状态服务。持续优化物联感知设备接入方式、连接状态、运行情况等指标监测手段，基于输电全景平台，建立感知设备运行情况监测和分析展示服务，通过汇聚输电线路边缘侧感知设备全量信息，对视频采集装置、微气象监测装置、分布式故障诊断装置、耐张线夹测温装置、覆冰监测装置、山火监测装置、风偏监测装置、杆塔倾斜监测装置、微风振动监测装置、导线温度监测装置、导线弧垂监测装置、现场污秽度监测装置、绝缘子污秽度监测装置、避雷器在线监测装置 14 类设备进行在线率、故障率、故障类型分布、累计作业时长、损毁率等关键指标的统计分析，为进一步优化感知设备的采购、应用和运维提供依据，为全面掌握各类型感知设备现场实际运行情况提供必要的数据基础。

重点线路核心主题监控服务。基于输电全景平台，完善专题类可视化监控体系，构建无人机巡检、密集通道、重点区段三项主题监测场景，综合利用全要素边缘侧感知信息和设备运行、现场作业信息，形成重点线路专题化全景监控能力，通过设备价值的挖掘应用，助力现代设备管理体系的建设。

生产指挥精益化管控服务。基于输电全景平台，从计划巡视线路、巡视里程、检测检修完成情况等方面，构建任务执行偏差监测分析场景，全面展示运检人员巡视、检修作业完成情况，及时发现偏差问题，利用指挥中心综合管控机制，强化运检作业工单闭环管理。

在线动态分析评价服务。充分利用海量历史隐患数据和设备状态信息，利用大数据技术进行挖掘、分析、整合，形成隐患数据的规律性结果，从时间、空间、电压等级、隐患种类、线路名称等维度进行分析，对隐患发生的时间、地点等进行预测，为电力运维人员提供详实、可靠的辅助决策建议，提前预防隐患及设备异常，增强输电线路运维的前瞻性。通道状态评价如图 5－13 所示。

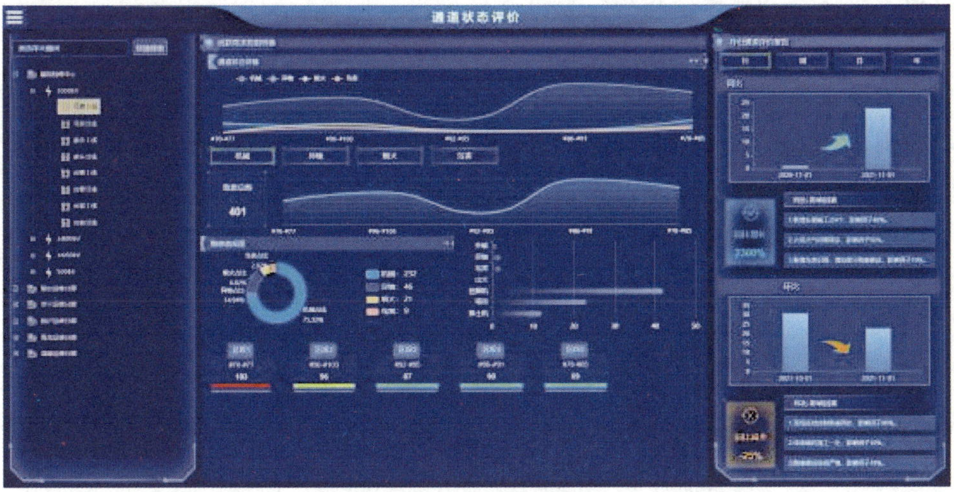

图 5－13　通道状态评价

工单执行监控服务。隐患发生后通过工单派发等形式通知相关巡视人员，使巡视人员能够第一时间了解隐患详情，相关巡视人员收到信息后在规定的时间内达到现场并展开相关工作，并将处理过程通过移动作业方式填写并上报，包括但不限于隐患的通知时间、处置进度、处置人员、处置详情等，可进行修改、保存和查询，从而实现隐患处理的全流程电子化闭环管理。

【成效】

推动线路运检工作方式和管理模式的变革。输电全景智慧物联管控体系的建设，依据“管设备必须管数据、信息化必须专业化”理念，以物联网、移动互联、云计算、大数据等现代信息网络技术为依托，严格按照国家电网公司企业中台建设思路要求，通过制定数据接入、存储及共享规范，整合并升级现有多维度专业系统，构建输电专业多级全景智慧监控分析平台，用信息化手段全面武装运检人才队伍，满足输电设备、通道及人员的全景实时监控，满足管理人员信息汇总、综合管控及大数据分析需求，实现输电线路设备状态、通道状况、专业数据及人员信息的多源融合与全景监控，达到线路故障、缺陷和隐患的自主预警和智能主动处置，推动线路运检工作方式和管理模式的变革，促进输电设备运维管理向智慧化、生态化迈进。

为精准化运检业务提供智慧辅助决策。以设备预警告警信息自主识别和人工校核为主要管控形式，实现了智慧输电设备运行状态自主诊断和告警信息自主发送，为输电线路运检业务开展提供了信息指导和业务支撑。实现线路通道环境立体监控、自动诊断、主动预警与智能联动。

为设备全寿命周期管理提供业务支撑。通过服务现场型移动巡检业务推广应用、“智慧导航”特色功能部署，配合新型空天地多维融合巡检模块应用，实现了设备运行状态的全过程掌控，为精细化检修提供了精准化指导，同时为检修作业质量提供精准判断，实现了向“检修服务于运行，运行监督检修业务开展”的运检模式转变。

（二）变电运维数字化管理

围绕“降低重心、贴近设备、强化基础、精益管理”的工作思路，坚持“安全第一、积极稳妥、因地制宜、统筹协调”的基本原则，推进集控站试点建设，优化变电设备监控职责，构建“无人值守+集中监控”的变电运维管理新模式。

组织层面，推进落实 330 千伏输变电设备属地化与变电监控职责移交，落实设备主人制，深化设备全寿命周期管理，实现运维人员向“设备主人+全科医生”转型，为变电运维集控站的试点建立了组织基础。

管控层面，依托国网兰州供电公司集控站，打破运维和监控人员专业界限，提高设备状态管控力和运检管理穿透力。依托集控站监控系统，打造运维数字化班组，实现集控站管理功能、业务能力和支撑手段的全面升级，有效保障电网设备安全稳定运行。将集控站打造成为设备信息全面感知、设备状态有效评价、设备异常快速处置、日常运维有序组织的生产基本单元。安宁集控站建成“调度延伸终端+运维站工程师站搬迁”的主设备监控模式；建成变电移动作业平台，实现移动作业和 PMS 系统无缝衔接；建成防误智慧管理系统，实现操作票填写、审核、执行全过程电子化；建成安全作业智能全景管控系统，实现变电站全景实时监控、设备实时测温、作业人员安全行为自动分析告警；建成“智能巡检机器人+实物 ID 巡检”系统，贯通巡检机器人与 PMS 系统接口，实现巡检过程全自动，系统接收异常图片后进行初步判断。榆中集控站建成调度终端延伸，满足集控站主设备监控要求；建成独立主设备监控系统，进一步完善监控信息，提升监控强度。

【成效】

建成以新一代集控站监控系统为中枢，智能巡视、区域防误、一键顺控为载体，集控站为单元的现场作业体系，逐步实现全面监控、远程遥控、一键顺控、智能巡视、智能联动、智能分析，实现设备巡视、操作数字化，监控、感知、评价在线化。

（三）配电网数字化建设

以 PMS 系统、95598 业务系统、用电信息采集系统、电能质量系统等电力数据为基础，融合部分气象、环境、经济等外部数据，借助大数据挖掘技术构建相关分析模型，建立一套基于全域数据的配电网健康管理和增值服务（见图 5–14），提高配电网设备感知能力，强化设备状态研判能力，对内保障配电网健康运行，对外促进数据增值变现。

建立基于大Ⅳ区的配电网管理信息系统。在省级统一部署基于大Ⅳ区的配电网管理信息系统，全量接入配电网站端、柱上断路器、配电变压器、分布式光伏及用户表计等信息，提升配电网设备状态全景感知能力，实现配电网可观、可测、可控的目标。完成智能融合终端应用建设任务。优化升级供电服务指挥系统，强化指挥系统流程监管和业务监督能力，扩充系统应用场景。

建成配电自动化云主站。打造终端全量接入、系统融合交互的配电自动化云主站系统。按照国家电网公司要求开展主站安全防护系统建设，依托调

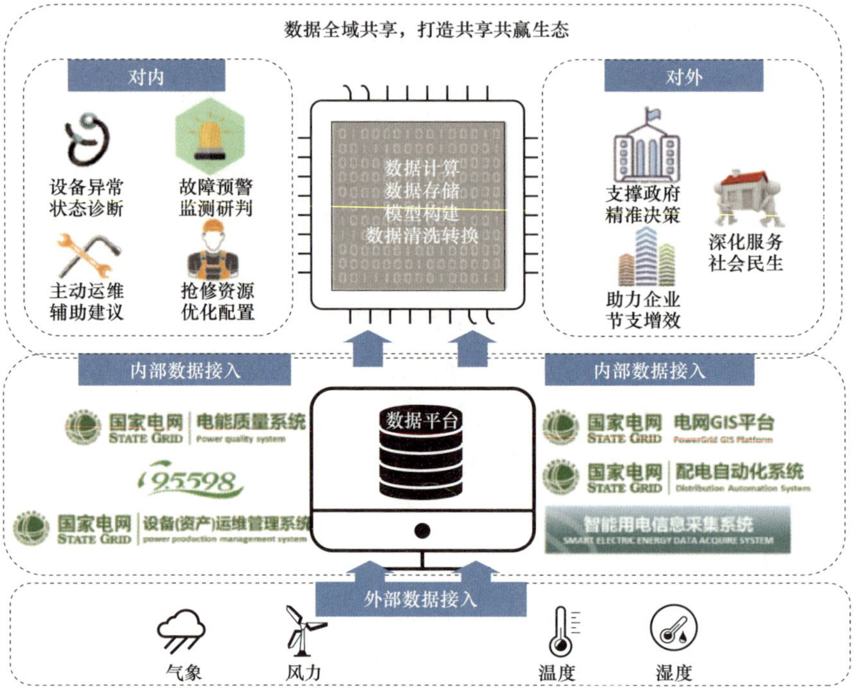

图 5-14　基于全域数据的配电网健康管理和增值服务模式图

度系统、用电信息采集、供电服务指挥、PMS 3.0、故障定位等系统数据，实现系统间交互，具备接入全省配电终端、站所终端、智能融合终端、低压终端等智能设备能力，提升配电网设备状态感知能力。调用图模实现配电网全景感知、线路拓扑关系、运行状态比对、终端运行管控等功能，开展配电网运行状态综合研判，为移动业务开展提供应用平台支撑。

升级供电服务指挥系统。充分依托供电服务指挥系统建设成果，在配电网故障抢修、故障研判、停电信息报送等已实现功能基础上，着力开展客户服务监管、设备状态监控、业务流程督办、精益抢修管理等能力提升，实现配电网业务线上过程管理。全面推进主动工单驱动配电网运、检、抢业务开展，构建管控新模式，强化基层配电专业化管理，贴合县（区）供电服务指挥中心使用需求，以数字化转型升级推动配电网生产组织管理体系变革。

开展敦煌数字化示范建设。以实现数据一个源、业务一条线、电网一张图、指挥一系统、移动一终端为目标，实施组织机构、网架结构、系统功能、数字感知、业务流程、管理质效等优化建设来推进数字赋能落地，打造网架坚强可靠、运行状态可视、业务组织灵活、供电服务优质的数字化运营模式。以数字化转型推动敦煌、肃北、阿克塞配电网生产管理体系变革。

【成效】

实现对配电网设备的基础信息、运维信息、运行信息、故障信息、停电信息等全域数据进行统计分析，并进行全景可视化展示；以体检数据为基础，结合设备当前运维情况、运行工况、区域及天气等综合因素，计算发生异常及故障的概率，并智能分析相应诱发因素及权重；结合诊断结果，对巡视、检测、实验、评价及检修工作提出合理化建议，根据抢修驻点资源空闲情况，提出抢修资源调配意见。

延伸阅读

白银数字化班组建设

在国家电网公司建设世界一流能源互联网企业背景下，为积极响应现代设备管理体系建设，加快数字化转型进程，国网白银供电公司开展了一系列数字化转型示范业务。

抢抓机遇，加快推进输电数字化转型赋能。2016 年 8 月，国网白银供电公司首次引进无人机开展输电设备巡视；2018 年 12 月，省内首家试点无人机自主巡检业务；2019 年 5 月，全景监控大厅建成投运；2020 年 1 月，省内首家智能密集柜型带电作业库房落地建成；2021 年 8 月，无人机创新工作室（维保中心）建成运转；2022 年 4 月，以白银输电监控中心、带电作业库房、无人机工作室为示范的省级建设指导意见发布，公司 1+3+*N* 的输电智能运检体系基本建成。

先行先试，为智慧输电建设贡献“白银力量”。2021 年，承接设备运检数字化班组试点建设任务，顺利通过国家电网公司验收；承接国网级智慧输电线路升级建设试点，省内第二条国网级智慧线路（330 千伏征万一线）建成投运，累计建成智慧输电线路 6 条 86.85 千米。2022 年，承接国家电网公司无人机全自主综合示范区建设，配置无人机 73 台、2.4 架/百千米，激光点云建模 738.06 千米，固定+移动机巢全自主巡检格局初步形成；承接国网级数字化班组示范项目建设，基于北斗综合服务平台，无人机规模化应用再添新技术。

群创青创，科技进步助力数字化业务。依托无人机创新工作室，启动数字化攻坚“无人机+”启航工程，自主研发“无人机+”憎水性试验、抛挂后背保护绳、验电和智能驱鸟器等成果，获得国家专利授权8项、QC成果2项、科技进步奖1项，《输电线路复合绝缘子憎水性自动检测技术研究与应用》荣获第五届全国设备管理与技术创新成果一等奖。

数智驱动，运检数字化转型取得实效。在输电数字化示范建设中，国网白银供电公司全力打造“立体巡检+集中监控”智慧化运检新模式，输电运检人工替代、技术强安、检修机械化进程中取得了显著成效。

甘肃超高压公司数字化管理成效

移动作业深化应用：甘肃超高压公司移动作业已建成变电运维、检修、试验、验收及直流运维、检修、试验七大功能模块，实现生产全业务数字化流转，推动班组作业方式向业务在线化、作业移动化、信息透明化、支撑智能化进行转变，全面提升班组运检工作效率和设备精益化管理水平。作业工序层层解锁。固化计划、勘察、作业、验收等流程，耦合工器具领用、电子钥匙解锁等工序，实现作业工序层层把关，流程节点刚性执行。试验数据自动上传。对现有红外测温测试仪、高频局部放电测试仪等六大类多种型号存量仪器按《电气设备数字化测试仪器数据与通信》规约进行数据传输模块改造，使试验数据一键传输至移动作业平台，实现试验数据自动获取功能。两票执行线上流转。工作票根据作业内容自动生成工作内容及安全措施，操作票通过移动作业终端图形化开票，有效提升班组工作效率。

变电站全景可视化平台：基于三维激光点云数据采集技术，对750千伏变电站进行部件级三维建模，通过精益运检中心、数字沙盘智能安全中心3个应用场景，全景化展示变电站设施、设备、线路实际位置和三维信息，依托电网资源中台，实现对变电站主辅设备运行状态实时监控和历史数据分析，为设备状态检修和精益化管理提供数据支撑；用UWB定位和图像识别技术，实现现场安全措施、施工人员、特种作业车辆的全面掌控。

精益运检中心：基于数据中台，融合应用D5000、保信子站、PMS等业务系统数据，实现设备状态全面感知，异常告警联动、设备故障快速定位等可视化应用，提升精益化运检管理水平。

数字沙盘：以变电站设备动态三维模型+可视化数据灵活结合的展示方式，基于数据中台PMS设备台账、检修、试验记录等信息，以设备资产重要属性为分类依据，同时结合状态评估模型，展示设备状态评价情况和设备画像信息，实现变电站设备三维资产全寿期管理。

智能安全中心：通过在站端部署UWB定位装置，并联动工作票和操作票，自动生成电子围栏，实现作业人员和特种车辆位置信息的实时定位和精准管控，有效防止作业人员、车辆超范围作业，全面提升现场安全管控水平。

智能锁具系统：自主研发接地线智能锁具，严控接地线领用和归还，利用数字化工作票，在开票阶段选用具体编号的接地线，系统自动对该编号接地线进行解锁，并记录领用人和领用时间，工作完成后，只有工作人员归还接地线，并对地线上锁，信息反馈至数字化工作票，方可结票；在变电站全面部署“e匙通”系统，并结合数字化工作票，根据工作内容，通过智能推送和点选所需解锁屏柜、机构箱编号，系统自动下发解锁命令，有效防止各类误操作事件的发生。

特种车辆安全测距装置：首次实现国网系统内对特种作业车辆的有效安全管控。利用激光+毫米波雷达、物联网等技术，结合高精度GPS定位、视频监控等，在吊车吊臂等地方安装测距装置，构建特种车辆周边三维点云环境图，实时监测其位置及作业信息，通过设定安全阈值，超过安全距离自动进行声光告警，及时规避作业风险，有效保障现场设备、作业人员的安全。

三、差异化运维检修

科学优化运检策略。基于设备全方位动态评价，全面推行差异化检修，大幅压减C类检修，强化D、E类检修，适时开展A、B类检修；充分发挥西北A级检修基地作用，开展主变压器、断路器、隔离开关等主设备轮换式工厂化检修；开展继电保护“做早操”试验，实现不停电“一键式”传动，有效防范失修失检拒动风险。

（一）差异化运维

随着电网设备制造水平和设备运维管理水平不断提升，带电检测技术和在线监测技术的深入应用，传统电网设备运维检修方式针对性不强、效率不高的问题日趋凸显。国网甘肃电力强化科技支撑，采取状态监测、动态评价、主动检修策略开展差异化检修，创新运维检修管理，切实提升设备管理质效。

变电站差异化运维。按照电压等级及其在电网中的重要性，将变电站分为一类、二类、三类、四类变电站[1]，其中对二类、三类、四类变电站开展差异化巡视。配置机器人巡检系统的变电站，机器人可巡视的设备由机器人巡视代替人工例行巡视，运维人员应定期调阅机器人巡检报告，对异常和告警信息进行复测、核对。配置机器人巡检系统的变电站，经运维管理单位评估后，红外测温工作（普测）可由智能巡检机器人替代。配置机器人的变电站定期开展数据比对工作，确保机器人检测数据的准确性，逐步完成机器人组网，实现机器人巡检数据远传，进一步完善远程巡视功能。

输电线路差异化运维。根据电网风险、线路重要程度、通道环境、设备状态，结合输电线路新设备、新技术的使用情况，合理配置运维力量和资源，动态调整正常巡视、状态巡视周期的管理方式。加强输电线路设备状态检测、诊断、评估的深度广度，提高评价结果的准确性和及时性，根据掌握的设备状态量信息，主动开展输电线路差异化检修。架空输电线路巡视手段主要包括直升机巡视、无人机巡视、机器人巡视、人工巡视、视频监控、图像监控及在线监测等。直升机巡视指在直升机上搭载遥感检测设备，对架空输电线路的运行状况进行巡视和检测，主要包括可见光巡视、红外巡视、紫外巡视等，其中可见光巡视主要应用稳像仪、照相机、摄像机等可见光及激光扫描设备对线路走廊、杆塔、拉线、基础、导地线、防雷设施、接地装置附件及其他设施的运行状态进行巡视，并采集相关信息，同时进行全程可见光录像。无人机巡视指利用无人机巡检系统对架空输电线路本体和附属设施的运行状态、通道走廊环境等进行检查和检测的工作，利用输电线路巡检无人机可实

---

[1] 三类变电站是指除二类以外的220千伏变电站，电厂外送变电站（30万千瓦及以上，100万千瓦以下），主变压器或母线停运、断路器拒动造成五级电网事件的变电站，为一级及以上重要用户直接供电的变电站。四类变电站是指除一类、二类、三类以外的35千伏及以上变电站。

现输电设备及通道走廊的静止和移动拍摄，根据所用无人机巡检系统的不同，将无人机作业类型分为多旋翼无人机和固定翼无人机巡检作业。视频监控指采用视频手段对架空输电线路运行状态、通道环境进行实时数据监控及数据采集，预测预警线路冰情、绝缘子污秽、雷击、山火等运行状况。图像监控利用输电线路图像可视化监控装置用于远方监控架空输电线路通道及线路本体，实现定时抓拍图片及数据上传，及时获取输电线路运行状态。在线监测指对架空输电线路的运行状况、通道环境、数据参数进行实时远程监控，对异常状态进行预警，主要包括气象监测、导线温度监测、微风振动监测等。机器人巡视指在架空输电线路上沿导（地）线进行自主行走能跨越防振锤、悬垂金具等，携带可见光摄像机和红外热成像仪等检测设备，实现对输电线路杆塔、导地线、绝缘子及线路通道等巡检装置。机器人巡视采用智能视觉摄像机，对采集到的疑似故障进行图像分析，可输出定位信息，发出故障警报，实现故障智能处理，实时传送数据信息。人工巡视由线路运维人员按照一定周期巡视线路本体、附属设施及线路保护区出现的缺陷及隐患，为线路检修、维护、状态评价（评估）等提供依据，近距离对线路进行观测、检查、记录等。

依据状态评价情况适时开展 A、B 类检修，结合迎峰度夏（冬）和专业巡视，针对性增加带电检测作业和带电作业，有力确保设备运行稳定性。2021 年起，主网输变电设备不安排单一性质 C 类停电检修工作，所有 C 类检修均与基建、技改大修及设备消缺、隐患整治同步开展联合检修。

【成效】

差异化运维的提出，解决传统人力运维模式的高成本、低效率、低质量等问题，有效提高设备隐患管控的针对性、合理性及运维工作效率，达到降本增效的目的。国网甘肃电力充分利用直升机、无人机、红外、紫外、超声波、激光扫描、视频（图像）监控、在线监测等技术精准进行线路状态评估与设备状态评估，做精做强 D、E 类检修，强化 A、B 类检修，逐步压减 C 类检修，大幅度降低了检修作业的人力成本，有效提高了电网可靠性。

（二）差异化检修

针对不同区域进行输电线路差异化检修。对大跨越：加强对杆塔、基础、导线、地线、接线、绝缘子、金具及防洪、防冰、防舞、防雷、测震等设施的检测与检修。对多雷区：做好防雷设施检测与维修；同时做好雷电定位观测设备的检测、维护、调试工作；做好发生过雷击线路的检查，对损坏的设备及时更换、修补。对重污区：确定污秽等级、检查防污闪措施的落实情况，污秽等级与爬电比距不相适应时，及时调整绝缘子串的爬电比距、调整绝缘子类型或采取其他有效的防污闪措施，线路上的零（低）值绝缘子应及时更换。对重冰区：对线路做全面检查，消除设备缺陷，落实除冰、融冰和防止导线、地线跳跃、舞动的措施，检查各种观测、记录设施，并对融冰装置进行检查、试验。对微地形（气象）区：对运行线路做全面检查，消除设备缺陷，对不能满足要求的杆塔型式、绝缘子串型式、导线排列方式有计划地进行改造或更换。对采动影响区：位于采动影响区的杆塔，安装杆塔倾斜检测装置。运行中发现基础周围有地表裂缝时，积极与设计单位联系进行现场勘察，确定处理方案。依据处理方案及时对塔基周围的地表裂缝、塌陷进行处理，防止雨水、山洪加剧诱发塌陷灾害。

根据输电线路各单元不同状态差异化检修。正常状态的架空输电线路不开展停电检修，只进行针对性消缺。结合基建、变电站（换流站）、用户等停电机会对重要输电通道、特高压输电线路、特高压密集通道、“三跨”区段线路进行 C 类检修。注意状态不需要停电检修的立即实施 D、E 类检修；需要停电检修的，根据设备缺陷类型采取相应的检测手段，加强监视，缩短检测周期；当继续发展为异常状态时，按照异常状态检修策略执行。结合基建、变电站（换流站）、用户等停电机会对重要输电通道、特高压输电线路、特高压密集通道、“三跨”区段线路进行 B 类检修。异常状态不需要停电检修的实施 D、E 类检修；需要停电检修的，根据设备缺陷类型采取相应的检测手段，加强监视，缩短检测周期，适时安排检修；当继续发展为严重状态时，按照严重状态检修策略执行。严重状态的检修策略根据状态评价结果，确定检修类别和内容，并尽快安排。实施检修前加强 D、E 类检修。特高压密集通道、特高压输电线路投运一年后进行一次 B 类检修（首检）；重要输电通道、“三跨”区段根据缺陷内容尽快安排检修；其他架空输电线路适时安排检修。

变电设备差异化检修。间隔内所有设备评价结果均为正常状态时，不安排 C 类检修，部分设备距最后一次停电检修超过 6 年的，适当增加 D 类检修频次。当遇有外部原因受累停电时，间隔内隔离开关和断路器宜开展检修，其他设备可不安排检修。对不易停电的间隔，全间隔设备开展 C 类检修；评价为注意状态时，适当增加 D 类检修频次，严密跟踪注意状态设备的发展趋势，当遭受不良工况或状态突变时，及时安排 C 类检修；间隔内部分设备评价为异常状态时，根据状态量的严重程度、变化趋势等综合分析，适时安排设备停电检修，在停电检修前增加 D 类检修频次，严密跟踪发展趋势，当遭受不良工况或状态突变时，及时安排检修；间隔内部分设备评价为严重状态时，立即安排设备停电检修。

（三）工厂化检修

国网甘肃 A 级检修基地是国家电网公司 2012 年统一规划的 10 个 A 级检修基地之一，西北地区唯一的 A 级检修基地。共分为 5 个功能区域，分别为变压器检修区、断路器检修区、隔离开关检修区、高压试验区、绝缘油净化处理区。

检修基地的功能定位可概括为“三个基地、一个中心”，即指设备检修基地、设备试验基地、检修实训基地、设备运检技术支持中心。检修基地将与国内主要装备厂商搭建涵盖主设备联合巡检、主设备状态评估、备品备件联合储备、检修项目合作全过程的工厂化检修平台。依据检修基地的设计建设规模和检修装备的配置条件，可以开展主变压器类、断路器（隔离开关）类、出厂试验、油气化验类等 6 个方面的业务。

变压器类设备检修。可开展 750 千伏及以下变压器事故抢修、工厂化大修、工厂化改造，老旧变压器大修后将作为轮换式工厂化检修的备品。

开关类设备检修。可开展 750 千伏及以下断路器的增容改造、工厂化大修、机构大修，750 千伏及以下隔离开关的工厂化检修，可以将改造后的断路器和隔离开关作为轮换式工厂化检修的备品进行储备。

工厂化设备检修的交接试验。可承接区域内变压器、断路器等设备的检修后试验，质量抽检、试验，设备安装后的交接试验。

区域内外部检修任务。作为 A 级检修基地，可在满足国网甘肃电力检修工作需求的基础上，利用基地的装备条件，承接西北地区其他省区的检修业务，可与战略合作设备生产厂商协同开展部分外委业务。

与主要设备厂商开展备品备件储备。可结合工厂化检修需要，就断路器、隔离开关和互感器等设备与主要设备厂商联合开展备品备件储备。

变压器、开关类设备实训基地。可联合主要设备生产厂商开展检修人员检修实训、检修资质认证、技术比武等工作，发挥检修基地硬件条件，争取成为区域内国家电网系统检修实训基地。并且利用基地逐步建立全省的设备检修案例库和技术服务热线，对全省及西北区域各省的检修工作形成技术支撑。

【成效】

检修基地的建成，从根本上解决了现场条件简陋、检修质量不高的问题，填补原来返厂检修工位限制、周转运距长的短板，促进更大范围内的检修资源优化调配。检修基地启动投运，标志着国网甘肃电力实现了从现场检修向工厂化轮换检修的转型升级，彻底改善了现有变电设备的检修模式。

可以实现750千伏及以下电压等级变压器、电抗器、GIS组合电器、互感器、避雷器、电容器的解体检查，SF_6柱式、罐式断路器操动机构，灭弧室，隔离开关操动机构、隔离开关本体，变压器、电抗器附件的工厂化检修；实现750千伏及以下电压等级变压器、电抗器器身干燥处理；实现SF_6气体回收及净化处理、绝缘油净化处理及25号、45号两个标号绝缘油的存储；检修后的变压器、电抗器的静压检漏试验；750千伏及以下各电压等级一次设备工厂化检修技能和电气试验技能培训及设备检修后的短期存放。

（四）“早操”试验

为落实十八项反措要求，解决近年来因停电检修安排困难、试验周期内无法完成保护带开关设备实传及设备轮换试验等问题，国网甘肃电力创新继电保护、开关设备试验模式，开展保护带负荷传动开关设备“早操”试验，及时发现并消除一、二次设备存在的隐患及缺陷，提高设备健康水平，保障电网安全稳定运行。

明确试验范围。试验范围主要为110千伏及以上的继电保护、开关设备。三年内经过故障跳闸的设备、检修已带开关实传的设备、涉及五级及以上电网风险的设备及母差保护、主变压器保护不开展“早操”试验。为确保“早操”试验安全可靠，不断积累经验，逐步完善技术和管控措施，开展3/2接线的330千伏线路及110千伏线路为期一年的试行期。

确立“早操”试验方法。针对不同电压等级设备，“早操”试验采用以下两种方法。220千伏及以上设备采取“分段式”检验法，单套退出开展保护检验（调试仪模拟故障），再用点跳方式跳重开关设备；110千伏设备通过短时退出保护修改定值的方式，采用负荷电流模拟零序电流保护动作方法开展试验。负荷电流无法达到最小整定值的设备采用在保护出口处用点跳方式完成试验。

制定安全管控措施与流程。试验前，根据安监、设备、调度的运行风险评估意见及事故应急处置措施要求，编制试验方案、“三措一案”及应急方案等管控措施，完成内部审查和签字审批，试验方案与管控措施在作业前一个月内报省公司安监部、设备部、调控中心完成审查，严格执行管控措施要求，有效缩短现场作业时间；试验过程中，加强现场试验过程监护，防止继电保护“三误”；试验完毕后，重点检查与试验相关的线路、主变压器、母线、开关保护功能压板、出口压板、SV 投入压板、GOOSE 出口压板等是否正确投入，按照定值单核对装置运行定值区整定是否正确，相应软压板、控制字是否正确投入，保障试验后保护设备可靠正确投入运行。

延伸阅读

国网甘肃 A 级检修基地工厂化检修

国网甘肃 A 级检修基地共分为 5 个功能区域，分别为变压器检修区、断路器检修区、隔离开关检修区、高压试验区、绝缘油净化处理区。

变压器检修区，可以开展 330 千伏及以下变压器、电抗器解体、干燥、装配等项目的工厂化检修工作；断路器检修区，可满足 750 千伏及以下断路器、GIS 设备的工厂化解体检修，并具备 SF_6 气体净化处理能力；隔离开关检修区，可进行隔离开关等设备的本体、操动机构检修；高压试验区，可开展 750 千伏及以下变压器设备长、短时感应耐压及局部放电测试、断路器类等设备交流耐压及相关常规电气试验、油气试验工作，远期可进行 750 千伏及以下设备的雷电、操作冲击试验，是国家电网省级系统首家具备 750 千伏设备高电压试验能力的大厅；绝缘油净化处理区，可同时满足检修后变压器、电抗器静态压力检漏试验。

截至 2022 年，国网甘肃 A 级检修基地已完成主变压器工厂化检修及吊检作业 14 台，其中 330 千伏变压器工厂化检修 2 台、220 千伏变压器工厂化检修 1 台、110 千伏变压器工厂化检修及吊检作业 4 台、35 千伏站用变压器的工厂化检修及吊检作业 7 台；除首台 220 千伏变压器工厂化检修是由生产厂家为主体检修外，其余变压器的工厂化检修均由检修基地人员自主完成；其中安定变电站原 110 千伏主变压器作为应急设备在国网张掖供电公司临泽变电站投入使用；完成 110～330 千伏的电压互感器和电流互感器的解体检修共计 24 台；完成 10 台兰州东变电站退役 330 千伏断路器机构大修，计划用于国网兰州、白银供电公司生产现场。编制《国网甘肃 A 级检修基地标准化规定汇编》《国网甘肃 A 级检修基地检修标准化配置及操作规程资料汇编》《国网甘肃 A 级检修基地设施装置维护保养细则汇编》共计 108 项规章制度、工艺流程及设备保养细则。完成《推行电网主设备工厂化检修，提升电网资产全寿命运营绩效》管理创新课题一项，《依托检修基地生产管理系统提高检修基地仓储管理水平》QC 成果一项。依托基地自身设备硬件优势，积极申报地市级和省部级科普基地，并被兰州市科学技术协会命名为兰州市科普基地（2022～2027 年）。

“早操”试验试点工作计划与职责设定

第一阶段：部分试点阶段（2020 年 4～6 月）。甘肃超高压公司、国网兰州供电公司、国网白银供电公司等单位挑选 3/2 接线的 330 千伏线路，国网天水供电公司、国网金昌供电公司等单位挑选 110 千伏线路开展试点工作。编制“三措一案”与标准化作业指导书及试验方案，安监、设备、省调及电科院技术专家现场蹲点督导实施。

第二阶段：部分试点总结阶段（2020 年 7～9 月）。甘肃电科院、甘肃超高压公司、国网兰州供电公司、国网白银供电公司等单位编制 3/2 接线的 330 千伏线路“早操”试验标准化作业指导书。国网天水供电公司、国网金昌供电公司等单位编制 110 千伏线路“早操”试验标准化作业指导书。

第三阶段：全省试点阶段（2020 年 10～12 月）。省调下发“早操”试验管理规定及标准化作业指导书。各地市单位上报 3/2 接线的 330 千伏线路与 110 千伏线路“早操”试验三年工作计划。

安监部职责：负责对“早操”试验工作的电网安全风险预警进行全过程监督检查，根据试验风险分析结果及提示信息，监督运行、试验单位制定和落实现场作业、运行操作的安全组织措施和技术措施。

设备部职责：负责组织“早操”试验纳入月度工作计划、平衡审核，负责一次设备技术及运维保障措施、应急处置方案的审核及监督实施。

调控中心职责：负责“早操”试验工作的二次专业技术管理，对被试设备的可行性进行审查，分析评估电网安全风险及约束条件等。对现场试验二次技术方案进行审查，制定电网调度事故应急处置预案。

甘肃电科院职责：全过程参与各单位“早操”试验，配合省公司相关部门监督、审查各单位技术方案的可行性。

运维检修单位职责：甘肃超高压公司、各地市公司、刘家峡水电厂作为设备运维检修单位是“早操”试验工作的实施主体，负责落实相关技术管理要求，申报试验计划，组织编制审核试验方案、“三措一案”及应急措施，编制标准化作业指导书，开展现场作业，并出具相应的试验报告。

四、无人化、机械化辅助作业

近年来，随着运检业务量的快速增加，运检要求的不断提高，传统检修方式下人员短缺问题日益凸显，亟须探索出一套更加科学高效的运检作业模式。国网甘肃电力创新应用新工法新装备，在超特高压线路检修中，应用无人机验电及挂拆接地线、“小飞人”辅助作业等新工法，全面推广无人机自主巡航，降低高空作业人身风险；研发应用智能牵张机、深基坑开挖一体机，推进装备智能化；举办全省配电网机械化施工装备展，推动配电网装配化施工、机械化作业。

（一）无人机＋电动升降作业

使用大载荷抛绳无人机按照既定路线定位悬停，精准抛投电动升降装置专用绝缘绳，取代地电位人员登塔布设绝缘绳、安装工器具、绝缘子检测等工作，实现登塔及检修作业方式的变革。同时解决了部分塔型无法满足作业安全要求的问题，减少相关作业环节。抛绳作业主要分为交流（单回）

输电线路及直流输电线路两种作业方式。单相、中相、边相作业无人机抛绳路线图如图 5－15 所示。

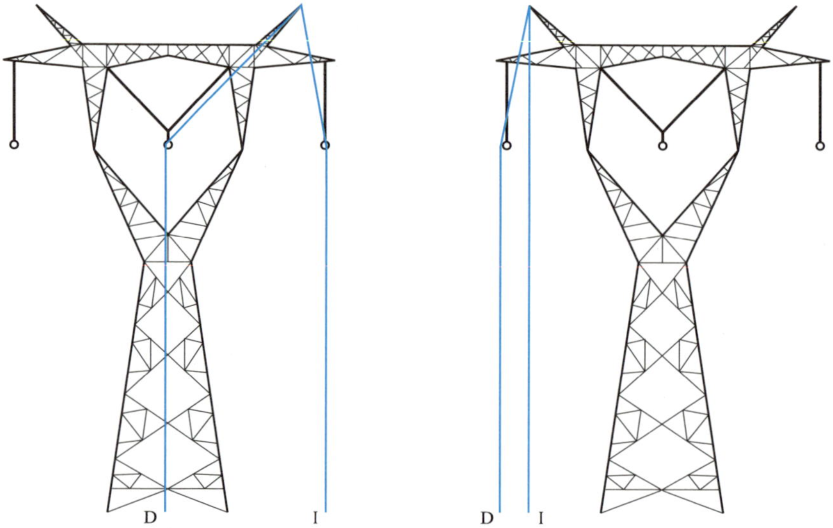

图 5－15 单相、中相、边相作业无人机抛绳路线图

使用电动升降机，垂直抵达任意作业点。在地面安装电动升降装置，使用电动升降装置垂直提升作业人员抵达作业点，代替人力登高。带电作业过程有效避免了从塔身进出强电场受组合间隙影响及其所带来的安全风险，从根本上革新了输电线路强电场的进出方法。停电检修过程可摒弃不必要的登塔、穿越绝缘子、走线、攀爬软梯、乘坐飞车等环节，直接抵达横担、导地线等任意作业位置，避免无谓体力消耗，省去了繁琐的工器具准备等环节，减少作业人员数量、工器具配置，提高工作效率。如图 5－16 所示。

优化抛绳无人机性能，确保作业过程无人机邻近带电导线引起信号干扰，与专业厂家联合研制无人机屏蔽机壳。利用金属丝网与碳纤维布混合编制，涂刷环氧树脂，高温高压一次成型，形成内部屏蔽区域，极大提升无人机的抗电磁干扰能力，缩短了无人机距带电导线飞行的安全距离。无人机屏蔽机壳如图 5－17 所示。

图 5－16　无人机结合电动升降装置作业工法

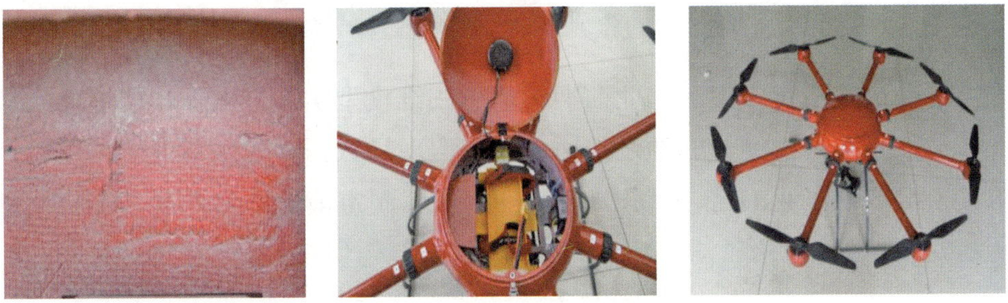

图 5－17　无人机屏蔽机壳

无人机抗电磁干扰极限距离及飞行路径测试。通过多次飞行试验，完成无人机在强电场附近抗干扰极限距离测试，得出各电压等级无人机靠近带电体的安全飞行范围。试验确定各电压等级单回线路各相专用绝缘绳的投掷方法，制定抛绳无人机技术标准以及无人机抛绳作业标准。

完成电动升降装置座椅研制，提升作业人员舒适度，促进停（带）电检修职业质效提升。帮助作业人员在高空作业点转位，不影响绳索与电动升降装置之间的平衡，使电动升降装置始终与绳索保持垂直，降低了绳索与电动升降装置之间的摩擦，提高了电动升降装置的工作效率，满足现场作业要求。

（二）三维实景建模

现场三维可视化勘察。通过三维激光雷达扫描地面设备全面勘察作业现场，以高精度（厘米级）三维形态呈现作业现场地形环境、杆塔结构、交叉跨越、通道走廊等，实现智能全景监测。

作业现场实景建模。将地面设备采集的现场全景数据，通过内网传输至智能管控平台，平台模拟现实场景，实现作业现场数字化建模，通过现场地面设备与平台数据在线交互，实现作业全景实时监测。如图 5－18 所示。

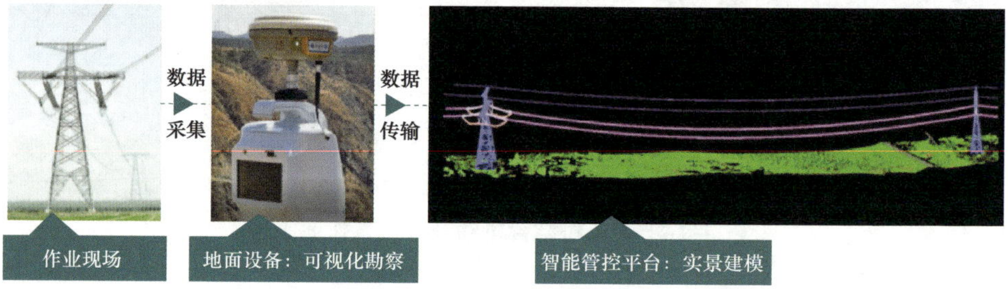

图 5－18　作业现场实景建模过程示意图

辅助决策最优方案。作业前期，基于三维模型实现带电体、接地体、作业人员三者距离的测量，通过地面设备获取现场数据，传回智能管控平台，仿真模拟带电作业工况，规划出最优作业路径，制定最优作业方案。如图 5－19 所示。

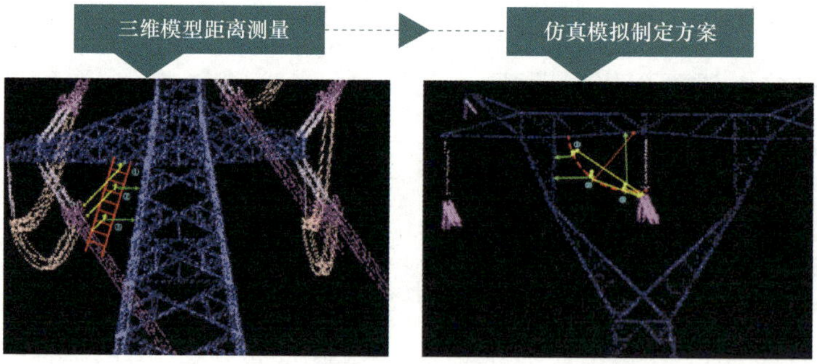

图 5－19　辅助决策最优方案过程示意图

合理规划作业区域。规划活动范围，依据平台优选的作业方案，自动规划出满足各电压等级、各海拔高度下安全距离及人员安全活动范围。设置活动路径，在智能管控平台上对作业人员的进出路径、活动区域、作业范围进行设置，实现作业区域合理规划。如图 5－20 所示。

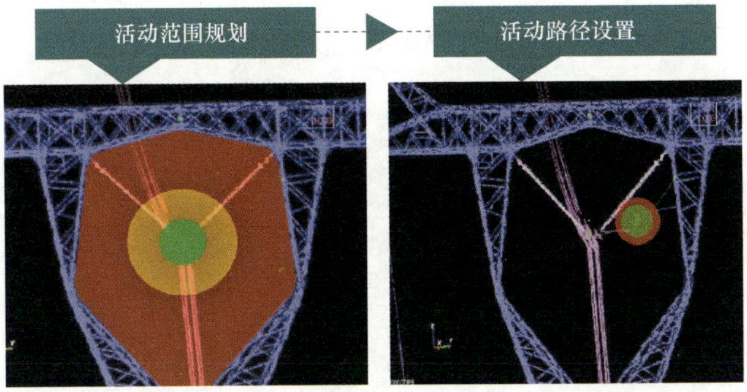

图 5－20　合理规划作业区域过程示意图

【成效】

优化作业方式，极大提升作业效率。通过无人机抛绳，将以往塔上地电位作业人员登塔准备工作方式转变为地面作业。通过电动升降装置，取代等电位人员登塔、乘坐吊篮、攀爬软梯等作业，将等电位人员直接送至作业位置，将以往的依靠个人技能、体能的登高方式转变为机械登高，极大降低劳动强度，大幅提高作业效率。同时降低对作业人员的体能、年龄限制。综合考虑地面准备、无人机抛绳、检修作业全过程，无人机结合电动升降装置进出等电位作业较传统作业用时减少 50 分钟，人员减少 1～2 人。

减少作业限制，极大拓宽应用范围。无人机结合电动升降装置辅助检修的作业模式，不仅成功应用于输电线路停电检修，经过不断技术创新研发，该作业工法已成功应用于甘肃电网 330 千伏及以上电压等级超（特）高压输电线路。解决了传统作业方式各电压等级单回线路中相塔窗间隙限制、紧缩型塔安全距离限制等原因造成无法进行带电作业的困难。同时解决地线检修工作实施困难的难题，极大降低人员劳动强度，提升作业效率。

项目自实施以来，利用该工法成功处理 330 千伏单回及双回下层输电线路带电检修工作 90 余次，750 千伏单回输电线路带电作业 16 次，±800 千伏输电线路带电作业 1 次，±1100 千伏输电线路带电作业 3 次，停电检修 50 余次。工法成功应用至停电检修可将其成功应用至各电压等级任意塔型、任意相别停电检修及单回输电线路或多回下层输电线路带电检修作业，从根本上减少作业受限的状况，极大拓展了可开展带电作业的范围。

延伸阅读

无人机结合电动升降装置辅助检修的规模化应用

无人机结合电动升降装置进出等电位工法是国网甘肃电力自主研制的一套全新的带电作业工法，该工法不仅是国内首创，更是超特高压输电线路带电作业的重大突破，从根本上革新了输电线路进出强电场的方法，使超特高压输电线路带电作业从个人技能时代进入机械智能时代。

国网甘肃电力以超特高压输电线路带电检修的实际需求为出发点，对新的作业方式进行探索，突破专业壁垒，使用无人机精准抛投绝缘绳索，再用电动升降装置将作业人员由地面提升至作业位置，代替了人力登高，改变了传统作业方式进出强电场受组合间隙影响带来的安全风险，填补了紧凑塔型开展带电作业的空白，大幅提高工作效率和作业安全性。

该工法获得发明专利授权3项，实用新型专利授权3项，并且荣获2017年全国电力职工技术成果二等奖、国家电网公司第二届职工运检业务职工创新一等奖、国家电网公司职工技术创新“双越之星”优秀成果奖铜奖、2020年国家电网公司科技进步三等奖等十余项省部级以上奖项。发布 Q/GDW 12076—2020《超（特）高压输电线路无人机结合电动升降装置进出等电位作业导则》1项，组织编制无人机结合电动升降装置带电作业标准化作业指导书24项，制作无人机结合电动升降装置标准化作业教学视频1部，固化形成了带电作业典型经验及工作流程，全面推进无人机结合电动升降装置辅助检修规模化应用。

截至2022年底，国网甘肃电力已利用该工法在全省750千伏及以上超特高压交直流输电线路上成功开展179次带电作业，并于2020年7月1日在甘肃古浪县开展了±1100千伏带电作业，刷新了±1100千伏特高压输电线路高海拔地区带电作业新纪录。同时，该工法通过成果转化方式已在国家电网、南方电网系统内30余家地市公司推广应用。

无人机验电、接地装置应用

无人机验电、接地装置由国网甘肃电力输变电智能运检技术联合实验室自主研发，采用国内首创的无人机非接触式验电、接地技术，突破了线路传统验电、接地方法，推进了输电线路验电、接地技术的专业变革。

无人机验电过程通过 RTK 无人机搭载非接触式验电模块，利用无线传输系统和无线传感采集技术，实现电场数据实时回传，并在手持终端及无人机遥控器上根据实际验电情况分别以文字、指示灯形式显示线路“已停电”“带电”“有感应电”三种结果。验电时通过遥控器指示灯直观显示验电结果，同时通过数据回传模块向地面手持终端实时发送验电结果，两种非同源的验电信息，确保了验电结论准确性；地面端还能同时对结果进行自动记录，可随时检查确认，确保了验电的可靠性。

无人机接地装置接地过程由人员将接地线接地端与铁塔本体可靠接地，通过 RTK 无人机吊挂接地装置，无人机飞手操作无人机精准到达预定挂设接地线位置，接地装置依靠重力自锁机构可靠夹持导线，地面人员通过接地装置滑轮提升接地线可靠连接至接地装置完成接地工作。

无人机验电、接地装置将人员登塔验电、装拆接地线的工作，由高空作业转变成地面作业，在地面即可安全快速、准确可靠地完成线路验电、接地工作，避免了传统作业中的登塔风险。作业过程不受现场环境、塔型结构、感应电及人为因素等影响，全程使用无人机作业，实现了验电、接地工作的智能化、机械化和自动化，保障了线路验电、接地工作高效开展。

2022 年，国网甘肃电力采用国内首创无人机非接触式验电技术，研制出了无人机验电装置，在无人机上搭载验电模块，通过无线传感技术采集数据并回传，在手持终端上呈现验电结果，作业过程不受现场环境、塔型结构、感应电等影响，解决了甘肃高海拔地区特高压线路交叉跨越、特殊地理环境下无法验电的难题，对甘肃电力密集通道的运检工作具有重要意义。使用该装置，作业人员无需登塔验电，在地面即可安全快速确认线路是否停电，实现了验电工作的无登高化作业，有效避免了高空作业风险，提高了作业人员安全保障，对特高压直流检修具有重大意义。研发成功后应用于 750 千伏线路检修 13 次，同时已在省内 10 余家单位推广应用。在 2022 年 10 月开展的青豫直流年检中，已使用该装置完成验电工作，人工登塔验电作业由 90 分钟减少至 30 分钟以内，工作效率大幅提升。

西北首次±1100千伏特高压输电线路高海拔带电作业刷新世界纪录

2020年7月1日，在甘肃省武威市古浪县土门镇，国家甘肃电力员工运用超（特）高压带电作业工法——无人机结合电动升降装置进出等电位作业方法，成功开展±1100千伏吉泉线带电作业消除缺陷，刷新世界特高压输电线路带电作业技术创新纪录，创造国内高海拔地区带电作业消缺最高电压等级纪录。如图5-21所示。

此次带电作业的缺陷点位于吉泉线2824号铁塔段。三条特高压输电线路并列运行，为甘肃特高压直流密集通道。前期，巡视人员在无人机精益化巡检中，发现该塔一处引流板螺栓脱落，需要及时消除安全隐患。

发现缺陷后，国网甘肃电力积极制定带电作业方案并向国家电网公司汇报。国网设备部对方案初审后，于2020年6月17日组织国网冀北、湖南、新疆、宁夏、陕西、河南、安徽电力和中国电科院等单位技术专家对本次带电作业方案进行研讨审查，从技术措施优化、安全措施落实、疫情防控等方面提出意见。

国网甘肃电力针对带电作业使用的无人机结合电动升降装置技术，编制技术导则，并成功报批国家电网公司企业标准。与传统工法相比，这一工法只需要1名检修人员，且不需要攀爬塔体，更加精确快速到达指定作业点，实现了带电作业由人力到机械的转变，是国内首创，也是世界范围内在±1100千伏特高压输电线路上的首次应用，为我国乃至世界特高压带电作业积累了宝贵经验。

图5-21　±1100千伏特高压输电线路高海拔带电作业

第三节 安全管控方式变革

一、安全管控数字化

2019 年，国网甘肃电力被确定为“安全生产风险管控平台建设与应用”试点单位，建成作业智能管控、现场可视化、值班管理、安全准入和电网风险管控五大功能模块。

2020 年，安全生产风险管控平台拓展为 12 个一级功能模块 38 个二级功能点。10 月 29 日，顺利通过国家电网公司验收，达到实用型三星标准，为国家电网系统第二家通过验收的单位。

2021 年，全面落实国家电网公司工作部署，深化“四个一”数字化安全管控体系建设，大力实施应用边缘计算、图像分析等先进技术，深化风控平台应用，有力推进安全监督数字化、智能化。9 月，“四个一”体系初见雏形，实现安全智能管控终端与风控平台融合，全面推进数字化管控终端应用。12 月，完成风控平台改造、典型场景测试、纵向数据贯通、北斗主站建设等重点任务，得到国家电网公司肯定。

2022 年 1 月，依托“大云物移智链”打造全能型数字化安监。3 月，基于人工智能技术对作业现场全覆盖监管，打造了数字全景管控的智能化违章识别机制。9 月，“安全生产风险管控平台”正式更名为“安全风险管控监督平台”，并完成布控球语音视频对讲功能测试。10 月，完成安全教育培训模块建设。11 月，完成督导模块建设。

（一）安全生产管控精益化

国网甘肃电力持续完善安全生产风险管控监督业务功能，实现了作业安全管控、企业及人员安全准入管理、现场安全监督可视化、风险全景感知大数据分析等功能的建设。其中，作业智能管控模块，实现作业计划的全面管理，包含生产、建设、营销等七大专业作业计划，按照月计划、周安排、日管控实时管理，并通过配套开发的手机 App 实现作业准备、作业实施、监督检查、违章管理等功能，达到计划全面管理应用、作业关键环节有效监督、作业实施过程全过程管控目标。安全准入模块，将企业安全资信和作业人员安全考试作为准入条件，关联工程项目和作业计划，依据违章、安全事件情况建立企业和个人“黑名单”“负面清单”动态管理机制，实施安全记分制管理。现场可视化模块，集成电网统一视频监控平台中的变电站、线路“三跨”、办公场所等固定视频，补充配置了1499台移动布控球，通过与作业计划有效关联，实现作业现场实时监控全覆盖，强化作业现场远程督查。电网风险管控模块，集成现有电网运行风险预警与管控系统，通过平台实现风险预警单编制、措施反馈、措施落实、预警解除等预警信息实时、全方位共享。值班管理模块，具备值班管理、值班记录、值班日志、工作评价等功能。安全生产风险管控平台五大模块如图5－22所示。

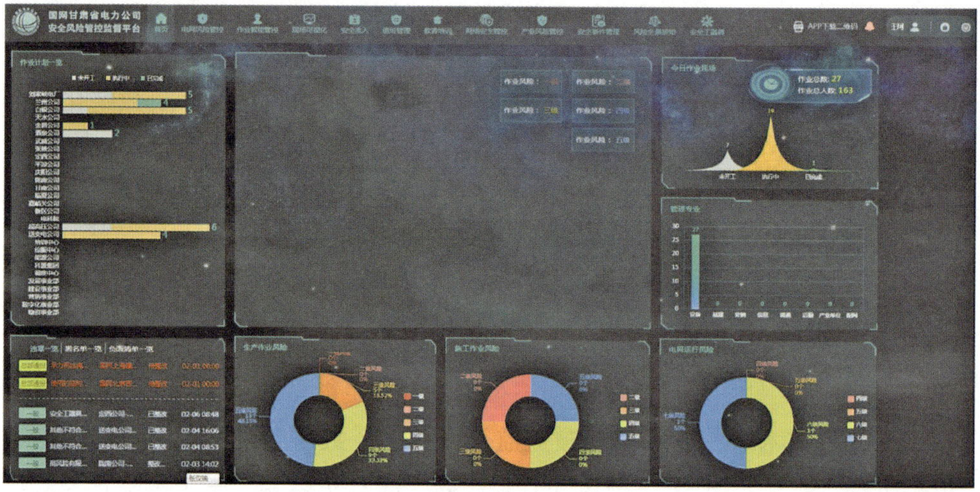

图5－22 安全生产风险管控平台五大模块

（二）推进“四个管住”功能建设

围绕管住计划、管住队伍、管住人员、管住现场，开展风控平台的功能模块建设，全面推动“四个管住”尽快落地。

管住计划方面。积极引入风险自动识别，通过“人工干预＋自动识别”的双重保障方式，实现风险的精准定级；全面实行以周安排为主线，分解日作业的管理模式，对作业进度、风险等级变化等信息动态变更，实现真正管住关键环节和主要风险；全面支撑现有工作机制运转，从管住作业风险和电网风险为首要目标，全力支撑安全督查、计划全过程管控。

管住人员方面。打破现有考试模式短板和瓶颈，构建真正发挥准入考试作用的考试模式，全面推广应用风控平台进行准入考试，扩容平台硬件，引入先进人脸识别技术，堵塞考试作弊漏洞，优化补考、重考规则，加强考试结果应用，真正发挥准入考试作用；丰富人员基础信息，增加多维度人员属性，建立覆盖专业水平、工作履历、违章情况、教育培训、个人证照等人员档案，全面建设“安全管控经验值”量化评价体系，与作业计划、工程项目等进行强制关联并进行风险预警。打造人员、队伍、作业、项目为基础因子的生态体系，自动获取人员历史参与的作业、项目、担任角色等基础信息，生成人员安全知识图谱。

管住队伍方面。丰富企业基本信息，全面实现队伍与下设人员捆绑管理，队伍和人员相互校验，确保队伍、人员的唯一性；完善外包队伍组织架构，从专业、性质等属性进行划分，优化外包队伍违章记分规则，真正发挥违章记分作用；加强队伍参与作业状态的过程管控，对目前从事工程项目、作业现场的队伍进行动态标记和提醒。

管住现场方面。细化现场作业流程，强化过程精细化管控，对每日作业进行动态修订，将作业人员与计划匹配关联；积极拓展移动布控球高阶应用，建全布控球使用日志或档案，包括抓拍违章记录、参与作业数量和明细等信息，充分挖掘布控球本身数据价值；利用智能反违章功能，实现高空作业人员实时监测、误登杆塔告警、人员活动范围等风险预警。

现场可视化、安全准入模块应用图如图 5－23 所示。

图 5－23　现场可视化、安全准入模块应用图

（三）推进“四个一”体系建设

围绕“一中心、一平台、一终端、一队伍”，建设“四个一”数字化安全管控体系，利用安全智能管控终端，大力实施应用边缘计算、图像分析等先进技术，深化风控平台应用，有力推进安监数字化。如图 5-24 所示。

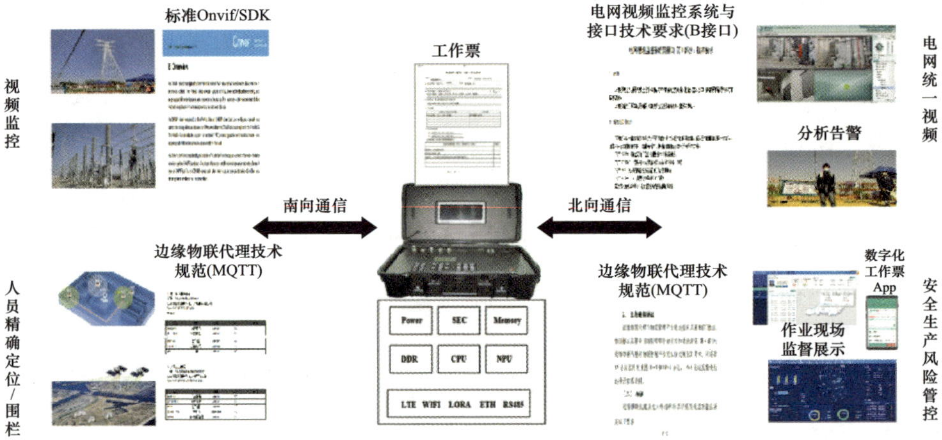

图 5-24　安全智能管控终端

深化作业计划管控应用，在日管控计划自动生成的基础上，集成轨迹系统，同时基于图像识别及 GPS 定位技术，结合电子地图，提升到岗到位有效性、及时性，保障现场作业人员的准确性，全面提升现场管控能力。加强外包企业队伍和人员管理能力，构建以准入考试、违章和责任事故（事件）记录等为核心内容的安全资信评价体系。基于现有人员准入模块，细化人员工作属性，实现人员安全资质审查、人员安全等级评估认证自动化评估管理。开展视频轻量化应用，在远程视频调阅基础上拓展远程音视频互动、灵活调拨、布控球维修管理等功能。发挥数据资产质效，基于前期建设、应用成果，梳理系统业务数据，加强数据校验，实现各业务模块的数据关联、联动，提升系统内各业务模块数据准确性，全面提升系统数据质效。利用图、表等可视化手段，充分利用作业智能化管控、现场可视化、安全准入、安全工器具等模块数据，实现各模块数据应用及自动化报表生成，全面支撑安监业务。

（四）新功能新技术赋能赋智

按照“统一管理、共商共建、共用共享”原则，推进轨迹安全帽系统、数字化工作票、区块链等技术应用、数据贯通；强化前端设备应用，积极探索智能工器具库房、智能工器具等应用，为安监业务赋能赋智。

建设数字化安全管控平台，坐实风险全景感知和大数据分析模块，把准设备特点，推进传统检修向辅助检修模式转变，实现现场勘察实景建模，实时监测作业过程中随时变化、影响作业安全的因素，全方位保护人身安全。数字化安全管控平台如图 5-25 所示。

加强数字化工作票应用，融合各系统业务流程和数据模型，强化作业计划、安全准入、安全工器具等微服务建设，减少数据重复录入，实现班组减负、管理提效，实现安全工器具出入库、作业计划、数字工作票等数据互联互通，推动电网作业统一管控。

精准定位作业轨迹，通过智能安全帽，实现带电作业全过程实时监控、现场作业人员与监护人员、工作负责人音视频双向通信，实现作业现场在线管控。音视频沟通示意图如图 5-26 所示。

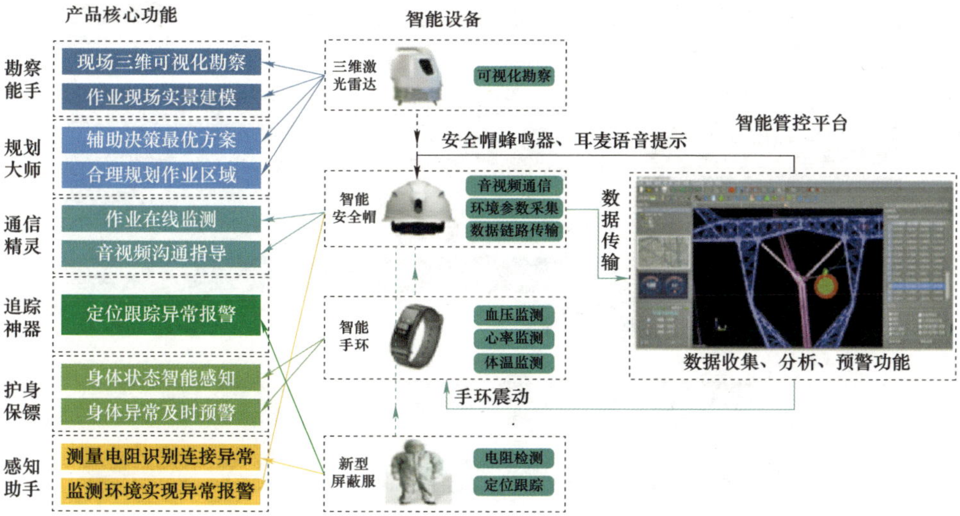

图 5-25　数字化安全管控平台

全面推进人工智能等数字新技术应用，持续深化“智能+安监”应用，以支撑安监专业安全管理、深化智能反违章模型应用为主线，立足管住人员、管住现场两个管控痛点，利用违章行为自动识别功能开展智能反违章，助力作业现场全过程、全方位、智能化监督管控。智能反违章示意如图 5-27 所示。

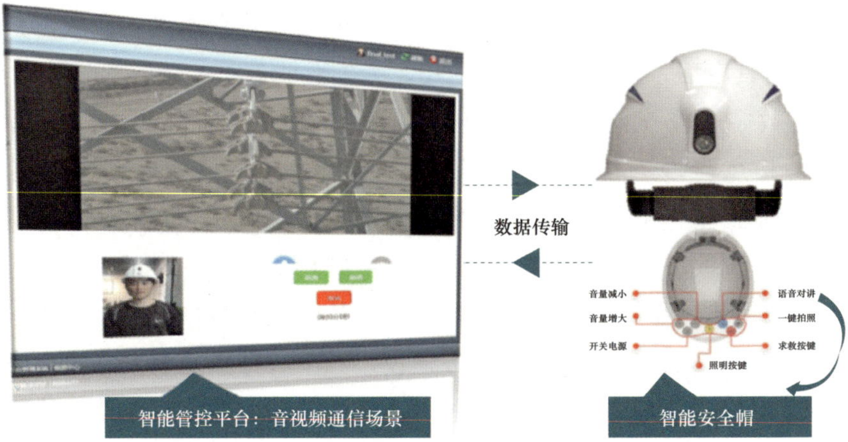

图 5-26　音视频沟通示意图

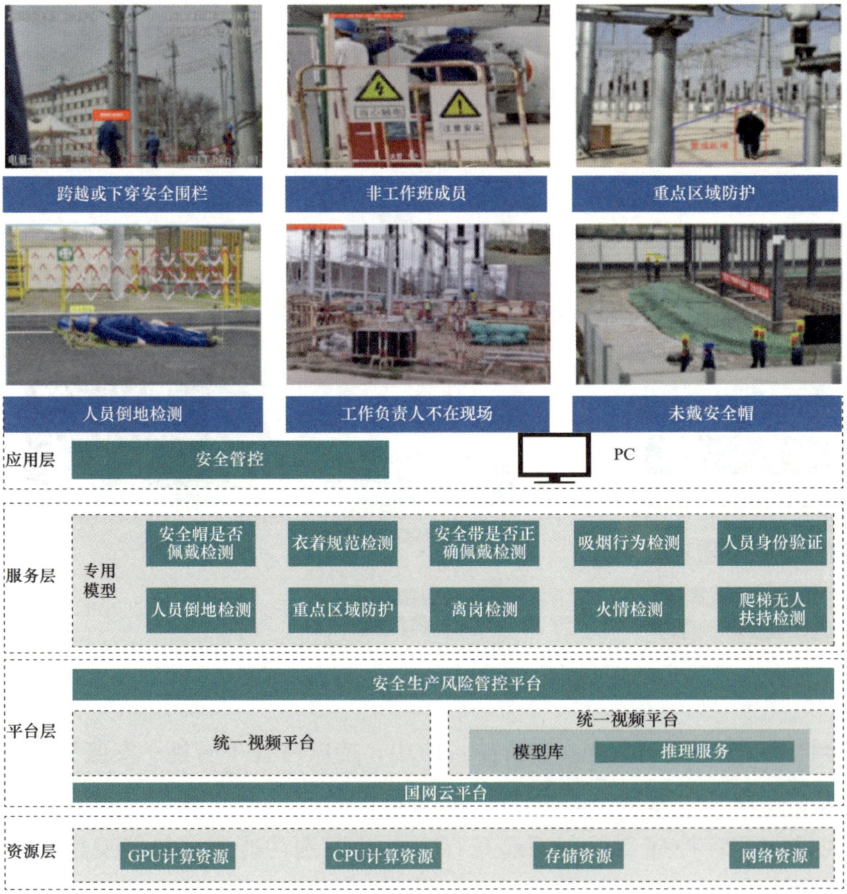

图 5-27　智能反违章示意

延伸阅读

国网甘肃电力“六个坚持”工作准则

坚持“两个至上”。“人民至上、生命至上”体现了以人民为中心的发展思想。必须把防范人身伤害、保障电力供应作为硬指标，把尊重安全、敬畏生命的理念落实到管理细节，守牢人身安全红线和大电网安全、民生用电底线。

坚持系统观念。安全生产是一项系统工程。必须准确把握安全生产规律，加强前瞻性思考、全局性谋划、战略性布局、整体性推进，正确处理好发展和安全、全局和局部、当前和长远之间的关系，不断提升本质安全水平。

坚持“四安原则”。铁腕治安、科技保安、管理强安、改革促安，是安全管理的经验总结。必须坚持全面从严管理，依法合规，守正创新，落实三管三必须，以改革化解矛盾问题，以技术防范安全风险，实现安全生产长治久安。

坚持强基固本。基层基础基本功是安全生产的基石。必须坚持安全第一、预防为主、综合治理，以问题、目标和结果为导向，持续加大投入，关口前移、重心下沉，抓实安全生产标准化，着力控风险、除隐患、提能力，筑牢安全生产根基。

坚持现场为要。“事故出在现场，要走出办公室管安全”。必须提高监管力、穿透力、执行力，深入一线、盯牢现场，实行预设场景式风险管控，做到“四个管住”，“零容忍”反违章，全力创建平安现场。

坚持共保平安。公司发展、电网安全、电力保供离不开政府指导、企业协作、公众支持。必须深化政企、警企、企企合作，强化专业协同，更好地开展设施保护、电网建设和应急处突，形成保安全、保供电、保稳定的强大合力。

零容忍反违章

国网甘肃电力反违章工作的总体要求是：努力践行“两个至上”理念，敬畏安全、尊重生命，不断丰富和完善“零容忍”反违章工作内涵，切实发挥专业部门主体作用和安监部门督察作用，持续在思想认识、责任落实、机制完善、工作作风、能力素质五方面下功夫，深入抓好源头防范和系统治理，全力防范人身安全事故，打造平安现场，确保安全生产平稳有序。

提高思想认识抓落实。各部门、各单位要按照“零容忍”反违章专项行动统一部署，有序组织开展反违章工作专题宣讲，领导人员带头专门讲，管理人员深入专业讲，一线员工围绕专题讲，统一思想、提高认识、达成共识，让每个管理者、每名员工都正确认识和对待反违章工作，充分认知违章的危害及预防措施，不断提高“我要安全”的安全意识，增强“我会安全”的安全能力，凝聚“我保安全”的安全合力，层层守牢安全底线。

压实安全责任抓落实。国网甘肃电力各级设备、配网、建设、营销、调度、后勤等专业部门和发展、党建、宣传、工会等部门，坚持“三管三必须”和“谁组织、谁负责，谁实施、谁负责”的原则，按照“六个坚持”工作准则，严格落实反违章主体责任，积极主动预防违章、查处违章、整治违章，不断完善行之有效的教育培训、现场管控、督导检查等机制，设备、配网、建设、营销等部门，在周生产调度例会上分析通报本专业反违章工作，针对性制定落实根治措施。各级安监部门遴选责任心强、素质过硬、作风过硬的督查专家，常态化、高质量开展“四不两直”督察和远程视频督查，及时发现并纠正违章行为；每月通报各专业、各单位反违章工作，做好归口统计分析，研究违章规律和特点，及时警示提醒；要坚持视频曝光典型问题，深入分析每起违章，追根溯源、彻底治理、分类考核。

开展“无违章”创建。开展“无违章个人、零违章现场”“党员身边无违章”“讲安规、懂安规、用安规”等活动基础上，创建“无违章班组（站、所）、无违章项目部、无违章中心（分场）”，在季度专项奖励中给予奖励，必要时修订相关制度。要鼓励各单位开展自查自纠，一线自查的违章由其自行处理，上级单位不通报、不处罚，促进作业现场建立主动安全的良好氛围。

提高能力素质抓落实。抓好关键人员培训。班组长、“三种人”“三类人”是保障现场安全的核心骨干。要严格开展关键人员培训、考核、认定工作，培养一批现场一线“明白人”。抓好外包人员培训，在严格安全准入的基础上，按照“干什么、学什么、考什么”的原则，差异化开展业务安全培训，扎实做好安全交底、班前班后会，确保外包人员具备安全作业能力。

预设场景风险管控

为落实国家电网数字班组建设，进一步提高带电作业风险管控水平，完善输电全景监控平台功能应用，甘肃超高压公司开发完成了模拟电位工作场景的三维带电作业辅助系统，用于判断作业人员进入电场路线上的每个步长点的组合间隙，基于相关规范标准来评判路线带电检修作业的安全性。

该系统利用数字孪生技术，搭建了高度仿真的三维实体带电作业场景，搭载了量测功能、安全规范参数设置、设备台账参数设置、缺陷信息参数设置、绝缘梯法模拟、秋千法模拟、小飞人法模拟、安全评估报告等功能。

国网甘肃电力已完成系统由 C/S 系统架构（单机版）向 B/S 系统架构（互联网版）的改造，原系统作为三维可视化系统下的一个功能模块，可以通过输电全景监控平台在互联网大区环境下进行系统访问及应用操作。如图 5–28 所示。

图 5–28　输电全景监控平台

此项系统的开发，预设场景风险管控及相关业务系统将逐步覆盖输、配、变全业务带电作业，利用数字化技术提高风险管控能力，让风险管控从应急反应向模拟防范转变。

二、消防安全物联网

针对消防管理基础薄弱、缺乏有效监督手段、重建设轻运维、缺乏科学决策依据等问题，国网甘肃电力遵从物联网技术架构，按照“智慧物联、实时监测、数据共享、价值提升”原则，重塑自主智慧消防管理体系，研发建成消防物联网，实现消防专业管理和重点场所监测全覆盖；推行预设场景式风险管控，每周组织风险督查例会，强化风险前置督查和过程管控。

智慧消防管理体系，全面统筹人力、物力、基础管理信息、社会消防力量等消防资源要素，运用先进防控技术和消防大数据，实现消防安全集约化基础管理、精准化监测预警、智慧化应急作战、数字化评估改进，全闭环流程智能运转，提高消防安全管理智能化、集约化、自动化水平，实现传统消防向现代智慧物联消防的转型升级。

智慧消防安全管理平台，按照感知层、网络层、平台层、应用层的物联网的技术架构，建设“一张网”“一个中心”“一个系统”（消防物联网、消防安全管理中心和消防安全综合管理系统），为国家电网系统及其他行业提供智慧消防安全解决方案。智慧消防安全管理平台结构图如图 5－29 所示。

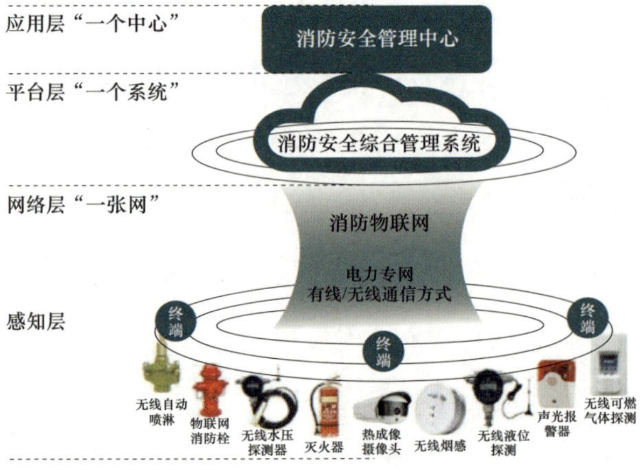

图 5－29　智慧消防安全管理平台结构图

感知层整合基础消防设施设备、自动报警系统、智能灭火系统、视频监控设备等现场采集和监控部件，实时采集并融合多源异构数据，形成物物互联的信息交互整体。网络层建设形成一张消防物联网，应用内外网隔离装置实现内、外网数据的安全交互，打通消防信息孤岛，对接省市级消防应急管理部门物联网平台，实现数据传递、融合、共享。平台层建设形成一个消防安全综合管理系统，融合海量全业务数据，开发消防基础管理、险情监测预警、火情救援处置、消防大数据分析四大子系统，打造一站式消防物联管理平台。应用层建设形成一个消防安全管理中心，集综合管理、运行监控、应急指挥、辅助决策于一体，并开发 Web、App 两大应用终端，全面支撑消防安全管理智慧化运营。

【成效】

强化险情检测预警，增强火灾防控能力。消防安全物联网对全省 1241 个变电站、9 条电缆隧道、117 个办公场所和 106 个通信信息机房的消防设施设备进行统一物联、整合、监控，借助火眼、热成像等国内领先图像探测技术，增设自动报警系统和智能灭火系统，运用三维建模、智能视频监控等手段，实现警情的实时监测、敏锐识别、精准预警，有效增强火灾防控能力。

变革消防安全管理模式，提升消防安全管理效能。消防安全物联网深度融合智慧消防平台和实际消防安全管理工作，形成具备管理、监测、预警、分析一体化的智慧消防体系，变革传统线下单一消防安全管理手段为线上线下融合的新型智慧消防管理模式，解决实际消防管理基础薄弱、监管困难、信息孤岛等痛点，全面提升国网甘肃电力消防管理效率与效能。

挖掘消防大数据价值，提升消防安全决策能力。平台有机融合组织责任网络、设施设备、基础管理信息、工作流程、监督检查等要素，形成消防全维度数据体系。通过海量消防数据价值挖掘，实现超前研判预警、工作成效和维保质量评估，为消防安全管控提供防控管理、监督管理、规划管理等决策辅助服务，提高消防安全决策能力；消防物联网平台形成从监测预警到处置改进的一整套智慧消防管理体系，从源头筑牢安全防线，实现省公司传统消防向现代消防的转型升级，减少消防事故，避免重大经济损失，确保电网安全和公共安全，为甘肃省电力发展保驾护航。

截至 2022 年底，国网甘肃电力所辖 13 个市州公司、超高压公司（原省检修公司）指挥中心整合原消防安全管理中心业务，完成了 117 个办公场所、19 个物资库房、75 个信息通信机房、1235 座变电站、1 条电缆隧道、2 个集体企业宾馆酒店消防设备设施信息接入，实现了对各类生产、经营场所 24 小时监控。

延伸阅读

国网兰州供电公司关于 110 千伏魏坪变电站 163　3 号电容器间隔火警信息调查报告

2022 年 7 月 9 日 17 时 49 分，消防安全物联网系统突然鸣响警笛，省市两级指挥中心消防值班人员监测到物联网系统 110 千伏魏坪变电站电缆室 000058 排烟风机、电容器室 000061 排风机启动，主控室 000213 点型感温火灾探测器、电缆室 000001 点型光电感烟火灾探测器发出“火警”信号，通过自动关联现场视频画面，国网兰州供电公司生产指挥中心和城北监控班值班人员立即对魏坪变电站站内设备进行视频巡视，发现电容器室 163　3 号电容器丙隔离开关 B 相电缆有放电现象。国网兰州供电公司将此次火警确认为真实火情，系统自动进入灭火救援模块，值班人员第一时间通过一键通知功能向城北运维站和相关管理人员告知 110 千伏魏坪变电站发出 10 条火警信息和 10 千伏Ⅱ段母线接地信息，立即对变电站设备进行现场巡视检查，并按要求配合启动预案。同时，通过物联网系统查看了此变电站消防系统整体情况、消防器材布置情况、变电站地理位置，以及最近的消防救援队伍部署及联系电话，待现场核查情况明确后，随时调配消防物资及附近消防资源。运维人员收到通告后随即抵达 110 千伏魏坪变电站现场检查，经巡视确定现场无明火，无烟雾，随即打开主控室、配电室门窗、通风机进行通风。随即运维人员进入电容器室进行设备全面巡视并复归火灾报警信号，19 时 15 分，经巡视确定电容器室烟雾原因为 163　3 号电容器丙隔离开关 B 相电缆放电造成，并向国网兰州供电公司指挥中心上报火警现场核查结果，国网兰州供电公司在系统填写核查情况并上报省公司指挥中心，19 时 34 分，163　3 号电容器热备用转检修。2022 年以来，省、市两级消防管理中心现场协同配合，及时监测处置了发生在变电站、办公楼内未成灾 11 起火情。

在常态管理方面，利用消防安全物联网系统重点抓消防基础管理、巡视检查、维保检测、问题整治、教育培训、应急管理六方面工作。从业务计划、执行两方面督导各单位按要求规范开展相关管理工作，建立了消防常态管理和值班监测工作月通报，季度、半年、全年行文下发，并纳入奖惩考核机制。消防维保、检测方面，按照国家及甘肃省消防相关规定，按照月、季、年不同周期，对设有自动消防设施的各类场所、建筑物、重点部位进行监管。在完成维保检测后，要求各单位将维保、检测报告定期上传至消防物联网系统，并由专人对报告进行审核，确保各单位消防维保、检测业务实施到位。通过消防安全物联网有效提升消防工作水平。

三、新一代应急指挥系统

新一代应急指挥系统是甘肃电网应对突发事件，保障电网正常运行，为安全生产提供应急辅助决策的数字化平台。该平台通过高效整合各专业资源信息，实现现场视频全接入，地图展示全方位，支撑应急业务“抢修状态一张图、应急指挥一条线、可视指挥一张屏”，打造线上应急指挥新生态。新一代应急指挥系统技术架构如图 5－30 所示。

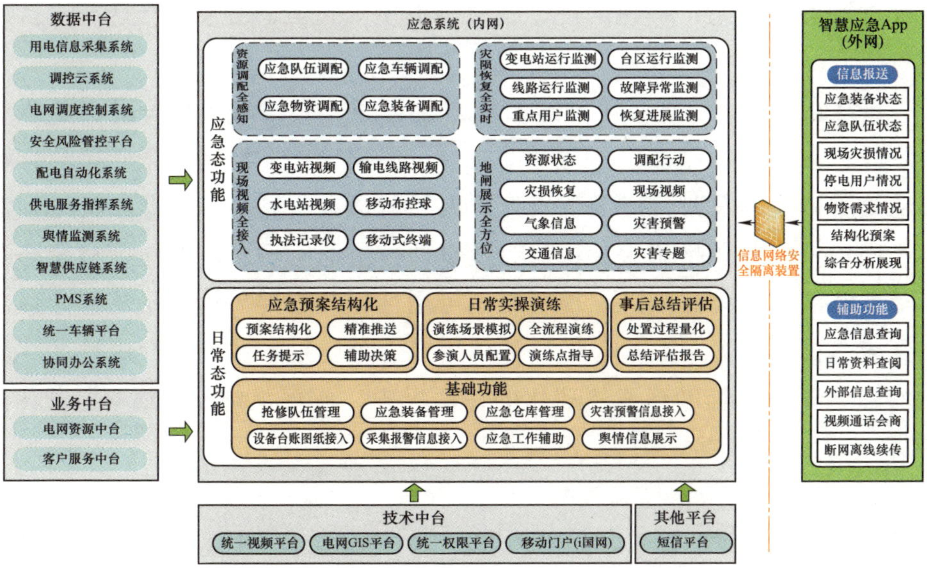

图 5－30　新一代应急指挥系统技术架构

新一代应急指挥系统由内网系统、外网 App 组成。内网系统分为应急态、日常态两大功能架构，外网 App 部署在 i 国网，与内网实现数据互通。应急系统通过中台接入业务系统数据或应用相关服务，支撑应急业务应用。通过各专业实时数据和服务的在线交互，打破层级分隔、专业壁垒的限制，实现应急资源的统一调度、统一协调，有效支撑快速、高效地处置各类突发事件。该系统功能分为应急态、日常态两大板块功能。

应急态功能，通过贯通内外部数据链条，常态化整合政府、社会及企业内部各类资源，实现应急状态全面管制。一是资源调配全感知，实现在预警、应急处置阶段，对应急队伍、抢修车辆、应急发电车、应急物资等应急资源的全景化感知与定位。二是灾损恢复全实时，实现在应急处置阶段，对受损变电站、线路、台区、停电用户的统计列表、地图定位、恢复进展等信息进行实时化动态展示。三是现场视频全接入，实现在日常、预警、应急处置阶段，对各级变电站、输电线路、水电站及演练现场、实际抢修现场实现视频全接入。四是地图展示全方位，实现在日常、预警、应急处置阶段，通过 GIS 一张图对资源状态、调配行动、灾损恢复、现场视频的定向、灵活、便捷展示，叠加外部气象、交通、灾害预警等信息，以及融合内外部信息后的辅助研判建议。根据不同灾害种类、特点，差异化设计地图展示效果，构建地震、覆冰等典型灾害应急处置及重大活动保电场景。

日常态功能，通过应急预案的结构化管理，实现对预警阶段、应急处置阶段应对措施的精准提示与辅助支撑。根据事件发展和场景，自动启动相应处置方案，及时推送至现场处置人员。日常实操演练根据结构化预案中不同场景的应急措施库，构建突发事件模拟演练场景，面向各类参演人员辅助开展应急处置演练，检验系统可用性、数据准确性、措施有效性，提升应急处置能力。事后总结评估应用应急处置过程数据，开展精准、量化的总结评估，辅助形成专业化的评估报告，实现从定性总结向定量评估转变。

【成效】

实现了应急保障管理。开展应急队伍、应急装备、应急物资分布、重点用户信息管理，实现保障阶段资源（应急预案编制、应急队伍、应急装备、应急物资分布、重点用户信息）的合理调配。应急处置，开展应急会商，汇集展示应急事件相关信息，调用应急指挥场景，下达应急处置指令，追踪反馈方案执行情况与恢复重建进度。应急演练，编排年度应急演练计划，特定场景复盘分析，应急演练工作任务下发，应急演练成果评估。

新一代应急指挥系统对应急各阶段的工作开展、落实执行开展全过程管控，实现大面积停电、火灾、气象、地质灾害等应急指挥流程管控、应急预案发布、应急资源调配、应急处置跟踪和应急演练编排，将应急处置管理模式由被动转为主动。推进应急预案结构化、资源调配全感知、灾损恢复全实时、现场视频全接入、地图展示全方位、数据支撑全精准、通信保障全天候、研发应用全参与，支撑智慧应急体系的构建。

延伸阅读

新一代应急指挥系统建设

根据国家电网公司新一代应急指挥系统建设要求，在现有应急指挥系统的基础上，梳理优化各业务数据，全面升级完善桌面应用、全景监控，完善基于i国网的App应用，实现统一指挥、全链感知、精准预测、响应智能、协同高效的应急数字化业务运营新模式。

完成与省气象局气象数据对接工作，实现1千米范围内10分钟刷新的天气实况、未来5天内天气预警气象信息，灾害性天气实现3千米范围内预警（暴雨、暴雪、寒潮、大风、沙尘暴、雷电、道路结冰等）。完成最新版GIS 2.0 系统、调控云、供电服务指挥平台数据接入，在地图上可全景叠加电网、物资、气象、灾损等相关数据，初步完成GIS一张图监控和指挥功能完善，后续在此基础上开展自动预警分析、发布和响应。

整合固定视频、移动布控球、单兵装备等资源，实现现场视频全接入；优化接入物资供应链、物资最后1千米等物资供应系统数据，实现应急资源调配全感知；接入电网业务中台，对接水利厅、地震局以及国网七大预警中心电网灾害综合监测、电科院覆冰、舞动、高温、污秽等业务系统，为应急预警、响应提供数据支撑。

四、基建“e 安全”

国网甘肃电力在全省范围内 35 千伏及以上电压等级基建作业现场全面应用基建“e 安全”，实现了现场作业全过程管控、风险视频值班监控、现场人员实名制管理、减轻作业层工作负担等良好应用效果。为创造基建“e 安全”应用条件，国网甘肃电力成立专门工作机构，对基建“e 安全”应用进行全过程跟踪监督，确保基建“e 安全”推广落实。提升基建现场管理实效，确保基建现场人员、作业、风险等处于可控状态，全包基建安全稳定局面。总结创新基建“e 安全”应用，及时总结工作，建立问题解决机制，推动功能完善和提升，提升基建安全数字化管理实效。

（一）创造基建“e 安全”应用条件

扎实做好基建“e 安全”组织工作，成立专门的工作机构，将全员培训、要求宣贯、逐项目验收、数据校核、信息确认、样板示范等工作落到实处，指定专门人员逐项目跟踪项目管理人员安装和使用基建“e 安全”的情况，指定专人吃透基建“e 安全”功能、指导项目应用并进行监督。

建立以业主项目经理为第一责任人的应用推广组织机构，全面负责应用推广工作，确保基建“e 安全”有人抓、抓到位，分管领导亲自部署、靠前指挥、强化监督，对应用情况纳入日常管理范畴，经常过问、率先使用，正确认识系统在使用过程中出现的问题，确保全面推广应用取得实效。

（二）提升基建现场管理实效

扎实推进基建“e 安全”的全面应用，全部参建人员先入库再进场，全面实施实名制全过程管控，杜绝临时召集队伍随意进场施工；实现移动应用、视频监控在建项目全覆盖，切实对现场人员到岗到位、施工计划安排、作业风险管控做到心中有数，实现人机交互、在线管控、严抓严管，确保每个作业人员、每天作业计划、每项施工风险均处于可控状态，以每个作业点的安全可控确保公司基建安全稳定局面。

实施基建“e 安全”全面应用的考核。安排专人对系统应用情况进行监督管控，确保系统应用到每一个单位、每一个项目、每一个作业点、每一个人员。摄像头布置到所有三级及以上风险。对现场应用情况逐一进行验收、核对，防止遗漏。要严肃处理数据不全、造假的情况，各级“四不两直”检查把基建“e 安全”全面应用情况作为重要内容，对存在问题的情况进行通报。

（三）深化基建“e 安全”应用

抓好基建“e 安全”应用的问题总结。采用基建“e 安全”进行现场管控是基建专业建设电力物联网的重大举措，及时总结工作，做好与国网基建部和项目管控组及时沟通，建立问题解决机制，及时解决应用过程存在问题，总结推广应用的先进经验，培养懂管理、熟业务、精技术的员工队伍，确保关键人员会用、用好。

务实推进基建“e 安全”的创新提升。积极和其他试点省公司沟通，提前了解在应用中存在的难题和解决办法，总结基建管控和基建“e 安全”推进过程中的问题，分析共性问题，推动功能完善和提升，打通数据壁垒，深挖数据价值，实现数据一次采集，强化数据共享，压减基层各类报表，提升数字化管理实效。

延伸阅读

国家建设行业质量最高奖——鲁班奖：张掖 750 千伏变电站工程

作为河西走廊清洁能源外送枢纽变电站，张掖 750 千伏变电站新建工程位于古丝绸之路重镇张掖市甘州区，占地 237.7 亩，建筑面积 1622.7 平方米，如图 5-31 所示。工程于 2018 年 10 月 19 日开工，2019 年 12 月 19 日投运。是国家电网公司、甘肃省委省政府落实国家“一带一路”建设、“双碳”目标和能源安全新战略的重要部署，是服务新时代西部大开发、助力乡村振兴、加快建设幸福美好新甘肃的重点工程，是建设具有中国特色国际领先能源互联网企业的重要体现。工程的投运，不仅为国家西电东送发展思路、促进省间电量互济提供了重要支撑，同时充分发挥甘肃新能源资源优势、区位优势和通道优势，为推进甘肃清洁能源外送、实现新能源健康持续发展谋出路，为打造甘肃能源经济支柱拉引擎，为推动甘肃绿色发展、服务全国“双碳”目标挑大梁。

图 5-31 张掖 750 千伏变电站工程

张掖 750 千伏变电站工程建设程序合法，工程质量优良，工艺精益求精，装饰装修细部精美、工艺考究，新技术全面深化应用，绿色建造，节能环保。2020 年 11 月获得甘肃省“绿色施工竞赛活动”优良工程，2020 年 12 月获得国家电网公司输变电工程金奖，2021 年 4 月获得中国电力优质工程，2021 年 5 月获得电力规划设计协会优秀设计一等奖，2021 年 9 月获得甘肃省优秀工程勘察设计一等奖和 BIM 应用专项奖，2021 年 12 月获得鲁班奖。工程还获得省部级科技进步奖 7 项、实用新型专利 13 项、QC 成果 12 项。

张掖 750 千伏变电站获得鲁班奖，为全省电网建设项目管理、工程质量起到了推动、引领和示范作用。

国家建设行业质量最高奖——鲁班奖：集控智能可视化牵张机

2021 年，国网甘肃电力自主研发的集控智能可视化牵张机获得鲁班奖。该系统综合运用了高精度传感、自组网通信、人工智能等技术，可实现张力放线全过程模拟计算、多设备集中控制、放线过程可视化和关键参数实时采集。如图 5-32 所示。

图 5-32 集控智能可视化牵张机及牵张放线系统

在以往送电线路张力放线施工中，设备操控主要依赖于单人单机、人不离机的操作模式，人力成本大，自动化程度低，工作环境差，还需要在放线区段沿途设置专人通过对讲机向现场指挥人员报告沿途情况，存在需要人力多、信息获取不连续不及时等弊端，不利于科学指挥，对施工效率有着严重影响。

国网甘肃电力经过多年自主探索、研究和工程实践，创新研发出了集控智能可视化牵张放线施工工法，实现了牵张设备集中控制、放线全过程视频监控及后台一体化管控牵张设备。施工人员可利用内置在操作平台上的控制软件操作牵张机动力系统，操作平台通过无线自组网与布设在铁塔上的高清视频设备和高精度传感器互联，从而在关键施工环节对牵引机、张力机、放线滑车、牵引板等重要施工机具的施工风险点开展全过程实时监控。施工人员可以做到眼前有画、心中有数，提升了架空输电线路放线施工的信息化、智能化水平。

该工法通过±800 千伏酒湖、±1100 千伏吉泉和巴西美丽山±800 千伏特高压直流等 10 余项工程的探索和初步应用，取得了在集控领域实现减人 50%以上、智能领域实现提效 20%以上，监控领域实现减人 60%以上的重大突破，为应用人工智能技术实现异常工况早期识别、提前预警和迅速定位处置提供了强有力的技术支撑，为后续科技创新和深化应用奠定了坚实基础。

第四节 电网设备本质安全

一、电网结构性风险治理

根据甘肃电网运行方式，以及检修 $N-1$、$N-2$ 方式安排，确认甘肃电网存在 34 项一般及以上电网事故风险，其中，重大电网事故风险 3 项，较大电网事故风险 9 项，一般电网事故风险 22 项。针对以上风险，2022 年初，国网甘肃电力召开专题会议研究，并从设计规划、电网建设、运行维护等各个方面提出了专业管控措施。

重大电网事故风险。分析确认重大电网事故风险 3 项。随着 330 千伏木钵变电站投入运行，由 330 千伏西峰变电站所供的庆阳地区北部 140 兆瓦负荷转移至木钵变电站，转供陕西的 160 兆瓦负荷转移至陕西电网，庆阳电网用电负荷低于 600 兆瓦，在此方式下将 110 千伏镇远变电站、彭原变电站负荷转移至平凉电网供电，事故情况下损失负荷 200 兆瓦，占庆阳电网总负荷的 50%，330 千伏西峰变电站 110 千伏全停引起的重大电网事故风险降为较大电网事故风险。

较大电网事故风险。确认较大电网事故风险 9 项，通过采取临时供电方式，将 3 项较大电网事故风险降低为一般电网事故风险。一是将 110 千伏宁远堡变电站及市政变电站转至 330 千伏金昌变电站运行，330 千伏东大滩变电站 110 千伏母线分列运行，由 330 千伏双湾变电站双大双回线带 110 千伏乙Ⅱ母及国网金川供电公司开关站 110 千伏甲母、西坡变电站、精密铜变电站 110 千伏Ⅱ母线后，事故损失负荷 180 兆瓦，占金昌负荷的 23%，将 330 千伏东大滩变电站主变压器全停风险等级降为一般电网事故风险。二是将嘉酒电网新一八一玉电网并入玉门变电站供电，转移供电负荷 120 兆瓦，事故损失负荷 140 兆瓦，占酒泉电网总负荷的 23%，330 千伏嘉峪关 110 千伏母线全停风险等级降为一般电网事故风险。三是将 110 千伏泗水变电站由凉州变电站转至古浪变电站运行，330 千伏凉州变电站 110 千伏母线分列运行，通过 330 千伏雷台变电站—武威变电站—发放变电站 1121 发凉线带凉州变电站 110 千伏甲母线运行，转移负荷 150 兆瓦，事故损失负荷 230 兆瓦，占武威地区负荷的

32%，330 千伏凉州变电站 110 千伏母线全停风险等级降为一般电网事故风险。

一般电网事故风险。采用临时运行方式及局部电网结构完善，消除或降低电网风险共计 9 项，具体为情况：一是 330 千伏卧龙川变电站投运后，通过 330 千伏卧龙川—兴隆—和平双回线带兴隆变电站及和平变电站 110 千伏乙母线、1120 和钢Ⅱ线、1117 和开Ⅱ线运行，转供兴隆、榆中、大学城负荷，将 330 千伏和平变电站 110 千伏母线全停风险等级降为六级。二是通过 330 千伏柏林变电站柏林—打柴沟—古浪带古浪变电站 110 千伏一条母线负荷后，将 330 千伏古浪变电站主变压器全停或 110 千伏母线全停风险等级降为六级。三是通过 330 千伏柏林变电站古浪—打柴沟—柏林带柏林变电站 110 千伏一条母线后，事故损失负荷减少 80 兆瓦以下，占比降至 13%，将 330 千伏柏林变电站主变压器全停较大电网事故风险等级降为五级。四是由 330 千伏红柳变电站红瓜双回线带大周变电站 110 千伏一条母线及三星硅负荷，事故损失负荷降至 110 兆瓦，占比降至 18%，将 330 千伏瓜洲变电站风险等级降为五级。五是将新八玉电网并入 330 千伏玉门变电站供电，消除了 330 千伏嘉峪关变电站 110 千伏母线全停风险。六是 330 千伏木钵变电站投运后，陕西负荷转移，将 330 千伏朝阳变电站两台主变压器全停风险等级降为六级；将 110 千伏乐早线、乐长线过载跳闸后一般电网事故风险降低为六级；将 330 千伏丰乐变电站两台主变压器全停风险等级降为六级；消除了 330 千伏西峰变电站两台主变压器停运风险；消除了 110 千伏西马线、西皁双回线过载跳闸一般电网事故风险。七是通过 330 千伏东大滩变电站—宁远堡—金昌供金昌变电站母线，消除了 330 千伏金昌变电站主变压器全停风险。八是通过完善安自装置，消除了 330 千伏多合变电站全停风险。九是随着 330 千伏山丹变电站所供负荷水平随时处于低位，330 千伏山丹变电站 110 千伏母线全停风险自然消除。

二、设备隐患排查治理

坚持源头防范原则，强化电网规划、设计、建设、运行全过程安全管理，从电网设备、结构、技术、管理等方面综合施策，大力实施质量强网战略，努力打造设备优良、结构合理、技术先进、管理科学的本质安全电网，全面强化安全生产基础保障。

全面部署隐患排查。对照国家电网公司问题隐患和制度措施“两个清单”模板，制定省公司“两个清单”并组织输电、变电、配电、直流、水电各专业召开 3 次工作宣贯会，对国网甘肃电力安委会下发的《安全生产专项整治三年行动“三下三上”工作方案》进行宣贯，明确工作目的，捋清工作思路，划分工作责任，落实工作任务。组织各单位主管领导、专责通过 2 次现场会议、4 次视频会议对安全生产专项整治“三年行动”工作重点及任务进行安排部署，成立工作小组，严格落实排查责任，明确任务时间节点，全面开展设备隐患排查，自下而上开展排查梳理，针对发现的隐患分析成因，建立风险管控制度，明确整治方案。对排查出的所有隐患定项目、列资金、定措施，对有条件整治的隐患立查立改、边查边改。为了落实“二下二上”，设备部对前期工作开展 3 轮审查，提出意见，针对重点隐患覆盖不全、问题分析不透、措施针对性不强等情况，补充完善，务必做到问题隐患“在账、在改、在控”。“二下二上”阶段，设备专项累计发现隐患 1106 条，其中设备专业 941 条，配电网专业 49 条，通信专业 116 条。形成“两个清单”26 项，其中问题隐患清单 23 项，制度措施清单 3 项。

强抓隐患集中整治。建立隐患治理反馈机制，按照“日关注、周推进、月通报”的方式，定期组织人员对各单位隐患消除情况进行集中审核、专业审查，做到逐条逐项均有把关，严格对消除时间、佐证材料、运维管控措施等进行审核。加强与发展、安监、建设、调度等相关专业的沟通协调，将安全整治排查工作与专业工作深度融合，根据国网设备部的相关排查要求和排查结果，及时更新“两个清单”的内容，做到排查内容全面、计划制定详细、项目资金明确、运维管控措施到位，确保“二下二上”阶段的整治工作有序开展，为“三下三上”阶段全面总结工作筑牢了基础。“二下二上”阶段，设备专项共计完成整治问题隐患 688 条，纳入长期风险管控 253 条，配电网专业完成整治问题隐患 49 条，通信专业完成整治问题隐患 116 条，整治率达到 100%。

强化督查职能。“三下三上”阶段成立专项督导组，通过隐患大排查大整治继续加强重点设备隐患排查治理，将排查结果纳入“两个清单”一并管控，加强隐患整治闭环管理，定期开展“回头看”，确保排查工作全面、隐患治理彻底、风险防控到位，有力防范设备安全事故发生。将设备专项整治工作与春秋检结合，统筹安排检修计划，按照“综合平衡、一停多用”的原则，合理安排问题隐患整治计划，保质保量消除存量问题隐患。形成“两个清单”整改成果，总结先进经验，转化为制度成果并在后续工作中推广应用。“三年行动”尾声阶段，设备部抽调变电、输电、配电相关专业负责人，深入基层，对三年来的隐患专项治理工作进行成果验收、隐患抽查，对工作中不完善、不规范的具体问题做出指正，进一步落实工作成效。“三下三上”阶段，设备专项累计共发现问题隐患 1206 条，其中设备专业 981 条，配电网专业 49 条，通信专业 176 条。形成“两个清单”34 项，其中问题隐患清单 31 项，制度措施清单 3 项。设备专业已完成整治问题隐患 868 条，纳入长期风险管控 113 条，配电网专业完成整治问题隐患 49 条，通信专业完成整治问题隐患 176 条，整治率达到 100%。

三、变电站标准化整治

为全面落实精益化运维要求，针对部分 110 千伏及以下老旧变电站站容站貌差、基础设施不完善、标志标识不规范等问题，按照“去存量、控增量”的要求，组织开展 110 千伏及以下老旧变电站的标准化整治工作。

明确整治原则（见图 5－33）。因站制宜，根据每座变电站的现场实际勘查情况，制定针对性的整治方案。全面统筹，分批实施，根据公司资金情况，分两年两批次完成集中整治。一牵头、三结合，设备部与地市公司运检部牵头，结合变电站整治制定管理规范，结合驻地运维站建设提升投资效益，结合隐患治理提升设备健康水平，结合变电物联网建设提高信息化水平。按照

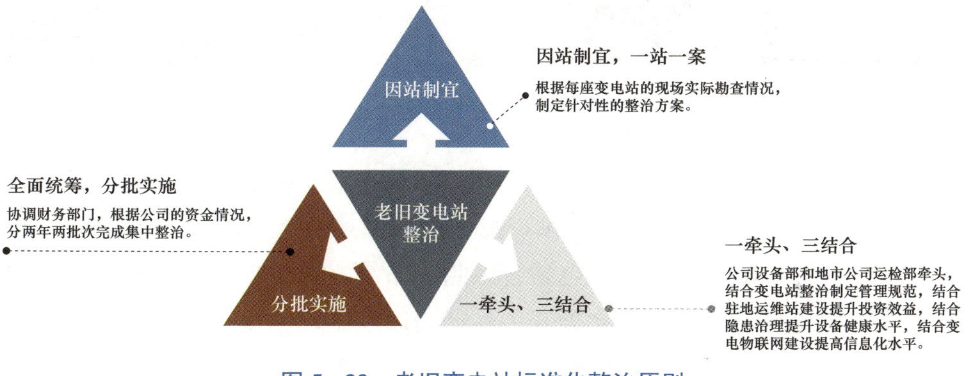

图 5－33 老旧变电站标准化整治原则

治理原则，标准化整治变电站 56 座，其中 750 千伏 3 座、330 千伏 49 座、220 千伏 4 座。全面整治 41 座，局部修缮 15 座，全面整治分为站容站貌整治、基础设施完善、标志标识规范、精益文明生产及创新成果应用五个方面治理内容，局部修缮根据现场勘查情况个性化制定方案。

站区站容站貌整治。对变电站内站区、建构物、给排水及其他设施三大方面问题进行整治。重点开展包括地坪、破旧道路及路缘石、变电站大门及围墙、设备及构支架防腐，建筑物内外墙粉刷、老旧门窗更换等内容的整治。

变电站标准化标识整治。对变电站内老旧、褪色严重的环境标识、设备标识、设备区警示标识、辅助设备标识等标准化标识整体进行更新，更换一、二次设备标牌，更换安全标识、警示标识、室内外地面标识及防火墙标识，规范消防警示、职责制度及证件上墙，安装预埋安全围栏地桩及操作站位标识。

变电站内基础设施提升。新增不锈钢材质防汛沙箱，将破旧的铁皮材质消防器材柜、灭火器箱、消防沙箱或砖砌消防沙池更换为 304 不锈钢材质。对资料室进行环境整治，更换老旧的资料柜、备品备件工具柜及老旧无驱潮装置的绝缘手套（靴子）工器具柜。如图 5－34 所示。

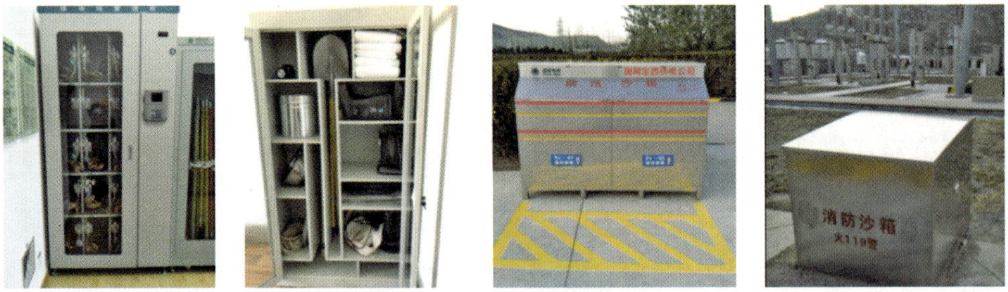

图 5－34　老旧设施替换

升级智能系统。升级运维站智能锁控系统，对变电站二次设备保护屏柜、端子箱、一次设备机构箱、爬梯锁、汇控柜等锁具统一更换为“e 匙通”，采用电脑编码统一管理。升级变电站智慧照明系统，在更换照明灯具及线路的同时，加装智慧照明系统，完善开关移动物联控制，实现开关就地、远程、视频联动控制，为远程监控及辅助监控提供技术基础。

【成效】

2020～2021 年，共投入费用 3.25 亿元，完成 56 座 330（220）千伏及以上老旧变电站标准化整治工作，其中 750 千伏 3 座、330 千伏 49 座、220 千伏 4 座，老旧 330（220）千伏及以上变电站基础设施不完善等问题得到全面解决。

四、通信网络建设

2019 年，国家电网公司修订下发《电力通信网规划设计技术导则》《国家电网公司生产技术改造原则》《35～750 千伏变电站通用设计》等通信建设新标准。国网甘肃电力落实“提高通信建设标准，加快通信网络建设”的要求，通过实施基建配套、租赁、技改项目全面落实新标准，将相关新的规定作为专业检测的重要考评项。

完善光缆网架方面。形成省级骨干传输网双平面多路由的架构，省级骨干通信网逐步建成了河西、河东、南部、北部、陇南及省会为核心的“五环一核”网架结构，形成采用“SDH+OTN”技术架构的 A、B 双平面格局，覆盖省调、14 家地调及 186 座重要变电站。完善省会光缆网架结构，通过实施关键区段光缆改造项目，建设完成省公司本部、新区数据中心、七里河数据中心出局光缆 3 条，初步缓解核心站点出局“卡脖子”情况；实施 330 千伏定东线等 3 条骨干 OPGW 光缆改造 154 千米，补强核心环的光缆网架结构，优化核心站点的通信光缆路由。通过基建配套工程项目，新建 OPGW 光缆 863.2 千米，沿 750 千伏白银变电站等 6 座 750 千伏变电站搭建形成河西地区第三回主干光缆路由，大幅度优化核心环至河西区域光缆网络路由组织，逐步形成区域环网，提高网络生存能力。

提升光纤覆盖率方面。在各类基建配套工程全面执行新建站点光纤接入，甘肃骨干通信网光纤覆盖率、传输网覆盖率长期保持 100%。

增加光缆纤芯数量方面。国网甘肃电力累计参与审查兰临 750 千伏输变电工程等 4 项基建配套工程设计方案，除 π 接等受原有线路条件制约的建设方式外，330 千伏及以上随新建线路架设光缆均要求架设 72 芯光缆。陇南新建办公楼配套通信建设项目、武威通信主站—110 千伏高坝变电站新建出局光缆、庆城 110 千伏输变电工程等项目，按照新规要求，采用 48 芯光缆。

提升通信带宽方面。通过实施光通信系统改造工程，首次建成国网甘肃电力SW－B网，省级骨干通信网核心带宽由40G提升至400G，提升率900%，各市（州）公司级传输网带宽由622M/2.5G/10G统一提升至40G/10G，有效支撑电网生产IP化数据业务及管理业务大带宽传送需求。

提升基础设施建设标准方面。通信机房环境监控系统建设，对23座通信机房加装摄像头，加装门禁、温湿度监视、空调控制系统，通过采集信息数据网上传，实现通信机房环境集中监控。开展通信电源改造建设，完成58个站点电源安全隐患整治，解决通信电源超期服役、故障频发、容量不足等问题。参与审查兰临750千伏输变电工程等4项基建配套工程通信电源设计方案，按照新标准规格配置电源及蓄电池。开展双沟道治理工作，完成24座220千伏及以上站点的光缆进站路由双沟道改造，解决整个站点所有业务或同一条线路两套光纤主保护的通道同时中断的安全隐患。对51座老旧通信机房进行机房装修，开展通信机房密闭、隔热、机柜散热、底部走线孔封堵、机房环境设施可靠性等达标治理工作。

【成效】

全面提升骨干传输网带宽及覆盖。省级骨干传输网带宽提升10～40倍，各市州公司传输网带宽提升4～46倍，35、110千伏站光纤覆盖率100%。实现数据通信网万兆到市，千兆到县，百兆到乡、所、站，传输网带宽最高提升50倍。

提升业务支撑保障服务水平。完善全省二级时钟，优化定时链路，三、四级网管集中，实现集约化管理，优化调度交换系统，提升保障水平，全省乡镇供电所会议系统100%覆盖。

延伸阅读

打造“五小”职工小家和“高原氧吧”国家电网公司级服务职工品牌

“五小”职工小家建设典型经验于2019年在国家电网公司“两会”作专题发言，并在国家电网系统全面推广；“高原氧吧”建设经验于2022年在国家电网系统全面推广，连续打造了两项在国家电网系统拿得出、叫得响的为职工办实事金色名片，并在此过程中实践形成了“大胆探索、创新为先，主动作为、先行先试，同心同脉、精诚协作”二十四字为职工办实事服务纲领。

“五小”职工小家创建之前，国网甘肃电力工会深入所辖乡镇供电所开展广泛调研，大部分乡镇供电所地处偏远，基础设施落后，生产生活条件较差，存在办公与生活用房混用、无食堂、无文体活动场所、无洗浴房、无水冲厕所等实际情况，职工基本权益得不到维护，工作热情不高，管理质效较低，偏远乡镇供电所新进职工离职率达34%以上。针对这一现状，抓住职工最关心最直接最现实的利益问题，结合实际提出乡镇供电所“五小”职工小家创建的最初设想。“五小”本着“以人为本”的原则，以职工最基本的生产生活需要为出发点，统一标准，统一配置，从生活用具到文化展板，从起居用品到娱乐设施，职工小家的功能应有尽有，从根本上改善办公生活环境问题，解除一线职工衣食住行的后顾之忧，以温馨舒适的工作环境营造良好的工作氛围，促进乡镇供电所发展。

经过广泛征求意见、反复考察论证之后，首先选择位于少数民族地区、乡镇供电所问题尤为突出的国网临夏供电公司先行先试，先后成本投入2600万元，工会投入120万元，分三批对需要改善的58个乡镇供电所全面开展“五小”职工小家创建。创建的两年时间里，国网临夏供电公司各乡镇供电所生产生活条件明显改善，职工精神面貌焕然一新，“五小”职工小家作用效果充分体现。在国网临夏供电公司试点建设的成功经验下，国网甘肃电力工会结合一线职工的诉求和“五小”职工小家建设反馈，制定出台《国网甘肃电力“五小”职工小家建设指导性意见》，明确了职工小家建设标准，提出$3+N$的建设要求，首度将“五小”职工小家建设和工作效能融合。

甘南地区高寒缺氧，高海拔对人体心、脑及中枢神经有着直接影响，面对国网甘南供电公司患高原性疾病的职工人数逐年增加的这一严峻的现实情况及留人、育人的迫切需要，以“五小”职工小家建设经验为蓝本，选择地处高海拔地区供电所开展“高原氧吧”建设工作研究，并率先在海拔3800米的碌曲郎木寺供电所试点建成集健身、读书、娱乐、吸氧、培训、休闲等多项功能为一体的“高原氧吧”，丰富了职工文化生活，有效改善职工工作和生活条件，切实维护职工健康劳动权益，降低环境伤害因素，减少高原性疾病几率，提升职工身体素质。

13个市州所属861个乡镇供电所全面推广“五小”职工小家建设，是国网甘肃电力首次最大规模开展的为职工办实事的工作实践，覆盖职工近万人。各单位开展“五小”职工小家创建活动，把以职工为本的理念贯穿到企业经营发展的各环节，把动员职工建功立业与职工维权服务有机结合起来，把企业发展与个人成长进步有机结合起来，以家园文化促进现代企业文化，以班组建设促进团队协作，以职工创新创造推动企业创优创效，寻找到了凝心聚力促发展的最佳结合点、交汇点。

国网兰州供电公司老旧设备改造

国网兰州供电公司落实设备隐患治理重点工作安排，加大投入推进了老旧设备改造实施。

推进老旧设备改造。推进海石湾变电站220千伏一次设备改造，兴隆变电站等3座变电站消弧线圈自动补偿装置建设。重点完成330千伏和平变电站1号主变压器改造，炳灵变电站220千伏一次设备改造，110千伏东桃一线等8条线路高频保护改造及57套老旧保护更换，提高一、二次设备健康水平。

加快老旧设备更换项目储备。对储备运行超20年一次设备、非“六统一”保护装置进行改造。积极开展变电站整站改造勘查，在“十四五”期间完成新庄、兰州西2座变电站全站非“六统一”设备改造。重视厂站端调度数据网、电量采集装置、北斗对时系统等自动化项目储备。开展网络安全设备更换，完善网络安全体系，巩固网络安全防线。

开展“二上二下”遗留隐患治理。加强隐患治理的业务指导和隐患治理全过程管控，持续推动安全生产专项整治三年行动工作，落实整改措施，按计划完成隐患治理，滚动修编问题隐患清单，完善隐患治理措施。全面排查拆除遗留无业务阻波器，治理先锋变电站3516先建线、0号站用变压器开关柜防倾倒隐患，更换光辉变电站主变压器中压侧电子式互感器。

完成二次设备隐患治理。继续开展保护专业专项检查，完成调度、班组、装置定值一致性核查完善，加快遗留缺陷消除。开展继电保护新发现17项家族性缺陷整改，治理智能站SCD配置文件27项一般问题，提高智能变电站二次设备运行可靠性。开展D5000未实传断路器远方遥控预置验证，完成大坪开关站大铝一线等170台开关远方遥控预置，断路器100%具备远方遥控条件。

解决电网运行隐患。开展工厂化检修，完成上川110千伏GIS设备Ⅲ－Ⅳ母203只盆式绝缘子更换。完成188台220千伏及以上断路器三相不一致时间继电器更换，避免发生三相不一致时间继电器故障导致的保护不正确动作事件。开展开关柜隐患排查治理工作，重点排查治理开关柜泄压通道、手车倾覆/跌落及配套设备设施等方面风险隐患。

第五节 基层基础提升

一、生产班组建设

（一）全业务核心班组建设

2021年，国家电网公司印发《国家电网公司关于加强设备运检全业务核心班组建设的指导意见》（国家电网设备〔2021〕554号），国网甘肃电力从自身实际出发，深入落实指导意见，组建专项组织机构，明确专业责任，推动设备运检全业务核心班组建设。

按照“一坚持”（坚持以人为本）、“两手抓”（抓能力提升、抓业务拓展）、“三步走”（2021年试点实施、2022年全面推广、2023～2025年完善提升）、“四保障”（组织保障、安全保障、人资保障、技术保障）的总体思路，聚焦主责主业，围绕班组业务能力提升和高素质技能人才队伍建设，提升各类运检班组全业务自主实施能力，确保班组核心业务“自己干”“干得精”，常规业务和其他业务“干得了”“管得住”。2021年，国网甘肃电力编制设备运检全业务核心班组实施方案，全面启动设备运检全业务核心班组试点建设。

建机制，回归初心强化核心班组建设。专项安排生产班组建设工作，制定下发实施方案，成立以董事长为组长，人资、财务等部门配合的组织机构，下发实施方案，统筹推进各项重点任务。

重过程，实干为要确保班组建设实效。解惑答疑查摆问题，省市各级管理人员下基层、进班组，开展全省范围内的调研工作，与工区负责人、班组长及一线工作人员进行座谈，征集问题 199 条。督导开展自评自测，制定评价标准，下发《国网甘肃电力设备管理部关于开展 2022 年运检班组建设年中督导的通知》（设备〔2022〕32 号），各地市公司自行开展自评估，并由省公司组织实地督导验证，切实确保建设的真实性和有效性。充分利用周早会、月度会等，对各单位的建设推进情况进行通报督导，有效推进建设进度。

促提升，稳中求进推动项目自主实施。明确自主实施目标，以提升能力为导向，确定 2022 年自主实施项目覆盖业务类型达到 45%以上、数量比例达到 10%以上，有序扩大试点效应，逐年提升实施比例。重点加强装备配置，在零购资金安排时给予倾斜，2022 年实现输电装备配置率 80%，变电装备配置率 60%。明确绩效奖励机制，制定奖励标准，按照自主实施项目最终结算金额的 10%，核定工资总额专项奖励。按照《国网甘肃电力安全奖惩实施办法》，核定安全专项奖励，实行“一项目一奖励”。

畅通道，增强信心提升工作积极性。打通职级、专家通道，自 2021 年以来，共聘任班组人员 45 人，其中四级职员 1 人、五级职员 23 人、三级专家 4 人、四级专家 10 人、五级专家 7 人。充分利用实训基地，分层次、抓重点开展继电保护、事故仿真等核心业务培训；派员赴中电普瑞、山东电工、烟台东方电子跟班学习；结合主变压器技术符合性评估，以专家团队带新人的方式，开展变压器结构设计、生产制造等技能的全方位培训；充分发挥甘肃超高压公司带电作业中心核心力量，开展全省范围内的带电轮回培训和地市公司现场跟班培训；开展专项技能比武。举办“人人过关大练兵”变电运维技术比武，聚焦倒闸操作、设备巡视、带电检测等运维专业核心业务，以赛促培取得良好成效。

强保障，多措并举改善生产班组环境。工会、设备、后勤等部门针对生产班组生产生活、后勤保障等开展专业调研，统筹分析，组织制定生产班组三年提升计划。开展一线班组站容站貌、生产作业工器具库房标准化建设，为全业务核心班组建设提供有力的基础保障。

【成效】

2022 年，通过以工代培、联合巡检作业等方式，提升班组人员核心业务技能，330 千伏及以下变压器、750 千伏及以下断路器等主设备的更换和交接试验等业务已全面自主开展。全年共投资 6343 万元，增配工器具、装备 516 台（套），落实自主实施激励机制，兑现 6 家单位 18 个项目 21.7 万元安全专项奖励。截至 2022 年底，国网甘肃电力全业务核心班组累计建成 230 个，占比 45.63%，优秀班组 27 个。自主实施技改大修项目 125 项，占项目总量 20.46%。计划在 2025 年，设备运检全业务核心班组覆盖率达到 100%，技改大修自主实施项目覆盖设备检修业务类型达到 85%以上、数量比例达到 25%以上，建成“作业自主、安全可控、技能过硬、创新高效”的设备运检全业务核心班组。

（二）班组建设三年提升行动

为进一步夯实一线班组管理基础，彻底解决一线班组存在的管理基础薄弱、制度流程走样、安全基础不牢、工作生活不便等问题，2022 年 11 月，国网甘肃电力正式启动了班组建设三年提升行动，明确了班组建设三年提升行动目标：到“十四五”末，实现班组基础管理全部达标，80%以上的班组达到良好层级，40%以上的班组达到优秀层级；优秀班组业务承载能力和关键业绩指标达到国家电网中上水平，示范引领作用凸显。全面实现班组管理标准化、规范化、精细化，促进公司班组基础和管理水平再上新台阶。

提高思想认识，坚决落实公司党委决策部署。加强领导、统筹推进。统筹班组建设工作，优化完善组织机构，配足配强人员力量，定期听取工作汇报；各级主要负责人牵头挂帅、亲自抓、亲自管，分管领导和牵头部门加强统筹协调，凝聚工作合力。分级负责、靠实责任。按照各层级工作目标分层分级开展工作，各级专业部门深度参与班组建设；各单位结合省公司方案细化本单位落实措施，从严从细开展自查整改、现场评价、督查指导工作，确保班组建设取得实效。实事求是、稳步推进。班组建设评价范围选取、评价要素设置、评价依据选择以国家电网公司和国网甘肃电力对各类专业班组管理要求作为标准，客观考虑公司班组管理现状，分阶段、台阶式提高硬件设施和管理规范标准及重点评价指标要求，循序渐进，逐步实现预定目标。强化激励、全面调动。将班组建设三年提升行动与各级领导班子年度绩效挂钩，对工作开展扎实、成效突出、具有引领作用的团队及时给予表彰奖励；把班组建设工作成效与班组月度绩效考核挂钩，充分调动各级组织和员工的积极性。

夯实基层基础，筑牢公司高质量发展根基。优化机构和人员配置。对照班组设置标准和专业发展要求，统筹开展组织机构优化、专业职责调整、人员充实调配等工作，实事求是、因地制宜优化班组设置和人员配置，保证一线人员力量。配齐补强班组软硬件设施。结合公司和电网发展，坚持工作需要和生活必需的原则，改善班组生产生活条件和装备设施配置，配齐配足安全工器具、作业工器具、仪器仪表和备品备件；及时储备项目，倾斜资金投入予以优先解决。推进班组数字化建设。运用智能化、数字化手段为班组建设赋能赋智，推动数字化、智能化技术与班组业务深度融合，系统协同推进班组数字化转型，强化班组业务协同和数据共享；以员工数智化能力培育为重点，深化数智化产品和服务应用，提高全员数智化素养，构建高效工作机制和业务流程。切实减轻班组负担。规范班组专业基础资料，推行资料数字化管理，减少纸质记录。各专业出台班组记录资料清单，任何机构、人员不得自行增加记录资料种类；持续提升装备水平、深化数据中台应用、强化业务集约管控，使一线员工能够轻装上阵，集中精力抓好主责主业。

完善工作机制，有序推进班组建设走深走实。动态优化评价标准。班组建设工作过程中注重开展调查研究，广泛征求基层单位的意见建议，切实改进工作方式；紧跟专业要求和电网发展新形势，按照立足当下、适度超前的原则，滚动修订班组建设评价标准，提高班组建设工作的针对性和有效性。加强日常工作督导。定期开展督导检查，确保工作范围内班组全覆盖；不定期开展督导，协调解决班组建设过程中的各类问题；将班组建设工作融入日常，研究解决各级督导发现的管理问题，固化形成有效的工作机制和管理实践，确保班组建设工作实效。建立定期协调机制。定期组织召开工作例会，增进工作交流，加强工作协同，及时掌握班组建设工作动态和进度；建立问题闭环管理机制，及时将检查发现问题纳入四级“问题库”统一管理，做好举一反三、自查整改。强化标杆示范带动。及时总结提炼各单位班组建设的工作亮点和典型经验，在全公司推广应用，形成相互借鉴、相互学习、以点带面、比学赶超的工作氛围；组织开展质量信得过班组和星级现场创建，分专业打造标杆示范班组，发挥引领带动作用。

注重人才培养，打造高素质一线人才队伍。增强员工使命感、责任感。

坚持思想引领、示范带动和人文关怀，深化“感恩、忠诚、争先”主题文化实践，注重在班组选树培育先进典型，加强劳模、工匠的培养，不断增强班组的凝聚力、向心力和班组员工的团队意识，凝聚员工精神力量。抓好班组长队伍建设。重视班组长队伍建设，健全选用机制，加强梯队建设，优化队伍结构，打造懂技术、会管理、勇担当、善作为、作风优的班组长队伍。统筹提升班组全员素质。统筹培训资源，分级分类开展班组培训，通过个人自学、岗位练兵、导师带徒、创新创效等方式，不断提高班组职工技术技能水平，打造一专多能的复合型人才。拓宽职工成长成才渠道。完善领导职务、职员职级、专家人才三条通道并行互通、员工多元发展的职业发展路径，在职务职级晋升、各级管理人员选拔、专家人才选聘中向优秀班组长等骨干人才倾斜，引导各类班组员工立足岗位成长成才。

做优主责主业，不断提升班组核心能力。提升班组核心业务实施能力，推动班组由作业执行单元向价值创造单元转变。提升安全生产管控能力。有效落实班组安全生产岗位职责，坚决执行“四个管住”工作要求，持续推行现场标准化作业，充分运用信息化、智能化手段进一步规范工器具和设备设施的使用、维护和管理，提升作业现场安全管控水平，争创更多零违章班组。提升运检业务自主实施能力。全面分析核心业务内容和能力要求，对照核心班组建设标准，逐步扩大自主实施比例，规范外包业务管控，稳步实现核心业务能力回归班组，做到班组全业务干得好、外包业务管得住，培育班组核心竞争力，提升设备管控水平。提升供电服务能力。实施配电网巩固提升工程，优化配电网结构，满足日益增长的供电需求；加大不停电作业力度，深化配电自动化应用，提升城乡供电可靠率；优化改进客户服务方式方法，贴近基层、贴近一线、贴近市场，及时响应客户合理诉求，提升服务便捷性和满意度。

强化党建引领，凝聚班组建设工作合力。发挥党建独特优势。深入实施“旗帜领航”党建工程，坚持大抓基层的鲜明导向，持续强基固本、铸魂聚力，构筑坚强的战斗堡垒；深化“三队一区一岗”创建和“党建+”工程，不断丰富党建活动载体和内容，着力推动党建工作与生产经营深度融合。加强干部作风建设。各级党组织利用班组建设三年提升行动锻炼和培养人才，抓党员干部队伍能力建设，抓员工队伍的执行力建设，提升党员干部发现问题、解决问题、整改落实的能力，为全员参与班组建设树立先锋模范。着力培育优秀班组文化。实施“文化铸魂、文化赋能、文化融入”行动，促进企业文化在基层班组落地生根；开展“长征精神　电力传承”红色文化深植工程，赓续红色血脉，培育优秀班组文化，将文化内涵内化于心、外化于行，最大程度调动每一个员工的主观能动性；大力弘扬先锋模范事迹，鼓励支持班组员工扎根一线、立足岗位、建功立业。

二、县所达标创优

国网甘肃电力全面开展县公司和供电所达标创优评价工作，夯实管理基础、落实管理要求、规范管理流程、防范管理风险，实现各县公司、供电所标准化管理的目的。

（一）县所达标创优

2018 年，针对县公司和供电所管理水平差距大、基础设施欠账多、专业管理深度不够、员工队伍素质不高、依法治企意识欠缺等问题，决定在全省县公司和供电所全面开展达标创优工作，集中力量解决基础管理中存在的突出问题，督促县公司和供电所走上快速良性发展的轨道。

成立达标创优工作领导小组，抽调系统内骨干组建专门工作机构，市州公司成立相应组织机构，统筹推进达标创优工作。制定工作方案、评价标准和工作手册，全面涵盖县公司供电所各专业。建立常态督导检查和现场抽查评价机制，实现“整改一类问题，建立一套机制，提升一项管理”。构建县所主要经济技术指标对标评价体系，从基础、质量、效率、效益四个维度按月发布对标结果。2021 年，围绕达标创优工作总体安排，靠实工作责任，强化工作协同，狠抓问题治理，各项工作扎实推进，主要指标持续提升，实现达标创优工作阶段性目标。

县所发展基础不断夯实。坚持以人为本，持续投入，保证县所员工获得感和幸福感进一步提升。薪酬、福利增量连续几年向县所员工倾斜，多方筹资补缴社保欠费、补建补充医疗和年金，员工待遇不断提高。三项制度改革纵深推进，等级制和工作积分制全面实施，岗位技能评价全覆盖开展，队伍素质整体提升。供电所工作和生活条件全面改善，安全保障、优质服务能力大幅提升。实施长效帮扶提升工作，补短板、强弱项效果明显。县所发展基础不断稳固，发展潜力不断增强。

县所关键指标取得新突破。坚持对标先进，改善服务，保证了县公司和供电所主要业绩指标大幅提升。配电线路故障次数下降58.4%，合格台区占比达到97.04%，台区线损率下降至3.26%，2018～2021年减少损失电量4.24亿千瓦时；采集成功率、线上办电率、线上交费比例等指标大幅上升，低压用户智能交费实现100%全覆盖；平均复电时长、故障报修工单数量进一步压减，全业务投诉数量较2018年下降96.52%。

县所贡献度不断增加。坚持服务大局，改进管理，全面保证县公司和供电所的贡献度不断增长。10千伏配电线路长度增长11.25%，架空线路绝缘化率增加13.66%，配电变压器数量增长19.85%，城乡配电网供电可靠率和综合电压合格率大幅提高，低电压、卡脖子、重过载等突出问题有效缓解，人身伤害风险大幅降低。县公司售电量连年增长，线损逐年下降，服务能力不断提升，客户满意度连续上升，县所的政治责任和社会责任得到进一步彰显。

（二）达标创优巩固提升

总结经验、研判形式，以更实基础管理、更严专业标准、更细管控措施、更优工作团队、更高业绩指标、更好环境设施为目标，2022～2024年，县公司和供电所达标创优工作在巩固第一轮、第二轮工作成果的基础上，全面落实省公司、市州公司、县公司和供电所的层级责任，通过主要经济技术指标对标评价，全面追赶国家电网先进县公司和供电所建设，实现县所管理水平和效益效率再上新台阶。

提高思想认识，完善巩固提升工作机制。加强领导，统筹部署。主要负责人统筹安排，切实履行好管理责任和监督责任，分管领导亲自布置、亲自督导、亲自检查。落实责任、增强合力。巩固提升工程从组织体系建设、工作部署落实、现场评价督导、评价结果应用、专业工作指导五个方面对市州公司进行评价，按照三个阶段从严、从实、从细做好工作实施、指导、检查。强化激励、全面调动。将达标创优巩固提升工程与各级班子年度绩效评价全面挂钩，督导评价市州公司对县所全覆盖评价效果，以正面激励为主，对工作努力、效果明显的团队及时给予表彰奖励。细化措施、分层推进。按照省、市、县分层级全面开展工作，突出核心业务的管控和基础管理的提升，突出业务流程的固化执行和长效工作机制的全面建立。

持续强基固本，全面夯实县所基层基础。持续提升配电网保障能力。加大资金投入，实施配电网改造升级工程，完善配电网结构。满足日益增长的供电需求。深入开展设备隐患排查和配电网线路故障治理，提高配电网安全水平。深入推进营配数据治理，进一步提升精益化管理水平。持续推进数字化县公司、供电所建设。逐年完成巩固提升目标，加快供电所业务应用系统整合和数据整治，持续提升供电所信息化水平。推动配电网数字化转型，提高配电自动化实用化水平，全面提升供电服务保障能力。精准投资完善县所软硬件建设。坚持工作开展和生活必需的原则，补充更新供电所的软硬件建设；充分重视设备设施的使用效率，提高投资的精准度。持续减轻基层员工负担。各级管理人员要切实增强服务意识，转变工作作风，提高数据共享程度，持续压减供电所纸质资料。

坚持以人为本，不断提升县所员工队伍素质。进一步加强县公司和供电所员工队伍的体系化、规范化管理。建立完善激励机制。结合供电所、营业厅优化整合工作优化人员配置，坚持岗位竞聘原则盘活人力资源，完成人岗匹配。不断优化完善“责任承包+工作积分制”考核，突出简单、实用和可操作性，切实做到多劳多得。增强员工使命感、责任感。加强员工队伍思想教育，重视激发员工内生动力，引导员工服务于乡村振兴、服务于公司高质量发展，不断畅通县所员工成长通道，不断发挥岗位业绩的激励导向作用。加强培训教育。根据供电所业务形式变化，突出实际实用，动态优化供电所人员应知应会达标测评内容，保障供电所员工素质满足业务不断发展的要求。

强化党建引领，推进巩固提升工程走深走实。发挥党建独特优势。精准实施“党建+”工程，推进党建与巩固提升工程深度融合，将党内制度规定、国家电网公司党组及公司党委党建工作要求纳入巩固提升评价标准。持续加强基层党组织和共产党员服务队建设，深化党员工作成效量化评价，充分发挥党组织战斗堡垒作用和党员先锋模范作用。注重标杆选树。结合当地实际情况全面落实巩固提升工程，坚持“抓两头、带中间、树标杆、做示范”，加快提升落后县所，先进的县所在绿电、节能、服务等方面提水平、上台阶，达到国网领先水平，起到示范引领作用。

【成效】

2018～2021年，国网甘肃电力分别建成五星级、四星级供电所31个、217个，其余供电所全部达到三星级标准；13个城区分公司、80个县公司、528个供电所通过两轮评价全部实现达标。3家县公司获评国家电网公司先进集体，4个县公司党组织获评国家电网公司电网先锋党支部，13家县公司和47个供电所获评国网甘肃电力先进县公司、供电所。

2022年，国网甘肃电力建成五星级标准供电所40个、四星级标准供电所296个；80%的县所通过巩固成果阶段评价，20%的县所进入提升管理阶段；同时完成数字化供电所试点工作。

延伸阅读

达标创优三年行动让基层供电服务更优质

国网甘肃电力以落实国家电网公司乡镇供电所管理提升各项工作任务为有力抓手，实施为期三年的县公司和供电所达标创优行动，切实推动乡镇供电所五大突出问题整改，全面夯实供电所管理和服务能力，全面推进县公司和供电所达标创优工作机制。

通过达标创优工作，促进城乡供电服务均等化，在农业生产、乡村产业、农村生活等领域建成22个示范工程，发挥示范引领作用，促进乡村生产生活条件改善、农业增效、农民增收。

通过2018～2021年的三年达标创优工作，全省13个城区分公司、80个县公司、528个供电所全部实现达标。县所发展根基不断夯实，关键业绩指标大幅提升，配电线路故障次数下降58.4%，2021年全业务投诉数量较2018年下降96.52%，县所其他各项指标同比均提升明显，长效机制逐步形成。基础设施彻底改善，累计新建供电所124个，解决96个供电所无房、危房问题，配置供电所生产服务用车1104辆，配置智能计量周转柜1144台。基本实现了基础管理统一规范、供电设施安全可靠、服务水平优质高效、人员素质提升有效、运营指标持续向好、党建引领全面体现、环境设施改善明显的阶段性要求。

国网张掖供电公司始终坚持“抓基础、促规范”工作作风，重点突出管理水平提升，探索形成了达标创优“146”工作方法。通过“146”工作方法，有效帮助和指导各县公司和供电所建立健全了达标创优工作机制，充实了各专业管理规章制度，促进各专业融合衔接，不断提高基层员工工作动能和积极性，收到了卓有成效的建设成果。

国网平凉供电公司结合供电所管理现状，审时度势，以基层供电所合并工作为抓手，通过深入调研确立工作方向、结合实际修订整合方案、建立配套保障保驾护航等措施，将所辖原来的88个供电所合并至50个，供电所数量下降38个，合并后成效显著，有效解决了个别供电所结构性缺员和偏远所人员配置率低的问题，压缩管理成本，实现队伍稳定，各项工作高效运转，生产经营指标显著提升，员工行为日趋规范，管理基础进一步夯实。

达标创优工作是一项打基础利长远的工作，国网甘肃电力总结三年来达标创优工作经验、研判当前客观形势，决定再利用三年时间，实现县公司和供电所管理再上新台阶。计划到“十四五”末，完成县公司和供电所全覆盖督导评价；建成五星级标准供电所50个、四星级标准供电所325个；全面建成全能型供电所，供电所业务管理一体化平台全面覆盖并应用，基本建成数字化供电所；争取70%的县所管理和主要经济技术指标达到国家电网中等水平，有10家县区公司和50个供电所达到国家电网先进水平。

三、长效帮扶行动

2020年，国网甘肃电力经过全面分析研判面临的形势任务，认真总结过去的帮扶得失，审慎思考现实的问题所在，决定利用三到五年时间，开展对国网临夏、甘南、陇南供电公司三家单位的帮扶提升，着力解决发展不平衡、不充分问题，补齐短板，实现管理水平全面提升和均衡高质量发展。

基层基础不断夯实。基础设施明显改善。积极筹措资金，多方争取项目，集中力量开展整治，实施完成深度贫困县脱贫攻坚电网工程等一大批重点项目，快速提升三家单位电网本质安全水平。通过供电所布点优化，困扰基层边远一线的就餐、住宿、卫生设施等问题全面得到解决，切实改善生产生活条件，供电所基础设施达到先进水平。关键业绩指标大幅提升。三家单位和所属县所各项指标稳步改善，个别指标全省排名靠前；对标排名有所提升，国网临夏、甘南供电公司进入 A 段指标明显增加。问题整改切实有效。建立问题库动态管理机制，深入开展问题诊断，深挖问题根源，国网甘肃电力层面入库问题 3277 项、整改 2977 项，三家单位入库问题 1308 项、整改 931 项，三家单位安全生产、电费回收、线损管理等多项指标都有明显提升，各类投诉大幅下降。管理能力显著提高。采取外部、内部两项措施，结对帮扶、分专业分层次联合帮扶机制有效发挥，通过互派人员挂职培训、跟班学习、管理经验交流共享，有效规范管理流程、工作行为。结合三家单位实际情况动态调整帮扶重点，通过反复检查督导、强化执行，专业工作要求在各层级得到全面落实，专业管理的穿透力不断延伸。经重点帮扶，国网陇南供电公司的电费管理达到先进水平，线上缴费率达到了 99.97%，付费贡献率达到了 111.65%，树立了新标杆。县所全部通过达标评价。在国网甘肃电力的严格督导和帮扶单位倾力帮助下，基层县所的效率效益意识不断增强，管理粗放的局面逐渐改变。三家单位的第二轮县所现场评价全部顺利通过。

内生动力有效激发。着力培育干部员工的发奋图强精神和主动求变意识，员工精神面貌迅速转变，工作积极性和干事创业劲头大幅增强。思想观念明显转变。在供电所强推“责任承包+工作积分制”考核，重业绩、强激励、比贡献、硬约束，真正实现多劳多得，员工干劲明显提升；结合三项制度改革，全面推行岗位竞聘制，开展供电所所长竞聘上岗，打破身份界限，提高员工争先创优的主动意识；紧跟改革发展步伐，加强员工思想教育，增强奋力争先的信心和决心，激发跨步赶超的内生动力。员工素质快速提升。深入开展优秀年轻干部成长计划和青年员工成长成才工程，坚持递进式培养，储备高质量发展人才，组织开展岗位素质提升攻坚行动，全面开展应知应会达标测评，解决技术技能人员流失率高，人员整体流失严重等问题，严格落实特殊文化员工“三年素质提升”专项活动，因地制宜开展特殊员工培训，全方位提升员工综合素质；通过能力评价和竞争上岗，促使员工主动提升个人素质和业务技能，形成比学赶超的良好氛围。内部帮扶效果显著。三家单位针对各自管辖的县公司和供电所管理不平衡的实际，打造标杆县公司和供电所，起到了示范引领作用；固化帮扶经验，积极主动做实内部结对帮扶；持续推进“师带徒、双提升”工作，采取“一对一”“一对多”等多种模式，以点带面，充分发挥传、帮、带作用；强化奖惩考核，规范建立长效机制，学习管理经验，完善工作流程，固化养成行为习惯，全面提升整体管理水平。

党建引领作用凸显。在帮扶工作中紧盯“价值党建、精益党建、智慧党建”工作目标，深入推进县公司和供电所党组织标准化建设。持续开展理想信念教育。党员干部在增强“四个意识”、坚定“四个自信”、做到“两个维护”和坚决贯彻党中央决策部署上认识更加深刻、行动更加自觉，为长效帮扶工作开展奠定基础。开展支部共建引领提升。坚持围绕中心抓党建，帮扶与被帮扶单位开展支部结对共建，签订共建协议，明确共建目标，学习借鉴帮扶单位基层党建工作经验，着力提升三家单位基层党支部标准化、规范化工作水平。

延伸阅读

基层长效帮扶之国网陇南供电公司篇

2020 年 5 月，国网甘肃电力党委审时度势，为解决地市公司之间发展不平衡问题，组织开展国网临夏、甘南、陇南供电公司三家单位长效帮扶提升工作，全面有序开展帮扶提升工作。

抢抓帮扶机遇，推动战略部署落地。帮扶工作启动会上，国网陇南供电公司加强顶层设计，统一思想认识，就帮扶目标任务、推动工作落实进行部署落实。按照“注重三个结合，把握三个坚持，突出三个重点，建立五项机制，实现五个提升”整体工作思路，抢抓机遇，攻坚克难，奋力开创国网陇南供电公司跨越式提升和高质量发展新局面。

实施结对帮扶，促进基础管理提升。国网平凉、天水、庆阳供电公司等帮扶单位，采用“线上+线下”方式，开展县公司和供电所“点菜式”“靶向式”培训，累计培训 1000 余次，采集成功率、台区线损达标率等指标得到大幅提升，综合线损率 3.98%，较 2019 年下降 2.87%，营销稽查和反窃查违挽回损失 1200 余万元。县公司和供电所业务流程操作、系统数据整治、技能技术水平得到大幅提升，专业管理逐渐趋向标准化、规范化发展。

国网陇南供电公司围绕“人才强企”战略，借助长效帮扶工作，实施青年员工“12345”培养计划，构建新员工“双师制”培养模式，实施供电所所长管理能力提升专项工程，常态开展职工夜校，累计培训 3000 余人次，完成 9 家县公司 1916 人次供电所人员岗位胜任能力测评，特种作业操作证取证培训 459 人，226 人获得中、高级职称，866 人完成后续学历申报，基层员工能力素质不断提升，为公司跨越式发展增添强劲动力。

坚持党建引领，释放员工队伍活力。为了进一步加强台区经理业务技能，提升其对各项指标的管理能力，营造创优争先的良好氛围，国网陇南供电公司创新实施开展“党建+管理提升”金牌台区经理“四无五优两发挥”评比活动。各县公司以台区经理“四无六率”评比为载体，以“供电所指标对标”管理为导向，按月度定期更新发布，进行指标晾晒排名，激励台区经理在线损压降、提质增效、隐患治理、基础数据整治、投诉管控等重点工作中争做先锋和标杆。2021 年累计投诉 28 件，与 2018 年同期相比降低 96%，4 个月实现“零投诉”，基层优质服务水平持续提升。

四、产业单位安全管理

省管产业单位安全管理坚持“谁主办谁负责、管业务必须管安全”等原则，坚持将各类无论大小、来源的作业全部纳入受控管理，落实安全管理主体责任和监管责任，做到与主业同部署、同检查、同考核，实现与主业安全同质化管理，持续提高省管产业单位安全生产制度化、规范化、标准化和常态化水平。依据主办关系、产权关系和管理关系，从主办单位横向管理、网新产业管理公司和省平台企业纵向监管两个维度，从严加强省管产业单位安全管理，压实安全责任，履行法定职责，构建省公司全面监督、网新产业管理公司归口监管、省平台企业依法监管、地市主办单位直接管理、省管产业单位全面履责的省管产业单位安全管理体系。

建立健全安全责任体系。省管产业单位按照“党政同责、一岗双责、齐抓共管、失职追责”和“谁主管谁负责、管业务必须管安全”等要求，建立以本单位主要负责人为安全第一责任人的安全责任制，对本单位安全工作和安全目标负全面责任，实行下级对上级的安全逐级负责；建立领导干部安全述职制度，单位党政主要负责人向上级单位安委会述职，其他领导班子成员、安全总监、助理、副总师向本单位安委会述职，安委会各成员部门负责人向分管领导述职。省管产业单位组织编制安全责任清单，经主办单位审核后发布。地市省管产业单位分别与主办单位、科源集团公司签订安全责任书。

建立健全安全组织体系。省管产业单位成立安全生产委员会，安全生产委员会办公室设在安全监督管理部门；构建涵盖全业务范围、全专业领域的安全保证体系，对业务范围内的安全工作负责；构建覆盖公司、车间、班组的三级安全监督体系，做到安全监督无死角。施工类省管产业单位或从业人员100人以上的省管产业单位，独立设置安全监督管理机构并由行政正职主管；从业人员不足100人的，设置专职安全员，车间、班组应设置专职或兼职安全员。

建立健全安全规章制度体系。网新产业管理公司与科源集团公司落实安全生产法律法规、国家电网公司和省公司有关规章制度的安全管理要求，编制省管产业单位适用的安全规章制度，并定期公布现行有效的规程制度清单。省管产业单位根据工作需要，补充编制实施细则和现场规程，梳理适用于本单位的安全生产法律法规、规章制度、标准规程，并公布规程制度清单，按清单配齐各岗位有关的规程制度。

强化安全生产投入保障。省管产业单位落实《企业安全生产费用提取和使用管理办法》（财企〔2012〕16号），以及国家电网公司安全投入不低于上年度销售收入0.25%的规定，规范安全费用的提取和使用，纳入企业资金年度预算计划。省管产业单位制定反事故措施计划和安全技术劳动保护措施计划，为员工配备符合国家标准或者行业标准的劳动防护用品、安全工器具，治理安全隐患、消除设备缺陷、提高设备可靠性。

建立健全双重预防机制。省管产业单位建立安全风险预警管控机制，坚持安全风险“先降再控”思路，遵循“管理规范、责任明确、闭环落实、持续改进”的原则，按照风险辨识、评估、预警、控制实施管理；建立隐患排查治理机制，实施隐患发现、评估、报告、治理、验收、销号的闭环管理，安全隐患纳入安监一体化平台管控，保证隐患治理责任、措施、资金、期限、预案“五落实”；加强现场作业安全管控标准化，所有计划性作业全部纳入公司安全风险管控平台，从作业计划、作业准备、作业实施、监督考核等环节全面落实安全管控工作标准和措施。网新产业管理公司和科源集团公司对小水电、施工、电工制造类企业组织开展安全性评价，省管产业单位开展自查评，网新产业管理公司和科源集团开展专家查评和复查评。

加强安全教育培训。省管产业单位制定年度安全教育培训计划，对员工进行安全生产教育和培训，建立全员安全教育培训管理档案；企业主要负责人、安全生产管理人员和特种作业人员必须持证上岗，工作票“三种人”安全培训考试合格并书面公布；新入单位人员、调换岗人员、劳务派遣人员，进行安全教育培训，经安全考试合格后方可上岗。省管产业单位定期对从业人员开展安全知识考试，主办单位对省管产业单位的领导、安全监督管理机构负责人，省管产业单位对本单位的专业部门负责人和专业技术人员，每年进行一次有关安全法律法规和规章制度考试。网新产业管理公司、省管产业单位每年应分别对工作票“三种人”进行安规抽考和普考。

严格安全例行工作。省管产业单位建立安全例会制度，定期召开安委会、年度安全工作会、月周日安全例会、安全监督例会以及班前班后会，对安全生产实行“月计划、周安排、日管控”；组织开展安全生产月、专题安全日等安全活动；严格执行“两票三制”，按照“班组每月一次、车间每季度一次、公司每半年一次”的要求，对操作票和工作票进行分析、评价和考核；定期和不定期组织安全检查，扎实开展反违章工作，严格问题闭环整改。

建立应急管理体系。省管产业单位成立本单位主要负责人任组长的应急领导小组，建立由安全监督管理机构归口管理、各职能部门分工负责的应急管理体系；按照“实际、实用、实效”的原则，编制应急预案、处置方案和现场处置卡，建立横向到边、纵向到底、上下对应、内外衔接的应急预案体系；落实应急队伍、装备、物资保障，定期组织开展综合应急演练和专项应急演练。

加强工程分包安全管理。省管产业单位加强工程分包单位安全管理，网新产业管理公司和科源集团公司开展分包单位安全资信管理，杜绝资质挂靠和安全信用不良企业。施工类省管产业单位须将本单位和分包单位安全资信、人员资质等信息，及时录入省公司安全风险管控平台“安全准入模块”，组织有关人员参加省公司安全准入考试。严格执行“四统一”管理要求，将劳务分包人员纳入统一管理，并积极培育核心分包队伍，提升分包队伍业务能力。严禁违法转包、违规分包，依法签订分包合同及安全协议，明确双方的权利和义务。建立外包单位安全动态评价考核机制，通过入网资质审查、日常检查和年终评价等对外包单位进行安全动态管理。

强化安全监督。强化省管产业单位安全监督，落实省公司全面监督、网新产业管理公司和科源集团公司纵向监督、主办单位横向监督、省管产业单位内部监督的工作机制。施工类省管产业单位建立安全督查队伍，加强对作业现场“四不两直”安全检查。网新产业管理公司建立安全督查队伍，强化对省管产业单位安全督查，督促省管产业单位落实安全管理要求。主办单位建立通报、约谈、说清楚等制度，从严落实省管产业单位安全生产管理。

建立安全奖惩制度。参照《国网甘肃省电力公司安全奖惩实施办法》，省管产业单位按照不低于工资总额1.5%的标准，设立安全专项奖励基金，制定本单位安全奖惩标准并实施考核，由各主办单位负责监管。原则上按照不低于工资总额2%的标准，在各省管产业单位预留年度安全保证金，由网新产业管理公司归口管理，定期向省管产业指导委员会成员部门征求意见后，通过省管产业指导委员会分会，对发生安全事故（事件）或者受到通报、约谈、说清楚的省管产业单位按相关规定扣罚安全保证金，未发生考核事项的单位年底全额返还。

信息报送和事故调查。省管产业单位发生安全事故（事件）后，严格依据国家、行业、国家电网公司和省公司的相关规定，及时、准确、完整报告事故情况，单位和个人对事故不得迟报、漏报、谎报或者瞒报，并按照相关规定做好事故资料的收集、整理、信息统计和存档工作，按时向上级相关单位提交事故报告（报表）。其中，发生五级及以上人身伤亡、设备事件，六级及以上信息系统事件，一般及以上火灾事故，负同等及以上责任的重大交通事故，应逐级向主办单位进行汇报。在最终报送至省公司安监部的同时，省管产业单位须向网新产业管理公司报备。事故调查严格执行国家、行业、国家电网公司和省公司的有关规定和程序，依据事故等级，分别由国家和政府有关部门、国家电网公司和省公司、网新产业管理公司组织进行调查，事故发生单位应积极做好各项配合工作。省管产业单位承揽的系统外项目发生安全事故（件）后，省管产业单位应第一时间向网新产业管理公司报告，事故调查严格执行国家和行业的有关规定和程序，依据事故等级，分别由国家和政府有关部门、项目业主单位、网新产业管理公司组织进行调查，最终事故调查报告向省公司报备。

延伸阅读

全面深化职业经理人建设　激发市场化企业发展新活力

国企改革三年行动实施以来，国网甘肃电力聚焦市场化企业经营发展，结合实际探索推进市场化体制机制变革，深度试点职业经理人机制，形成了特色经验，取得了显著成效。以国家有关政策文件为指导，研究制定省级电网企业推行职业经理人制度总体工作方案和试点工作方案，选取所属市场化企业试点推行职业经理人机制。率先在科技型市场化企业同兴智能引入2名一级职业经理人，形成了企业负责人与职业经理人并行的经理层管理模式。在市场化企业科源集团创新实施二级职业经理人一体化聘任管理模式，消除主业借工、外部直签等身份概念，打通内外部人才市场和职业发展通道。试点过程中形成了职业经理人选聘、管理、考核、薪酬分配、解聘、监督等全过程配套制度规范，得到总部专业部门认可，逐步深化职业经理人机制推广应用。

1. 在法人治理结构中完善职业经理人聘任机制

突出组织在职业经理人选拔任用工作中的领导和把关作用，系统完善市场化企业法人治理体系，制定5方面、39大类、108项授权与职责清单，同步制定职业经理人责权管控清单，清晰界定各治理主体职责界面，实现隐蔽的权力公开化、集中的权力分散化。将授权机制和责权管控清单落实情况纳入职业经理人面谈与业绩考核。建立健全职业经理人选聘、管理、考核、薪酬分配、解聘、监督等全过程配套制度规范，设计适应市场化企业需求的“三书一办法”(《劳动合同书》《岗位聘用协议书》《经营业绩责任书》《职业经理人管理办法》)。

2. 优化市场化机制，营造选人用人新生态

推行“经理层—事业部经理”两级职业经理人制度，率先在实施单位取消行政级别，对原中层管理人员推行任期制、契约化管理，实行市场化聘任，通过创新“揭榜挂帅”“选将点兵”等形式，36名聘用职工竞聘至部门（业务机构）负责人岗位，占比达25.35%，有效推动企业用工市场化转型。

3. 创新经理层分类，推动契约化精准管理

创新经理层岗位分类管理模式，通过岗位聘任协议充分明确各岗位经理层成员权责，用契约化手段实现对经理层成员的有效赋能。其中，对未执行

职业经理人管理模式且承担经营管理职责的经理层岗位执行任期制和契约化管理（如执行董事、副总经理）；对已执行职业经理人制度的岗位及承担经营管理职责的空缺经理层岗位（如总经理、副总经理）执行职业经理人制度；对非经理层成员的党组织领导班子成员（主要为专职副书记，纪委书记、工会主席等岗位），执行企业领导人员管理规定。

4. 完善业绩评价体系，建立团队考核新模式

创新经营班子团队考核模式，建立基于基准值、目标值、挑战值的目标体系，明确年度考核以经营目标为主、任期考核以三年上市战略目标为主的考核方式。打破传统对照上年的方式，创新采用“上年值+预算值”，考核目标值设置充分体现“摸高”机制，全面提高营业收入、利润总额等核心业绩指标占比，由45%提升至60%。经理层团队目标分解结合岗位差异，“一人一策”差异化制定有挑战性的经营业绩目标，经理层经营团队形成了“目标同向、思想同心、工作同力、责任同担”的管理格局。

5. 科学设计薪酬体系，筑牢契约化激励基石

优化设计经营班子团队薪酬模式，在总额内科学调整薪酬结构，降低基本年薪，提高绩效年薪占比，将基本年薪降低为原企业负责人标准的80%，从机制上形成了以业绩为核心的激励导向。引入超额利润分享中长期激励理念，将绩效年薪合理划分为业绩绩效年薪和利润绩效年薪，加强中长期激励力度。同时，将任期激励与任期经营业绩直接挂钩，且任期激励的50%作为递延薪金延期支付，有效引导经理层成员将个人职业追求与企业长期发展目标相结合。

6. 培育人才梯队，锻造新时代三支队伍

以职级岗级为依据，从业绩目标、综合评价等维度对职业经理人进行评估，建立卓越经理人、优秀经理人、合格经理人、一般经理人四级人才库，形成数量充足、质量优秀的后备职业经理人队伍，盘活内部“人才池”。建立适应省管产业单位发展需要的管理职级和技术职级的H型双通道机制。畅通不同岗位、不同人才之间互相转换的交流路径，营造公正、公平的选人用人环境。建立“领航”“栋梁”“工匠”的人才培养体系。

第六节 生产指挥中心建设探索

一、建设目标

以现代生产组织体系建设为主线，精简专业管理岗位设置，高效发挥部门资源调配、管理控制等核心职能；有序剥离非关键核心业务，建设省、市、县三级指挥中心，健全协同高效、运转顺畅的指挥体系，强化业务支撑保障和智能化数字化平台应用。

建成省公司指挥中心，与生产管理部门一体化运作，推进安全管控、设备管控、消防管控、应急指挥“四中心”统一管理，实现生产管理提质增效、精益化管控。

按照差异化原则，建成15家地市公司、省检修公司、送变电公司、刘家峡水电厂及各县公司指挥中心，实行“4+*N*”[1]管理模式，有力支撑“大生产、大安全”管控。

充分应用公司业务中台，完成省级部署的生产指挥平台建设，一级部署、多级应用，实现安全数字管控、设备动态评价、风险自动预警、应急智慧响应等功能实用化。

二、建设原则

坚持战略统领。始终以国家电网公司战略目标为纲，切实做好顶层设计和分层衔接，进一步加强安全管理、设备管理、应急管理、资产管理等理论学习研究，稳妥实施业务重组、流程再造，全力构建新型生产指挥体系。

坚持问题导向。以解决传统生产管理专业协同费时费力、指令传递中温下凉、设备状态后知后觉、业务数据烟囱林立、应急指挥经验判断等问题为目标，切实落实管办分离，切实提高安全生产协同作战能力。

坚持创新驱动。解放思想、守正创新，积极运用数字化、智能化手段，为安全管理、设备管理、应急管理赋能赋智，持之以恒推动管理创新、技

[1] “4+*N*”：“4”指安全管控、设备管控、消防管控、应急指挥四大业务，“*N*”指根据业务支撑需要，将“大生产、大安全”相关其他业务统筹纳入统一管理，以实现效率最大化。

术创新，着力夯基础、补短板、强弱项、铸长板，提升安全生产质量效率效益。

坚持全面覆盖。整合安监、设备、配电网等业务，统筹人身、电网、设备安全的数据资源和信息资源，涵盖信息收集汇总、资源调配、过程监督管控、信息发布等各环节，为安全生产决策指挥提供全方位的信息服务和数据支撑。

坚持差异实施。综合考虑市县公司区域差异、设备规模、经营模式、成本效益、管理基础等现状，市县公司差异化制定建设操作方案，鼓励打破部门、专业壁垒，合理确定指挥中心建设模式和规模，分层分类推进。

三、主要业务

建设生产指挥“一中心、一平台”，定位为“平时业务中心、战时指挥中心”，作为安全监察、设备管理、配网管理等部门的业务支撑实施机构，具体承担设备状态全过程跟踪、技术监督全要素分析、生产信息全寿命汇集、重点任务全方位督办、应急处置全天候支撑、生产数据全链条挖掘、生产质效全维度评价、现场安全全覆盖监督八大类业务。生产指挥中心主要业务示意图如图 5–35 所示。

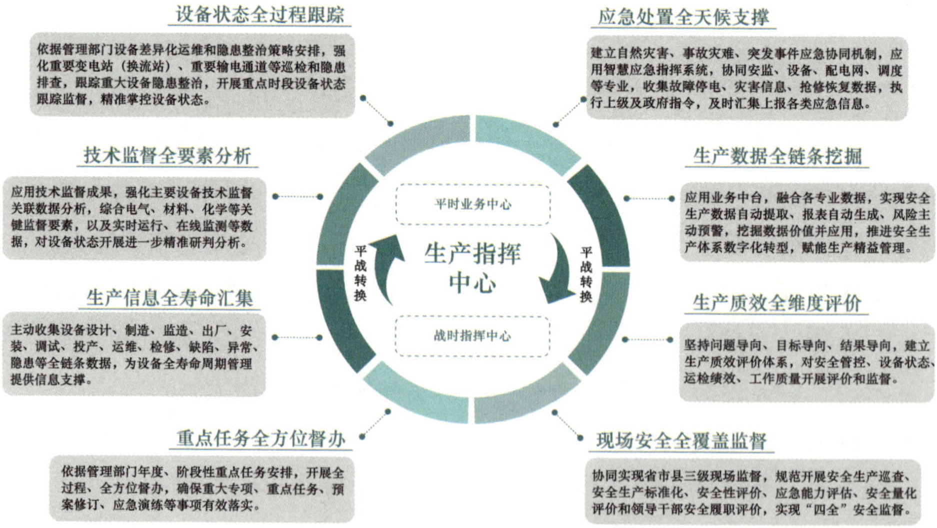

图 5–35 生产指挥中心主要业务示意图

设备状态全过程跟踪：依据管理部门设备差异化运维和隐患整治策略安排，强化重要变电站（换流站）、重要输电通道等巡检和隐患排查，跟踪重大设备隐患整治，开展重点时段设备状态跟踪监督，精准掌控设备状态。

技术监督全要素分析：应用技术监督成果，强化主要设备技术监督关联数据分析，综合电气、材料、化学、土建等关键监督要素，以及实时运行、在线监测等数据，对设备状态开展进一步精准研判分析，提升设备状态管控能力。

生产信息全寿命汇集：主动收集设备设计、制造、监造、出厂、安装、调试、投产、运维、检修、缺陷、异常、隐患等全链条数据，为设备全寿命周期管理提供信息支撑。

重点任务全方位督办：依据管理部门年度、阶段性重点任务安排，开展全过程、全方位督办，确保重大专项、重点任务、预案修订、应急演练等事项有效落实。

应急处置全天候支撑：建立自然灾害、事故灾难、突发事件应急协同机制，应用智慧应急指挥系统，按照应急预案要求执行应急响应，协同安监、设备、配电网、调度等专业，收集故障停电、灾害信息、抢修恢复数据，执行上级及政府指令，及时汇集上报各类应急信息。

生产数据全链条挖掘：应用业务中台，提取安监、设备、调度、配电网、营销等业务数据，融合规划设计、项目建设、物资采购、资产管理、人力资源等各专业数据，实现安全生产数据自动提取、报表自动生成、风险主动预警，深度挖掘数据价值并应用，推进安全生产体系数字化转型，赋能生产精益管理。

生产质效全维度评价：坚持问题导向、目标导向、结果导向，建立生产质效评价体系，对安全管控、设备状态、运检绩效、工作质量开展评价和监督。

现场安全全覆盖监督：严格安全督查队伍管理，创新安全督查方式，协同实现省市县三级现场全覆盖监督。规范开展安全生产巡查、安全生产标准化、安全性评价、应急能力评估、安全量化评价和领导干部安全履职评价，实现全面、全员、全方位、全过程安全监督。省市县三级生产指挥中心组织架构如图 5－36 所示。

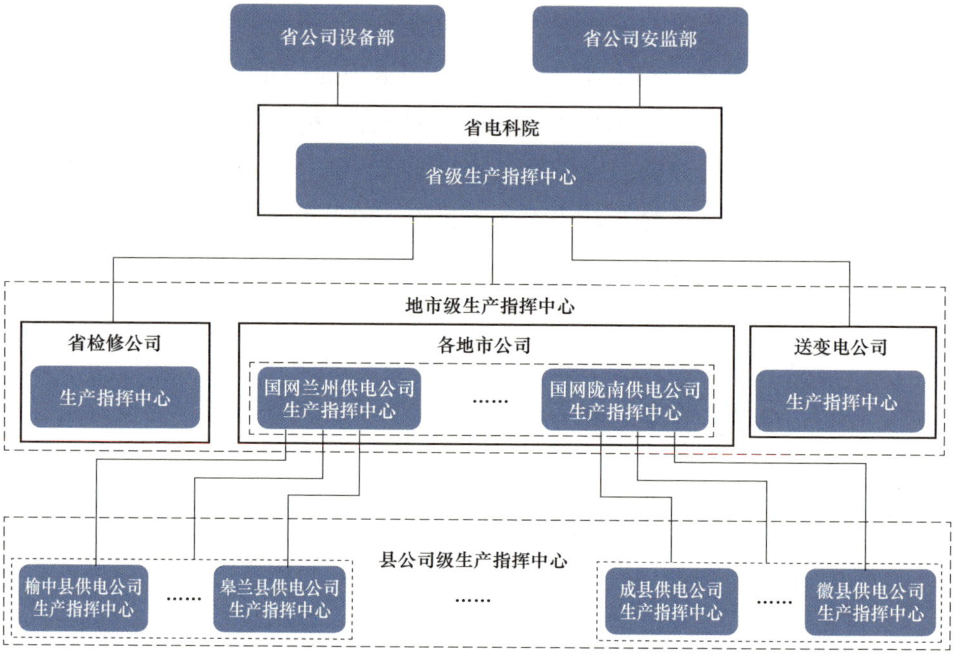

图 5-36 省市县三级生产指挥中心组织架构

【成效】

建章立制，固化业务流程。指挥中心研究制定《设备管控实施细则》《安全管控实施细则》《消防管理实施细则》《应急管理实施细则》《“平”转“战”工作规范》等 9 类规章制度和 8 类业务流程，设计制作工作手册、系统操作手册等，明晰业务界面和衔接职责，突出纵向执行和横向协同，实现新体系闭环管理和高效运转。

预警监视，提升设备管控力。2021 年 1～7 月，指挥中心完成输变电设备故障处理 21 起，全过程管控危急缺陷 18 条、严重缺陷 73 条、重过载 127 台次，形成主动工单，设备管控力明显增强；发布电网风险预 240 起、作业风险预警 555 起，完成 172 起在线监测异常数据闭环管理，跟踪 142 条气象预警，风险预控能力得到提升；2021 年 2 月甘肃电网强降雨雪造成庆阳、定西、天水、白银、平凉多地区大面积设备覆冰受灾抢险，以及 7 月陇南、天水、庆阳、临夏、甘南多地区暴雨造成大量输配电线路、设备冲毁抢修时，指挥中心充分发挥了应急指挥司令部作用，利用生产指挥平台和智能巡检手段高效有序地组织开展受灾电网抢修工作，应急能力得到验证。

平台建设，数字化赋能生产指挥。指挥中心结合电网资源业务中台、数据中台、技术中台的建设成果，融合智能运检管控系统、安全风险管控系统、消防物联网系统、调度 D5000、输电线路全景可视化系统、应急管理等 12 大应用系统，全力推进数字化生产指挥平台建设，致力于安全生产数据资产运营分析和生产数据价值挖掘，着力构建智慧型大生产指挥技术支撑平台。2022 年 8 月，数字化生产指挥平台信息总监、电网状态检测、设备状态检测三大核心功能模块上线应用。2022 年 12 月，数字化生产指挥平台全面建设完成，从电网输送能力动态监测、运维保障能力动态分析、设备健康状态综合评价、业务指标动态监测、生产资源可视化调度、生产任务过程管控等多个维度全面支撑指挥中心的功能发挥和安全生产管理的赋能赋智。

业务支撑，提升专业数据应用能力。指挥中心以智能运检管控等业务系统应用为抓手，将数据管理作为专业管理的重要环节来抓，集中力量、深入开展输电、变电、配电专业的设备台账、运行工况、检修数据、图形四个方面的数据督察与治理。同时，生产指挥中心作为设备数据资产运营管理中心，对安监、设备专业的数据质量进行统一管理。

务实培训，提升团队业务能力。制定《生产指挥中心试运转期间培训方案》，结合《生产指挥中心管理清册》《生产指挥中心设备台账清册》，按照专业管理和日常管理双维度对柔性团队成员合理分工，开展全量业务培训，采用集中培训和模拟演练相结合、理论学习和实地考察相结合等方式，定期验证培训效果和调整培训方向，提升团队整体工作管控能力和应急处置能力，提升过程管控信息流转规范性和安全管控穿透力。

第六章 生产资源聚合

立足甘肃能源电力供需、经济社会发展实际，紧跟发展步伐，推进生产资源聚合，以安全生产作为重要基础，推动生产资源全要素发力，联动内外资源有效配置，着力构建电力保供“共同体”；深化政企合作共享共赢，构建服务新发展格局，为甘肃电网创造安全稳定的外部发展环境。本章主要阐述国网甘肃电力建立电力保供“共同体”，深化政企合作，完善合作机制，联动内外建立合作生态的具体举措与主要成效。

第一节 电力保供“共同体”

一、源网协调

加快支撑电源建设，建立煤电、储能、抽水蓄能电站协调，提高能源供给能力。做好电力电量平衡，保障电网运行稳定。强化平衡能力建设，加强电力调节能力，促进源网协调联动、和谐发展，加快构建新型电力系统。

（一）加快支撑电源建设

加快煤电电源建设。建立政府、发电企业、电网企业协同机制，启动省内“十三五”停建缓建的兰州新区 70 万千瓦煤电机组建设，力争 2023 年建成投运。促请启动“十四五”期间 800 万千瓦内供煤电机组建设。通过市场化手段和政策引导，2022 年华能连城、甘谷电厂 66 万千瓦煤电机组复工复产。跟踪常乐电厂 3、4 号机组及陇东直流配套 400 万千瓦煤电机组建设。加强电煤监测预警，坚守单厂电煤不少于 20 天安全底线。持续开展机组发电能力核查，对电煤库存小于 15 天或者发电出力受阻超过额定容量 10% 的发电企业开展联合核查，保障用电高峰期间机组稳发满发。利用新能源大发时段协助电厂存煤，严格执行燃煤发电上网电价市场化政策，帮助煤电企业纾困。

加快推进储能建设。全面启动储能规划、建设、调度、运行研究工作，加快出台储能建设规划及市场化运营机制，确保市场主体长期获得稳定收益。丰富储能投资建设渠道，探索“新能源+储能”“电网侧储能”“共享储能”等商业化运营模式。督促新能源电站按照装机容量河东地区15%、河西地区20%配置储能，2022年底电化学储能容量达到150万千瓦/2小时，2023年底达到350万千瓦/2小时。

推进抽水蓄能电站开工建设。推动玉门昌马120万千瓦抽水蓄能电站核准并开工建设。协助张掖盘道山和肃南皇城两座140万千瓦抽水蓄能电站集中开工建设，两座抽水蓄能电站均为《抽水蓄能中长期发展规划（2021～2035年）》中的“十四五”重点实施项目，共计投资约210亿元，计划“十五五”中期建成投运。

（二）做好电力电量平衡

加强机组运行管理。严格执行西北能监局新版《两个细则》，建立火电机组非计划停运和顶峰能力柔性考核机制，严控机组故障停运及出力受阻规模。编制下发《甘肃热电联产机组核查管理办法》，完成供热机组发电能力核查并作为机组顶峰、调峰的依据。

依法合规安排火电机组检修工期。充分利用电科院技术优势，细化审核检修工作必要性和工期合理性。督促发电企业持续优化机组检修规模和工期。建立政府—电网—发电企业联合工作机制，在“紧平衡”期间统筹协调检修安排，共同保证电力安全可靠供应。

滚动修订《有序用电方案》和《事故限电序位表》。根据电网实际运行要求，确保有序用电控制负荷覆盖最大电力缺口，确保事故限电第一、二轮及特殊轮没有居民、民生用电。完善有序用电启动流程和执行监督机制，规范刚性执行。实现事故拉闸限电能力和有序用电执行情况的在线监测。

提高负荷侧调节能力。建立可中断负荷资源库，探索可中断负荷灵活调节资源的日内实时调控，2022年提升负荷侧灵活调节能力100万千瓦，2023年扩大至200万千瓦。

强化一次能源供需监测预警。加强电煤信息汇总，综合评估储煤情况和电力保障能力，紧密跟踪电煤等上游一次能源价格变化和电厂电煤中长期合同签订执行情况，及时发布电煤供应预警。

（三）强化平衡能力建设

发挥大电网资源配置优势。优化祁韶直流运行方式，提高利用效率。推动陇东至山东特高压直流工程早日开工建设。加快河西第二条特高压直流陇电入浙项目落地。开展陇电入沪项目可行性研究。发挥甘肃电网区位优势，加大新疆、四川、青海等周边省份长协购电，弥补省内时段性缺电。

探索适应新型电力系统的电力电量平衡机制。遵循风险可控原则，完善不同时间尺度备用留取标准，按照“先省内、后省外”原则做好外送能力校核。推动交易连续开市，提升旬、周交易占比，化解保供和外送矛盾。研究省间现货、代理购电、中长期合同签约等对保供的影响，完善应对策略。

强化大电网安全管控。强化年度运行方式指导，细化分析电网各类耦合关系，统筹做好交直流联合控制，有效防范大范围连锁反应。加强设备运行状态监控及运行维护，确保直流换流站和重要输变电设备安全可靠运行。统筹安排设备检修，及时消除设备缺陷，最大程度保持电网结构完整。严格按照规定留足系统备用，确保电网安全裕度。夯实“三道防线”，及时验证保护及稳控策略正确性，实现低周减载能力实时监测，排查涉及分布式电源的负荷支路，确保控制措施充足有效。

推动煤电由电能提供电源向支撑性、调节性电源转型。根据国家发展改革委、国家能源局《关于开展全国煤电机组改造升级的通知》要求，引导和配合火电机组做好节煤降耗、供热、灵活性三类升级改造工作，全面提升火电调节能力。

推进水电精细化调度。建成水电监测、预测及可视化展示系统，提升水电电力电量预测水平。深挖小水电调峰能力，实现干流、梯级水库联合优化调度，深化水量调度与电网运行余缺互补，增加顶峰能力 25 万千瓦。

提升新能源预测水平。制定提升新能源功率预测 20 项举措，利用国际先进预测技术，提高新能源预测水平，将预测时间尺度进一步拓展至 10 天。研究制定新能源预测值概率化纳入电力电量平衡的规范。

强化分布式电源管理。满足分布式电源接入需要，做好配电网规划及建设。加快分布式电源信息上传，实现可观、可测、可控。将分布式电源纳入全省电力电量平衡。

【成效】

2022 年迎峰度夏期间，甘肃电网运行平稳，未发生电网稳定破坏及大面积停电事故，未启用需求响应、未采取有序用电。

2022 年 8 月，黄河上游、黑河、白龙江流域来水较多，分别偏枯 2 成、2 成、1.5 成，水电发电量 231 亿千瓦时，同比下降 10.13%，火电发电量 700 亿千瓦时，同比增加 1.58%，新能源发电量 350 亿千瓦时，同比增长 18.73%，利用率 93.46%（风电 91.29%、光伏 97.99%），同比下降 3.5%。

2022 年迎峰度夏用电负荷呈现“来得早、峰值高、时间长”特点。甘肃省用电负荷 3 次创历史新高，最高达 1953 万千瓦，同比增长 2.93%。日用电量 4 次创新高，达 4.28 亿千瓦时，同比增长 8.36%。

迎峰度夏期间，全网整体电量平衡满足需求，在新能源小发时存在时段性电力缺口。

从电量平衡情况看，2022 年全网用电量 330 亿千瓦时，同比增加 5.77%，外送电量 154 亿千瓦时，全网需求 484 亿千瓦时，可发电量 497 亿千瓦时，电量平衡满足需求。

从电力平衡情况看，2022 年最大用电负荷约 1790 万千瓦（出现在 7 月中下旬），外送电力 740 万千瓦，常规能源最大可调电力为 2330 万千瓦，新能源极小情况下存在最大约 110 万千瓦电力缺口。

延伸阅读

“源网荷储”系统构建

国家发展改革委、国家能源局于 2020 年 8 月公开对《关于开展“风光水火储一体化”“源网荷储一体化”的指导意见》征求意见，从电源基地开发和负荷侧需求方面，强调采用多能互补方式，优化当地资源要素，以安全、绿色、高效为目标，实现源、网、荷、储的协调发展。2021 年 2 月，印发《关于推进电力源网荷储一体化和多能互补发展的指导意见》，强调包括清洁能源在内的电源的开发、协调及储能设备的合理配置，强调负荷侧参与系统协调运行，大力推动风光储深度融合发展。为加强网源协调管理工作，保障国网甘肃电力系统安全、优质、经济运行，国网甘肃电力调度控制中心组织修编了《国网甘肃电力系统网源协调管理细则（试行）》，构建了源网荷储多元协同调度体系。

国网甘肃电力“源网荷储”系统通过优化整合本地电源侧、电网侧、负荷侧资源，以先进技术突破和体制机制创新为支撑，探索构建“源网荷储”高度融合的新型电力系统发展路径。“源网荷储”系统如图 6-1 所示。

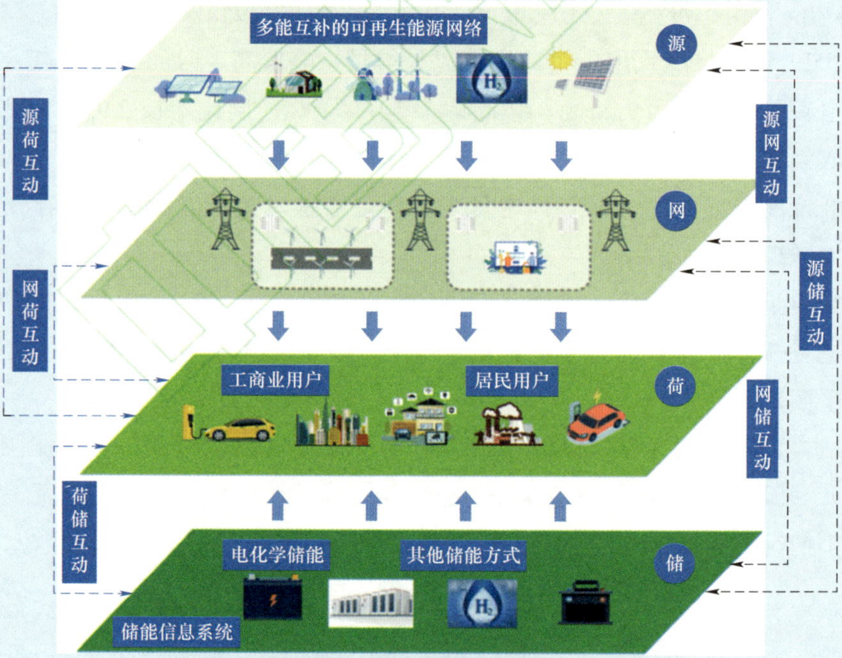

图 6-1 “源网荷储”系统

新型电力系统在“源”“网”“荷”“储”四个方面都加入了一些新的元素：

“源”即电能供应侧，系统中风电、光电和氢能等新能源发电的比重增加，电源间的统筹规划、合理配置、协同运营成为系统运行的关键。

“网”即电能流动的桥梁，系统中增加无线专网、光纤专网等新型物联网结构，提升系统数字化、信息化、可视化水平，实现各单元之间电能供需平衡、信息高效流通，保障系统建设的灵活性。

“荷”即用电侧，系统根据是否可调度将其分为可控负荷和不可控负荷，可控负荷的占比增大，提升系统应对波动的能力，保障系统的稳定性。

“储”即储能，系统汇聚分布式储能资源，提出共享储能的概念，储能根据系统指令快速响应，提升系统运营经济性。

传统电力系统的供应模式为“源随荷动”，而“源网荷储”系统的“源”中清洁能源占比较大，并根据分布式能源的时间、空间特性参与调度，以提升系统消纳能力；“荷”相较于传统的负荷，更强调其可控部分的占比，以便最大限度发挥系统优势，维持基本供需平衡；“储”的作用为：当系统内负荷的用电量较低时储存多余的能量，当系统内负荷用电量升高时释放出储存的电能，储能进一步增强了系统稳定性。“源网荷储”系统各个部分之间的协同控制主要是通过多种优化方法和信息交互渠道，以合理调配资源、优化协同控制为目标，将分布式电源、可控负荷、各类型储能等统一调控，合理控制分布式电源的发电、可控负荷的用电及储能设备的充放电，进而实现系统内各元素间的协调互动，提升新型电力系统的稳定运行能力和新能源消纳能力。

调度常态核查机制

为进一步加强电网“三道防线”管理，切实保障每年迎峰度夏期间电网的安全稳定运行，国网甘肃电力建立常态化核查机制，重点抓住继电保护定值、安控策略校核与现场运维等关键环节，实现甘肃电网管辖范围全覆盖，包括各电压等级电厂及大用户。

成立联合工作组。国网甘肃电力、所属各公司均成立由公司分管生产领导负总责，安监、运检、营销、科信、调控部门组成的联合工作组，加强跨部门、跨专业协调，共同开展核查工作。由省公司安监、运检、调控等部门牵头，分三个片区，对所属单位进行电网“三道防线”督查工作。

分级管控“三道防线”专项核查工作。国网甘肃电力运维的国调、网调调管设备为一级核查设备，核查工作质量经设备所在运维单位、省公司相关职能部门严格把关。省调调管设备为二级核查设备，核查工作质量经设备所在运维单位严格把关。地县调直接调管设备为三级核查设备，由各供电公司负责核查。电科院负责“三道防线”核查的技术支撑。

核查内容范围实现电压等级、设备类型、定值策略的“三个全覆盖”，包括甘肃调管范围内各电压等级全部继电保护、切机、切负荷、过载联切、快速减（增）出力、振荡（失步）解列装置、频率电压减载装置以及相关设备、回路、通道、站用直流电源等继电保护和安全自动装置，并全面核查和分析后备定值及安控策略的适应性。

二、供用协同

电力市场是新型电力系统建设的重要支撑，为加速推进新一轮电力体制改革，健全电力市场机制，逐步完善供电侧市场参与机制，加强需求侧响应机制，加快形成统一开放、竞争有序、安全高效、治理完善的电力市场运行机制，构建基于能源安全的高弹性电网。

（一）完善供电侧市场参与机制

燃煤自备电厂参与市场机制。针对燃煤自备电厂靠近终端负荷、输配环节少、对需求响应迅速、管理效率高、利用小时数稳定等优点，研究通过自备电厂采用纯下网方式参与辅助服务市场，即减少发电出力至小于发电基准（自用负荷）方式。自备电厂采用“报量报价”模式参与电网调峰，调度机构按照“容量优先、按需调度”的原则进行调用，并对其发电负荷低于发电基准时的电量进行补偿。

负荷侧资源参与市场机制。可调节负荷资源主体在电网负荷低谷、新能源消纳困难及电网调整困难时段，通过增加用电负荷或减少发电出力方式，促进清洁能源优先消纳。调度机构按照市场规则，编制日前发电计划，根据电网调整需求，按照“时间优先、容量优先、按需调度”的原则，安排可调节负荷资源主体参与电网调峰辅助服务市场，形成可调节负荷资源主体全天96点调整功率曲线。

储能设施参与市场机制。储能系统作为综合能源系统重要的组成部分，配置灵活，传输便捷，实现了储能设备和综合能源系统间的能量互动，增强了系统运行的稳定性，可缓解供电压力和过高的负荷波动，维持系统供用电平衡。储能设施通过化学或物理方法，在电网负荷低谷或弃风、弃光时段储存电力，在需要时段释放电力，从而提供调峰服务，参加电力辅助服务市场。储能设施按照自愿原则申报参与电网调峰辅助服务，由电力调度机构按照市场规则编制日前发电计划，根据电网负荷低谷、新能源消纳及电网调整需求，安排储能设施参与电网调峰辅助服务工作，形成全天96点调整功率曲线，火电机组因参与调峰出力运行至50%及以下时，优先调用储能设施。

（二）加强需求侧响应机制

容量竞价方面。紧急型需求响应容量竞价包括紧急型削峰需求响应容量竞价和紧急型填谷需求响应容量竞价两部分。由电网企业发布容量需求、最高限价、响应时段等竞价信息，用户（负荷聚合商）申报响应容量、补偿价格等信息，采用“单边报量报价、边际价格出清”模式，根据用户申报的响应量和补偿价格，按补偿价格由低到高排序，对相应申报响应量依次成交（价格相同时按申报时间优先成交），直至达到紧急型削峰需求响应和填谷响应容量需求规模，成交响应量最后1千瓦的申报价格即为市场统一出清价格。按照“价格优先，时间优先”的原则确定中标用户，出清结果对参与用户披露。

补贴方式方面。紧急型削峰需求响应电能量补偿费用结算，由实际有效响应容量按照削峰时段发电侧加权平均电价结算（第二档用户按照实时市场在削峰时段发电侧加权平均电价的1.5倍执行）。其中，在电力现货市场连续长周期结算试运行前，结算价格参考最近一次模拟试结算运行期间的实时市场削峰时段发电侧加权平均节点电价。紧急型填谷需求响应电能量补偿费用结算，由实际有效响应容量按照固定价格结算。经济型削峰需求响应日前市场费用结算按照日前市场出清容量与日前市场削峰时段发电侧加权平均电价结算。经济型削峰需求响应实时市场偏差费用结算是实际响应容量与日前市场出清结果偏差部分按照实时市场平均节点电价结算。

延伸阅读

有序用电及可控负荷

为进一步加强和规范有序用电管理，做好新形势下电力需求侧管理工作，促进电力资源优化配置，维护正常的供用电秩序，确保甘肃电网安全、稳定运行，切实保障经济社会发展和人民生活用电，按照《有序用电管理办法》（发改运行〔2011〕832号）、《电力需求侧管理办法》（发改运行规〔2017〕1690号）要求及国家发展改革委有关工作安排，结合甘肃电网用电负荷特点、电源建设进度及电力供需实际情况，甘肃省发布了《2022年甘肃省有序用电方案》。

按照先错峰、后避峰、再限电的顺序安排用户有序用电，将影响控制在最小限度。当电网供电能力发生变化时，均衡调整相关用户的用电限额，以便用户有计划地调整生产班次或轮休避峰用电。紧急状况下，应严格执行限电序位表，处置电网大面积停电事件应急预案，增强突发事故情况下的反应处置能力，确保电网总体稳定运行。根据电力用户生产特性及工艺流程，对执行有序用电存在困难或无法适应长周期、高频次错避峰用电的电解铝等高耗能行业，制定轮休轮停方案，通过轮休轮停缓解供需矛盾。

2022年，甘肃省内最大用电负荷1900万千瓦，全省有序用电方案按照四级电力缺口分别编制子方案，四级电力缺口按照不低于预测省内最大用电负荷的30%、20%、10%、5%，分解下达至各市（州），具体指标见表6－1。

表 6－1　　2022 年全省有序用电方案负荷调控指标　　单位：万千瓦

地区名称	Ⅳ级	Ⅲ级	Ⅱ级	Ⅰ级
兰州	24.34	44.25	87.27	127.26
白银	11.81	23.16	45.75	68.69
天水	7.98	15.65	30.85	46.21
金昌	7.06	12.87	26.45	40.23
嘉峪关	9.90	19.50	38.59	57.89
酒泉	5.36	10.99	20.37	29.54
张掖	4.95	9.60	19.00	28.55
武威	6.26	12.17	23.60	35.62
定西	5.15	10.69	18.71	28.55
平凉	3.83	7.42	14.30	21.78
庆阳	5.05	9.90	17.83	26.98
陇南	4.34	8.21	15.97	25.51
甘南	1.31	2.57	5.19	7.84
临夏	2.93	5.64	11.17	16.68
兰州新区	2.22	4.26	8.43	13.05
全省总计	102	197	383	574

三、全网互济

作为全国首批电力现货市场试点建设省份，甘肃省近几年积极推动建设陇电入鲁、陇电入浙等工程，不仅进一步提升跨区跨省输电能力，更促进了能源结构更新升级。“十三五”以来，甘肃以风、光能强势上新迭代的澎湃绿电送达四川、上海、河北等 21 个省市，累计外送电量超过 2100 亿千瓦时，2022 年，国网甘肃电力加强保障电力供应，进一步扩大电量外送规模，坚持全网“一盘棋”。

科学调度保省内。迎峰度夏前，完成了甘肃电网主网的全部检修工作，在度夏期间不安排主网计划检修，确保保供关键时期甘肃电网全接线、全保护运行；对照国家电网公司迎峰度夏电力保供30项工作要点，从常态化应急保供机制、电网设备安全稳定运行、电力电量平衡、支撑电源建设、营销优质服务、安全生产监督、防汛和应急保障、各项配套保障8个方面细化部署44项重点工作；同时全力挖掘水电、火电、风电和光伏发电机组发电能力，认真执行“两个细则”，加大非计划停运和出力受阻考核力度，确保火电机组应并尽并、应发尽发。在迎峰度夏前，实现非停机组清零，受阻率较2021年同期降低14个百分点；开展精细化调度，深化水量调度与电网运行余缺互补，最大限度发挥水电保供作用；做好重要区域、重大天气过程预测，度夏以来，晚高峰新能源电力预测准确率达95%，为省内客户可靠供电创造条件。

守护通道帮省外。2022年7月中旬以来，四川、湖南、河南、安徽等地持续高温，电力负荷处于高位。在满足省内用电的基础上，国网甘肃电力强化重要输电线路运行维护，保障能源“大动脉”安全稳定运行。迎峰度夏期间，甘肃日外送电量5次创新高；在河西走廊，天中直流、祁韶直流和吉泉直流3条特高压输电线路并行。国网甘肃电力强化特高压通道运维，提高特高压外送通道及沿线变电站设备巡检标准，应用输电全景监控平台对通道实施全线远程监控，实时掌握通道运行状态；7月19日，750千伏郭隆—武胜第三回输变电工程投运，甘青断面输送能力由720万千瓦提升至900万千瓦，甘肃电网省际互济能力进一步加强。国网甘肃电力发挥电网区位优势，通过西北省间日前、实时互济交易及省间现货交易，最大限度保障电力电量平衡。

全力抢修保民生。甘肃省自然灾害多发频发，特别是强降雨和间歇性大风天气频发，影响部分线路运行。根据强降雨、局部暴雨、雷电黄色预警，组织市县供电公司两级防汛应急值班，加强电网监测预警，落实站所防洪防汛措施。险情发生后，迅速响应，全力开展应急抢修工作。2022年年初以来，国网甘肃电力坚持实战化应急演练，精心策划大型实战化应急演练，提升了应对地震、暴雨及洪涝灾害和大面积停电事件的应急处置能力。

【成效】

2022年迎峰度夏期间，国网甘肃电力在做好省内电力供应保障的同时，统筹网内富余时段电力全力支援全国电力保供。外送电力最高达 1422 万千瓦；日外送电量最大达 2.52 亿千瓦时；8 月净外送电量 65.46 亿千瓦时，同比增长 78.17%；度夏期间发电量 534 亿千瓦时，净外送电量 161.7 亿千瓦时。

度夏期间，通过省间现货和应急交易累计支援电量 3.3 亿千瓦时；调整南部电网运行方式，增送四川电量 0.54 亿千瓦时。

延伸阅读

电力跨省外送保供电

2022 年 8 月，四川省遭遇历史罕见的高温干旱天气，程度、范围和持续时间前所未有。受天气影响，各大流域来水严重减少，水电日发电量减少五成左右。作为水电大省的四川，电力供应严重受限，供电形势趋于紧张，向全国发出了请求支援的信号。在国家电网公司统一部署下，国网甘肃电力挺身而出、迅速行动，第一时间派出了 4 名人员组成的援川保电队，携带一台 1000 千瓦发电车火速赶往成都。作为第一个进驻的外省支援队伍，保电人员没有顾上片刻歇息便迅速投入战斗。13 天的时间里，工作人员连续为成都居民小区开展 10 千伏配电线路并网发电，高温天气下有效解决了该区域用电紧张的局势，保障了新都花园在内 3000 余户居民可靠用电。

与此同时，国网陇南供电公司积极对接国网广元供电公司，协同开展 220 千伏旱广线全方位巡视、测温、一般隐患处理等相关工作，双方建立“日汇报”共享机制，每日对特巡情况及时共享，对人员、无人机、车辆等进行合理调派，确保 220 千伏旱广线安全稳定运行。此外，陇南 220 千伏旱阳变电站、330 千伏临江变电站恢复有人值守，加强设备巡视测温工作，增加特巡次数，缩短巡视周期，密切掌握负荷变化情况，确保所有设备“零缺陷”运行，保证供应不中断，支援不中断。

截至 8 月 30 日，国网甘肃电力支援成都并网发电 50 余小时，发电量达 2 万千瓦时。随着四川地区高温减退、降雨增多，极端高温天气引起的电力供应紧张局面也得到了有效缓解，圆满完成保供任务。

千里驰援河南暴洪抢修救灾

2021年7月，河南郑州特大暴雨发生后，按照国家电网公司统一部署，国网甘肃电力迅速集结抢修力量，千里紧急驰援，全力以赴抢修保供电，经过六个昼夜的连续奋战，圆满完成保供抢修任务。

根据国家电网公司工作部署，国网甘肃电力党委高度重视，第一时间成立支援河南应急抢修供电保障领导小组和现场指挥部，召开专题会议，研究部署援豫抢修支援工作。指挥部统筹抢修任务分工和计划安排，分析现场安全风险，制定安全防范措施。

在应急抢修供电保障领导小组和现场指挥部统一指挥下，配网、安监、设备、后勤、物资、调度等10余个专业部门，国网兰州、白银、天水、庆阳供电公司等11家地市公司抢修人员协同联动，三批援豫应急抢修供电保障队伍迅速集结出发，应急发电车、抢修人员、抢修物资分批抵达郑州，共计出动人员651人，各类保障车辆129辆，其中发电车16辆。随同携带防汛、防疫、医疗保障、卫星电话、无人机、低压线缆等各类装备、工具及材料，千里紧急驰援郑州。

国网甘肃电力应急抢修队伍负责郑州高新区、城东和城西地区三个供电部电力供应恢复工作，从普通居民区到郑州市常庄水库、京广路泵站。圆满完成107个小区、2条10千伏线路抢修恢复，涉及用户34 994户；发电车保供队伍完成含7个单位在内共计30项电力保障任务，发电保障总时长1522小时，涉及用户17 732户。

抢修指挥部按照“安全、快速、高效、担当”的原则，制定抢修作业、工作许可及恢复供电、抢修车辆、配电变压器室及箱式变压器抢修、城市电缆抢修、应急电源车、防疫及饮食卫生7个方面安全规定，明确了最基本的安全措施及要求，同时在每个现场派驻安全监督人员，确保抢修供电保障人员安全。

各级人员工作分工明确、组织有序、管控到位。现场管理人员早进晚出、作业人员争分夺秒，克服停电小区线路走向不清、设备状况不明、天气潮湿炎热等重重困难，经过三天三夜连续作战，提前完成全部107个小区、34 994户抢修恢复供电任务。

第二节　内外联动深化合作

一、政企协作新格局

2022 年，借助省委、省政府重视支持电力发展的良好契机，国网甘肃电力上半年与 14 家市（州）政府签订战略合作框架协议，在推进高质量发展与转型升级上营造出合作共赢、和谐奋进的良好外部发展态势；与甘肃省交通运输厅签订战略框架合作协议，在推动交通运输与绿色能源融合发展、提升电网和交通设施迁改项目工作质效、加速省内交通领域充电网络建设、加强公路网和电网协同运营保障工作等方面开展广泛合作，共同推进甘肃省交通运输行业绿色发展；与甘肃省生态环境厅签署《电力大数据助力打赢打好污染防治攻坚战战略合作协议》，实现了电力大数据与甘肃省环保大数据的互联互通，也实现了黄河甘肃段全景、全干流、全企业共同参与；与省应急厅签订了战略合作框架协议，实现应急指挥系统通信畅通，灾害预警信息共享，协同开展防灾减灾应急处置；与甘肃省气象局签署战略合作框架协议，共促甘肃气象、电力领域协同发展，提升电力气象灾害防御能力和气象资源利用效率，促进可再生能源健康稳定发展；与甘肃省发改委签署《建设信用中国（甘肃）战略合作协议》，成为双方在推动电力用户信用信息互联互通，共同促进“信用中国”建设的一个新的重要里程碑。同时，与省工信厅联合开展电网大面积停电与电力保供实施方案应急演练。与省水利厅、林草局共享水库、降雨预测、森林消防数据，政企合作进入数字共享新阶段。

为了确保协议内容尽快落地见效，进一步推进甘肃能源优势向经济优势转变，各级单位在合作工作机制、加强政策支持、加大协调推进、支持新型电力系统建设、优化电力营商环境等方面，群策群力，协同政府共同推动良好合作局面的建立，全方面保障政企协作长远发展。

（一）推动完善工作机制

各地市级单位顺势而为、借势而进，推动市（州）政府成立主要负责同志挂帅的组织机构，政府主导、各方协同的工作体系日趋完备，在推动电网发展建设、保护电力设施等方面赢取了更大支持力度。

临夏州成立由州委副书记、州长担任组长的加快构建新型电力系统领导小组，统筹推进临夏州新型电力系统建设各项工作。白银、定西、金昌、酒泉等市政府均成立以市委常委、常务副市长任组长的电网规划建设、运行维护协调领导小组，高效协同、明确流程、依法合规，联合解决电网规划项目实施过程中选址选线、用地预审等重大问题，推动电网规划项目有效落地，合力推动区域经济高质量发展。

国网平凉、白银供电公司等单位进一步延展工作界面，推动与县级政府的配合联动，借助重点项目开工等有利时机，与县级政府签署战略合作框架协议，同步推动县级政府层面成立电网建设协调领导小组，实现全方位、深层次、多方式的全面战略合作。

国网陇南供电公司与陇南市政府进一步深入沟通，在政府印发的《陇南市与省属企业战略合作框架协议事项落实责任清单》中明确服务新能源发展、支持重大项目建设、加强电网服务保障等 8 项具体任务，为政企全方位、多领域合作进一步创造良好环境。

（二）寻求加强政策支持

各供电单位化解难题、破解僵局，积极向市（州）政府及主管部门汇报工作开展过程中的矛盾点，详细介绍行业政策，取得政府、企业理解支持，截至 2022 年底，市、县两级政府部门共计出台支持性政策文件、印发专题会议纪要、签订县级政府战略合作协议 62 份。

国网张掖供电公司 2022 年上半年多次向市委市政府汇报，获主要领导书面批示 8 次，率先推动政府发文明确新能源场站送出线路及接网工程纳入项目业主投资界面。国网酒泉、武威、定西、庆阳、金昌供电公司等单位先后促请政府能源主管部门召集新能源业主，召开专题会议，印发会议纪要，明确新能源接网工程投资界面及电价政策等事宜。

国网平凉、庆阳、酒泉、张掖供电公司等单位促请政府将电力空间布局规划纳入国土空间规划，支持合理规划预留和保护变电站站址、线路廊道资源，将电网建设项目优先纳入政府重点项目范围，为电网项目规划建设用地提供合规保障。

（三）加快重点电网建设

各供电单位积极借助召开专题协调推进会、工作专班等手段，统筹发挥各方力量，加快推进陇电外送直流通道、750 千伏秦川、750 千伏甘州、330 千伏渭河源、兰张线电铁供电工程等重点项目进度。

国网庆阳供电公司借助市政府协调推进工作机制，累计完成陇东直流及配套工程相关意见协议 722 份，2022 年 6 月，庆阳市市长赴什社站址调研踏勘，加快推动用地调整补划办理进度，取得长庆油田同意占压输油管道实施改迁意见。国网平凉供电公司促成市政府成立由市委副书记、市长任组长的陇东至山东跨省区输电工程前期及建设工作专班，形成政府主导“手把手，拉着走”的工作模式，仅用 3 天时间完成路径协议办理工作。

国网武威供电公司促成市委市政府成立由市委书记、市长两位主要负责同志同时担任组长的陇电入浙及配套工程项目推进领导小组，高位协调项目规划、选址、可研、核准、建设等相关工作。国网金昌供电公司促成市发展改革委印发《关于做好陇电入浙特高压直流工程预可研编制需协调解决事项任务清单》，全方位、清单化推进陇电入浙项目前期工作进度。

国网定西供电公司依托渭河源 330 千伏输变电工程工作专班，统筹整合各方力量，及时妥善解决路径穿越机场净空区、国家森林公园等难点问题，顺利取得涉及临夏、定西两市（州）全部路径协议。国网张掖供电公司促成市政府领导及相关部门负责同志召开现场办公会，解决 750 千伏甘州变电站进站道路建设和主变压器扩建征地难点问题。

国网兰州、新区供电公司促成新区管委会召开电网发展建设和设施安全保护协调领导小组会议，加快推进秦川 750 千伏变电站、兰张线电铁供电、中川机场三期扩建外部供电等工程。

（四）支持新型电力系统建设

各供电单位坚持通盘谋划，全面贯彻新发展理念，在构建新型电力系统方面，统筹安全与发展，持续深化网源荷储协同发力，政企融合达到新高度。

国网临夏供电公司促成州政府印发《加快构建以新能源为主体的新型电力系统重点事项清单》，将需要政府部门协调的重点难点事项及历史遗留问题全部纳入，实施清单化闭环管理，推进各项工作任务落地落实。

国网武威、庆阳供电公司积极推动形成政府出资、电网企业牵头，共同开展能源、电力规划编制的工作模式，实现能源规划与电网规划的高效衔接、协同发展，政企合作打造新型电力系统新样板。

国网白银、定西供电公司促请政府成立抽水蓄能工作专班，国网武威供电公司促请政府成立蓄能工作推进领导小组，加快推进抽水蓄能项目前期工作。国网张掖供电公司积极向市委市政府汇报，建议加快推进龙首抽水蓄能电站建设，获政府主要领导书面批示支持，相关工作得到有效促进。

国网兰州供电公司结合新区大点负荷接入及网架结构优化调整等事项，积极与新区管委会汇报沟通，推动新区热电厂于 2022 年 6 月复工建设；同时加强与永登县政府对接，协调推进连城电厂复产进度。

国网酒泉、兰州供电公司等单位加强与工信部门协作，共同编制 2022 年有序用电工作方案，争取到对有序用电客户开展负荷侧分路控制改造支持政策，共同挖掘用户侧潜力，加快需求侧响应协议签订。国网天水供电公司与工信部门联合开展有序用电专项演练，检验政企协同快速响应能力，全方位提升应对电力缺口的处置和协调能力。国网平凉供电公司加快推进城市快充站项目建设，“碳+”绿色业务逐步铺开。国网张掖供电公司主动与市县两级主管部门沟通，结合县区建设规划和电网规划，编制《张掖市县（区）全域电动汽车充电基础设施建设方案》。国网白银供电公司积极协调地方、产业单位和用户，加快推进服务区快充站建设，推动充电桩改造并接入车联网。

（五）优化电力营商环境

各供电单位积极构建政企协同办电新模式，与公安、发展改革委、工信等部门高效协同，联合攻坚“获得电力”堵点、难点问题，建立政务信息共享协调机制，不断推动与政务服务深度融合。

国网陇南、酒泉、白银供电公司等单位持续深化警电合作，发挥各级工作专班作用，持续高压打击涉电违法犯罪行为，加强线路廊道内火灾隐患处理，切实维护公司利益，为公司安全发展保驾护航。

国网甘南、定西、新区、天水供电公司等单位与发展改革委、工信等主管部门建立重大项目信息共享机制，及时获取项目清单，建立重大项目挂牌督办服务机制，超前启动重大项目用电需求现场勘查工作，全力保障重大项目用电需求。国网庆阳供电公司积极对接主管部门，统筹“东数西算”园区建设时序及企业用电需求，及时完成项目基建、正式供电方案编制；开展“优化用电营商环境、助力企业降本增效”主题宣传，取得良好反响。

国网武威供电公司推动政府出台《全面提升“获得电力”服务水平持续优化用电营商环境实施方案》，在优化流程、简化审批、压缩时限、落实责任、加强协调等 7 个方面全面加强政企协作，进一步优化营商环境。各级政府部门出台各类支持公司和电网发展文件清单（2022 年节选）见表 6－2。

表 6－2 各级政府部门出台各类支持公司和电网发展文件清单（2022 年节选）

序号	市（州）	发文级别	文件字号	文件名称	发文单位	印发时间	主要内容（支持事项）
1	兰州	市级	兰政办发〔2022〕43 号	《兰州市人民政府办公室关于分解落实市委主要领导调研国网兰州供电公司讲话精神工作任务的通知》	兰州市人民政府办公室	2022 年 3 月 9 日	甘肃省委常委、兰州市委书记朱天舒专题调研兰州公司，对兰州公司工作给予肯定，由市政府印发任务清单，协调推动解决兰州电网发展建设过程中 39 项具体问题
2	白银	市级	市发改能源〔2022〕145 号	《白银市发展和改革委员会关于开展“十四五”能源电力规划的通知》	白银市发展和改革委员会	2022 年 4 月 13 日	构建由市发改委委托咨询单位、白银公司直接负责的能源电力规划编制新模式，通过能源与电网规划的深度融合、一体编制，进一步确立电网在能源发展中的枢纽平台作用，建立能源、电网规划相互适应、同步调整的协同机制
3	金昌	市级	金发改函〔2022〕62 号	《关于做好陇电入浙特高压直流工程预可研编制需协调解决事项任务清单落实工作的函》	金昌市发展和改革委员会	2022 年 5 月 6 日	落实陇电入浙特高压直流工程预可研编制需协调解决事项，形成任务清单、落实工作任务，推动换流站、750 千伏变电站及送出线路选址选线、相关协议签订等工作时间节点
4	酒泉	市级	酒公发〔2022〕8 号	《2022 年深化警电合作指导意见》	酒泉市公安局	2022 年 3 月 7 日	全面深化公安机关和电网企业各领域合作，更好服务全市经济社会高质量发展
5	张掖	市级	张市农函〔2022〕41 号	《关于将农村电网发展规划纳入张掖市“十四五”推进农业农村现代化发展规划的函》	张掖市农业农村局	2022 年 1 月 20 日	张掖市农业农村局将张掖公司“十四五”农村电网发展规划纳入张掖市“十四五”推进农业农村现代化规划，明确了电网项目对于农业发展的重要性和必要性，为配农网项目合规有据、顺利实施奠定了基础
6	武威	市级	武办字〔2022〕39 号	《中国武威市委办公室、武威市人民政府办公室关于成立陇电入浙±800 千伏特高压直流输电工程及配套 750 千伏输变电工程项目推进领导小组的通知》	中共武威市委办公室、武威市人民政府办公室	2022 年 5 月 9 日	统筹协调推进陇电入浙工程及配套 750 千伏输变电工程项目进度，开展项目前期及施工建设协调工作，定期组织召开项目工作例会，研究解决项目推进过程中遇到的重点、难点问题
7	定西	市级	定政办函〔2022〕10 号	《定西市人民政府办公室关于调整定西市电网规划建设运行维护工作协调领导小组的通知》	定西市人民政府办公室	2022 年 3 月 17 日	明确小组相关成员单位工作职责及议事程序、信息报送等相关要求，更进一步推进政企合作，全方位保障和支撑定西电网高质量发展

【成效】

2022 年上半年，国网甘肃电力深化政企合作，在服务地方经济、推动绿色转型、优化营商环境、保障改善民生等方面发挥了重要作用。

在服务经济发展上作出了新贡献。发挥电力先行官作用，坚持“宁让电等发展、不让发展等电”，基础支撑保障能力不断增强。330 千伏酒泉风电送出等 4 项工程提前投运，在建配农网工程完成投资 26.5 亿元。与 14 家市州政府签署合作协议，为乡村振兴和构建“一核三带”区域发展格局提供坚强电力保障。降低工商业用电成本，减免中长期交易用户市场化偏差考核费用 1.25 亿元。配合政府开展转供电加价清理 235 万元。对 183 户受疫情影响特困行业小微企业和个体工商户实施“欠费不停供”措施，涉及金额 736.54 万元。制定助力中小企业纾困解难促进协同发展实施方案，细化安排 21 项支持举措。全力推广“电 e 金服”平台，累计服务 4000 多家企业获得普惠金融服务 69 亿元。对承租电网企业各类房屋的服务业小微企业和个体工商户，减免房租 1678 万元。助力疫情防控，全力保障 450 个防疫重点场所可靠供电，积极助力企业尽快复工复产。

在推动绿色转型上谱写了新篇章。谋划启动一批重大项目，加快特高压工程前期工作，陇东至山东特高压工程 2022 年完成可研、核准开工，甘肃至浙江特高压工程年内核准，甘电外送工程取得重要进展。积极服务新能源发展，优化新能源并网服务流程，完成新能源项目接入系统评审 1290 万千瓦，新增并网新能源 305 万千瓦，新能源总装机容量达 3201 万千瓦，同比增长 30.3%，装机容量占比 49.6%，排名全国第三，新能源发电量 309 亿千瓦时，同比增长 18.9%，发电量占比 27.8%，排名全国第三。着力提高新能源消纳能力，全省新能源利用率 93.54%，其中风电 91.41%，光伏 97.81%。积极服务碳达峰、碳中和，投运全国首套新能源全功能全景监控系统，建成西北首座“碳中和认证”330 千伏变电站。推动政府出台促进绿色消费实施方案，倡导绿色低碳生产生活方式。

在优化营商环境上取得了新进步。制定“获得电力”提升三年工作方案，推动甘肃“获得电力”指数提升至国家电网经营区第七位。让办电更高效，全面推行“阳光业扩”办电服务，高、低压客户办电环节分别压减至 4 个、2 个，主动延伸电网投资界面，投入 9.19 亿元保障客户快速接入，客户线上办电率达到 99%。让用电更经济，市场化交易电量占比超过 60%，代理购电工作走在国家电网前列，现货市场电量规模达到直购电交易总量的 76%。组织完成 61.95 亿千瓦时新能源补充交易，精准降低全省重点支柱企业用能成本 5.33 亿元。让服务更优质，开展行风建设年行动，推动办电信息公开透明，客户服务满意度达 99.82%，继续保持全省公共服务行业前列。让供电更可靠，组建工作专班，累计完成省级重大项目电力接入 66 项，服务武威天祝 5 户碳化硅企业全面复产，助力连铝、中瑞铝业等复产、扩产项目按期投运。

在保障改善民生上彰显了新作为。全力服务乡村振兴，集中开工 35 项 1246 万元定点帮扶捐赠项目，建成乡村电气化项目 72 个，完成消费帮扶 344 万元，国网甘肃电力获评全省帮扶工作“好”等次。认真做好应急抢险，妥善应对雨雪冰冻灾害，迅速完成庆阳、陇南暴洪灾害电力抢修。圆满完成神舟十四号飞船发射、省第十四次党代会、伏羲大典等重大保电任务。深入推进为民办实事，两批次招聘高校应届毕业生 540 人，安置退役军人 29 人。着力讲好甘肃故事，中央三大传统媒体报道公司工作 29 次，创历史最好水平。《人民日报》头版、《新闻联播》头条刊播全省新能源发展工作成效。

延伸阅读

沉浸式新闻发布会

2022 年 6 月 12 日，省政府新闻办在刘家峡水电厂举行国网甘肃电力立足新起点、谱写新篇章新闻发布会，就国网甘肃电力贯彻落实省第十四次党代会精神、服务甘肃清洁能源高质量发展、电网迎峰度夏及防汛等情况作了发布。这也是省政府新闻办首场企业沉浸式新闻发布会。

6 月 23 日下午，定西市政府新闻办首次沉浸式新闻发布会——国网定西供电公司“立足新起点谱写新篇章”新闻发布会在市政府新闻办新闻发布厅召开。

此次会议，旨在进一步深入学习贯彻落实中国共产党甘肃省第十四次代表大会精神，并把学习成果转化为电网建设及生产经营的实践动力；进一步加强政企媒沟通协调、联动互利的合作关系，打造多方共赢、互惠互利的发展环境，为促进地方经济社会发展作出新的更大的贡献。

甘肃省广播电视总台广播新闻中心、甘肃经济日报驻定西记者站，定西市融媒体中心、部分县（区）融媒体中心等媒体的近 10 名记者参加了发布会。定西市委宣传部相关负责人主持发布会，定西公司发展策划部、设备管理部相关负责人回答了记者提问。

积极践行“命运共同体”理念，努力找到合作共赢最大“公约数”，形成服务全市大局的工作合力。不断深化警电合作，与定西市公安局森林分局召开森林草原输配电线路火灾联合防治联席会议，审议通过《森林草原输配电线路火灾联合防治工作方案》，就坚持党建引领、完善工作机制、巩固提升成效、创新合作方式等方面进行了全面部署；共建媒企合作生态圈，主动融入全市大宣传工作格局，在市委宣传部的关心支持下，与广大媒体朋友建立了互通、互动、互信、互助的良好关系。

二、警电合作新机制

国网甘肃电力与省公安厅建立业务合作、信息共享警电合作新机制，签订省市县乡四级合作协议，按年度下发重点任务清单，全面提升打击涉电犯罪、反恐怖防范、安全保卫、网络安全等工作水平，为电网建设、运营、发展和稳定提供坚强的安全保障，打造警电合作甘肃样板和全国示范。

（一）开启警电深化合作

2020 年 3 月 24 日，国网甘肃电力与甘肃省公安厅签订战略合作协议，印发《深化警企合作实施方案》，推进落实四方面 15 项重点任务。如图 6－2 所示。

健全完善协作工作机制。省市县乡四级供电机构与相应层级公安机关建立健全沟通联络、会商研判、联合宣传、定期通报、现场办公等工作机制，及时研判涉电犯罪案件、电网工程受阻等情况，制定针对性打击整治措施；向社会宣传依法用电、安全用电以及涉电案件惩处等情况；市县公安机关在属地供电机构设立警务室，协调处理涉电问题。

图 6－2　与甘肃省公安厅签订深化警企战略合作框架协议

联合打击涉电违法行为。处置涉电案件 205 起，打击电力设施外力破坏行为 50 起，教育惩戒 30 余人。实施反窃电“飓风”专项行动，查处窃电及违约用电 212 户。保障重点工程建设，果断处置±800 千伏青豫直流施工现场围堵事件，快速侦破恶意讨薪诈骗案件，抓获 5 名犯罪嫌疑人。公安机关将枢纽变电站、三大直流密集通道等 189 处重要场所纳入治安防控重点范围，开展联合巡护 60 次，出动警力 300 余人次。

着力加强内部安全防护。在公安机关指导下，健全完善反恐怖防范工作体系，深化安防标准化建设，在重点部位完善一键报警和视频监控设施，对 479 名安保人员开展业务培训 41 次，警企联动开展防暴处突演练 16 次。协同开展“护网行动”网络安全攻防演习，强化网络入侵监测和处置。

如期投运“暖警工程”。针对公安基层单位取暖难问题，协助制定电采暖改造技术方案。双方投入 92 支队伍 2200 余人，仅用三个月时间，如期完成改造任务。公安厅专门发来感谢信，对工程安全、质量和进度表示肯定。

全力保障公安供电用电。协助公安机关开展重大活动和专项任务保供电服务 149 次，完成全省公安冬季大练兵远程集结拉动演练等警务供电保障任务，协助排查 486 个场所安全用电隐患，解决安全用电问题 636 项，为 924 名公安配电设施运维人员进行供用电技术培训。

深化警企共建和文化交流。开展党建联建活动，双方各级 406 个党支部结对联建，常态开展警企合作主题党日、“党建聚力 • 警企合作”“一颗拥警心 • 铸就警企情”等活动，开展支部联建、慰问交流等 190 余次。

（二）推进警电深化合作

国网甘肃电力携手省公安厅着力深化合作共建、联动共治、资源共享，不断拓展合作维度、深度、广度，联合印发《关于进一步深化警电战略合作工作的意见》（甘公警令发〔2021〕2 号），深入开展涉电违法犯罪防范打击、电力设施安全保护、森林草原线路保护、“暖警工程”建设、保障维稳应急供电、警务用电服务保障、网络安全协作和数据资源共享、党建联建和保障支撑等 8 个方面 28 项工作，更好服务全省经济社会高质量发展。

涉电犯罪打击成效显著。制度机制更加健全，省公安厅下发《关于加强防范打击涉电力违法犯罪工作的通知》，建立联动执法、联合调查、挂牌督办制度，明确省市县三级案件督办标准和主体，有效凝聚各警种工作合力。查处涉电案事件 397 起，其中立案 15 起，抓捕嫌疑人 10 人，警告训诫 169 人，在各地形成强力震慑。窃电查处更加严厉，组织反窃电省级直查，各级各地开展专项行动，查处窃电行为 359 起，解决用电纠纷 136 起，追收电费 419.82 万元。省级加强协调，严厉查处 9 起重大案件。外力破坏打击更加有力，各地打击盗窃、破坏电力设施违法行为 254 起，依法严惩恶意讨薪、拖欠农民工工资案事件 38 起。省级加强督办，国网武威供电公司协助送变电公司联合属地公安快速侦破“8 • 27”天中直流电力设施破坏案件，国网新区供电公司协同永登公安高效侦破“5 • 24”深沟村移民安置点电力导线盗割案件。

安全保卫护航有力有效。电力设施保护全面加强，国网甘肃电力会同省“三电办”专题召开 4 次省级联席会议，研讨推进电力设施保护工作。河西地区建立“西电东送”特高压密集通道保护协作机制，明确“护航警官”34

人。各地开展联合宣传166次、巡护229次、通道隐患整治400余次，布设“双落款”警示牌751处，治理“房线矛盾”等隐患577项，外力破坏隐患整治周期同比缩短30%。重点工程护航更加有力，强化“护航警官”制度落实，兰州、定西等地设立5个电网工程警务室。严保省级20项重点工程，紧盯市级重点和配农网工程建设。各地公安出警保障65次、处置恶意阻工85起，严惩“5·28”陇南西和围堵抢修现场等违法行为，受阻同比减少20%。内部治安防恐不断强化，省公安厅将国网甘肃电力重要场所和重点目标安保工作纳入公安机关内部治安系统年度考核。各级公安持续加强支持，指导刘家峡水电厂完成反恐怖防范国家级达标试点，信访稳定警电协作成效得到国家电网公司肯定，国网甘肃电力连续两年获评平安甘肃建设优秀单位。

警务涉电服务质效更高。“暖警工程”如期高质投运，联合天水等11个市州公安基层单位改造需求，国网甘肃电力增配套电网项目58项。投入34支队伍，安装变压器41台、架设线路25.8千米，完成112个单位、4.18万平方米电取暖改造。组织能源公司对2020年“暖警工程”开展“回头看”，开展培训284次。统筹配农网改造建设，解决省公安厅第二办公区配电设施长期运行不稳定问题，将陇南48个受2020年暴洪灾害影响的公安单位接入“电力生命线”。联合开展“雪亮工程”警务涉电隐患排查治理，协同检查供电线路213次，梳理解决线路绝缘老化、供电回路不规范等问题隐患182项。警务用电保障不断加强，各级单位落实“1+1”双经理“网格制”，开展专项服务704次、电工培训67次，组织用电检查217次、整治问题330项。各地完成景泰黄河石林公共安全事件救援等应急供电和防疫执勤等临时供电362次，完成公安部庆阳“7·12”会议等保电81项。

共赢发展空间不断拓展。森林草原领域合作顺畅，省级联合下发合作实施方案，建立火灾联防联治机制，陇南等7个市州设立火灾联防警务室。天水、定西等地建立森林火险防治协调例会、应急演练处置等制度机制。各地开展护林护线联合巡视和“树线矛盾”专项整治，处置树障隐患11 046处、火灾隐患672处、违规用火155处。网络安全协作层次更高，省公安厅将公司信息系统纳入省级保卫平台监测防护，电力行业网安监测预警分中心试运转成效明显，网安警务室在电科院挂牌成立。建立信息共享、情报互通、舆情联动处置机制，协同成功溯源黑产、挖矿组织线索 5 起，联合举办第二届“陇警杯”网络安全技能大赛。数据信息共享更加深入，依法深度共享全量电力用户信息和常住人口信息，助力智慧警务建设和案件查办侦破，助推用电客户“零证办电”。

（三）巩固深化警电合作

随着合作逐渐深化、合作基础越发牢固，下发《国网甘肃电力关于全面做好 2022 年警电合作工作的通知》（甘电司〔2022〕59 号），围绕涉电违法犯罪防范打击、电力设施安全保护、电网工程和重要场所安全保卫、森林草原火险防治和线路保护、维稳应急供电和“暖警工程”运行、警务用电保障和节能增值服务、网络安全和数据价值挖掘协作、党建联建和保障支撑八个方面，推进各层级进一步固化汇报沟通、联合会商、协同作战等机制，进一步拓展警电合作范围和工作深度。

巩固警电合作机制，构建多赢共赢格局。充分发挥各自优势，双方以联系协调、会商研判、通报预警、线索奖励、联合宣传五项机制为出发点，持续健全各领域警电合作模式，促进各领域任务有效落地。合作机制持续优化。建立省级年度会议机制，每年召开省级深化警电合作视频会议，贯通至市县乡三级，联合制定下发年度重点任务，覆盖公安机关各警种和电网企业各专业。合作领域持续拓展。创新拓展森林草原火险防治及线路保护、维稳应急、“雪亮工程”电力保障合作，全面延伸网安协作、数据共享、党建联建、联谊共建的范围层次。合作力度持续深化。围绕治安防控、信息共享、供电保障等日常业务，在助力乡村振兴、服务绿色发展等方面同心协力，在抗击新冠疫情过程中共克时艰，在应对雨雪冰冻灾害中协同作战，有力保障全省经济社会平稳运行。通过警电合作，凸显放大各自优势，增强服务全省大局的战斗力，国网甘肃电力连续三年平安甘肃建设成效显著。

强化涉电犯罪打击，确保电力可靠供应。电力供应关系能源安全和国计民生，双方以防范打击涉电违法犯罪为关注点，持续强化电力设施保护联动作用，有效护航重点电网建设工程，严厉整治窃电等危害国有资产安全的行为。有力保障大电网安全。市县乡三级召开警电联席会议，开展联合巡护、联合宣传，设置“双落款”警示标示牌。护航省列重大项目建设。落实“护航警官”机制，建立电网工程警务室（站），确保 52 项重点电网工程顺利实施，处置恶意阻工案事件 88 起[1]，为甘肃省能源基础设施建设提供有力支撑。共同保护国有资产。各级公安机关加大涉电案件查办，破获兰州、陇南等地盗窃破坏电力设施案件 3 起。

注重多元业务突破，巩固深化合作成果。以全领域多专业合作为突破点，持续发掘警电合作新领域，共同为社会治安综合治理奠定合作基础。数字政府建设更加有力。围绕数据联通、信息共享、业务协同，与数字政府专班就电力数据服务政府、民生、企业开展技术与业务交流，提交能源大数据接口规范和产品服务目录，在“甘快办”政务网开通“线上办电”业务。已全面实现用电客户“零证办电”。依法深度共享全量电力用户信息，助力案件查办侦破，共同促进发挥数据信息价值[2]。森林草原保护更加顺畅。切实防控影响电力线路运行和森林草原安全的风险隐患，全面助力构筑省内生态安全屏障。安全保卫工作更加规范。落实电力系统治安反恐达标要求，各级公安机关深入电网企业开展安保培训 53 次，市州级以上单位开展防暴处突应急联动演练 31 次。

深化各级交流共建，推动合作走深走实。省市县乡四级电网企业主动开展党支部结对共建，开展各项党建活动。各地开展警电合作专题宣传，在中央、省级、行业媒体和国家电网内部媒体发表稿件 540 余篇，电力设施保护、安全用电等法制教育视频在甘肃卫视及各市州电视台持续播放。特别是 2022 年，白银签订抢险救灾应急联动战略合作协议等新闻在甘肃卫视播放，各级警电联合宣传报道在“视听甘肃”App 转载 8 篇，为巩固提升甘肃警电合作典型做法积累了宝贵经验。

---

[1] 陇南 2022 年已处置两期阻挡配电网工程建设施工案件。

[2] 2022 年帮助省公安厅合成作战中心完成线索核查。

延伸阅读

密集输电通道“两个纳入”

2022年，为全面实现“两个纳入”[1]，国网甘肃电力联合政府部门，完善工作机制，正式开启密集输电通道联合防控的重点工作。

建立联合防控工作机制。2022年8月，甘肃省发展改革委印发《关于建立甘肃省密集输电通道联合防控工作机制的通知》（甘发改密电〔2022〕408号），成立联合防控工作机制领导和工作小组（联合防控工作机制办公室），明确牵头部门、成员单位和职责分工。领导小组印发《加强我省密集输电通道安全管理工作方案》（甘发改密电〔2022〕409号），对密集输电通道安全管理重点工作进行安排部署，构建政府主导、企业负责、属地协同、多方共治的密集输电通道安全管理体系。

建立工作台账和管理标准。按照《国务院办公厅关于加强密集输电通道安全管理工作的通知》（国办函〔2022〕50号）要求，国网甘肃电力按照国家最新定义梳理密集输电通道台账，制定密集输电通道管理规定、运维保障工作指南，严格落实设备主人制，完善“三级”护线网络，逐一明确设施巡护队伍和属地联系人员，开展通道风险评估，制定针对性防范措施、建立风险防控工作台账，形成“一道一策”风险管控方案。密集输电通道部署在线监测装置1178套，RTK无人机、移动机巢车等智能装备336件，实现有信号区逐塔可视、无人机自主巡检全覆盖。

构建信息联动和资源共享机制。国网甘肃电力与省应急厅、气象局签订战略合作框架协议。实现与省应急厅应急指挥系统通信畅通，灾害预警信息共享，协同开展防灾减灾应急处置。与气象局共同推进电网气象监测能力建设，建立标准兼容、及时有效的信息交换网络系统和信息共享业务平台，实现实时气象和历史监测数据、灾害案例等信息共享，联合开展气象信息大数据分析，为有效应对气象灾害、科学开展电力调度，提供信息支撑。

---

[1] “两个纳入”：将密集通道电力设施保护纳入地方公共安全管理范畴，纳入社会治安综合管理责任考核范畴。

开展联合巡护和现场调研。省联合防控工作机制领导小组牵头，发改、公安、工信、应急、自然资源、气象、能源、林草等部门及国网甘肃电力，协同武威、白银市政府相关部门在武威古浪、白银景泰密集输电通道现场开展现场调研。连续三年与省公安厅召开深化警电战略合作会议，联合发布《深化警电战略合作工作的意见》，建立“一贯到底”联络清单和“护航警官”体系。省市县乡四级按照年、半年、季度、月开展省级警电联合巡护及隐患治理，协调解决相关问题。密集输电通道警电联巡联护专项行动现场如图 6-3 所示。

图 6-3 密集输电通道警电联巡联护专项行动现场

开展通道隐患排查治理。组织开展密集输电通道专项隐患排查，排查易漂浮物、施工外破隐患 2 类 21 处（其中易漂浮物 13 处，施工外力破坏 8 处）。在省联合防控工作办公室的指导和各级政府及相关部门大力配合下，通过联合巡查执法，销号隐患 10 处，拆除通道内违章建筑 2 处，加固塑料大棚、彩钢房 13 处，安装政企双落款警示牌 45 块、“高压电危险”大型警示牌 28 块、在线监测 11 套。

刘家峡水电厂顺利通过国家反恐重点目标达标试点建设验收

2022年1月20日，国家反恐办委托甘肃省反恐办对刘家峡水电厂重点目标达标试点建设工作开展现场验收。验收组听取试点建设专题汇报，检查安防监控中心、大坝、生产厂房等重点部位和试点建设相关资料，对照《电力系统治安反恐防范要求》逐项开展验收评价。验收组认为，刘家峡水电厂反恐达标试点建设立足行业实际，有效结合现场特点，应用先进技术，试点建设成效显著，具有示范性和推广性，顺利通过验收。

国网甘肃电力高度重视反恐达标试点建设工作，主要领导在安委会、工作例会专题安排部署，分管领导进驻现场督导试点建设工作，相关部门协同筹措建设资金，为试点建设提供坚强保障。及时掌握公安部最新要求，邀请水规总院现场勘察、确定建设方案，成立工作专班，重点研究质量进度管控、平台融合贯通、设备验收把关等工作，实行建设“日报”制度。联合省反恐办成立试点建设领导小组，明确各方职责，建立“政府主导，多方联动”工作机制。建设过程中，多次组织召开试点建设工作推进会，及时协调解决建设中存在的困难和问题，保证试点建设工作顺利实施。

建立“3+3”反恐保卫工作体系。“3+3”反恐工作体系即组织体系、制度体系、保障体系；常态防范机制、教育培训机制、应急联动机制。健全完善两级反恐怖防范网络，形成保卫部统筹协调、专业部门各司其职的反恐保卫管理模式。制定《防恐保卫管理细则》等16项规章制度，及时修编防范恐怖袭击现场处置方案，强化制度执行落实。健全完善执勤巡逻、准入核查、设备运维、实时监控等常态防范机制，常态化开展反恐教育培训，固化每年2次联合演练工作机制。

建成“五位一体”安防监控中心。按照“平时业务、战时指挥”的思路，制定安防监控中心工作规范，明确安防监控中心定位，配置24小时值班人员，建成出入统一管控、无人机遥控巡航、入侵实时监视、信息即时汇报、战时应急指挥等职能于一体的安防监控中心，常态开展管理区域无人机遥控巡航、外部人员身份审查及准入授权管理，规范安保报警信息分析汇报，及时发现并制止入侵行为，发生突发事件及时向属地武警部队、公安机关、消防部门报告并协助开展现场处置指挥。

打造“水陆空”全域智慧安防平台。部署“水面监测+船只识别”系统，快速识别入侵船只，设置水面拦阻索、巡逻船，提高水域防范能力；严格外来人员、车辆准入管理，在所有出入口部署识别监测装置，配齐防爆毯、防车辆冲撞等物防措施，提高陆域防范能力；按照国家要求配置无人机防御装置，实现低空黑飞无人机自动防御，提高空域防范能力。深度融合水面监测、船只识别、人车识别、无人机防御等系统功能，建立智慧安防平台，具备预警联动、精准监视、入侵跟踪等功能，实现水陆空安全状态全景可视、人物技防线上管控。

固化“政、军、警、消、医、企”联动机制。结合管理区域特点，完善应对水域、空域、陆域强行进入等八个现场处置方案，开展应急处置专项培训4次。强化属地协调联动，建立与武警部队、公安机关、海事、文旅、消防、医院等单位全方位应急联动机制，优化“军警企”一键报警功能，细化突发事件处置各级职责。完成冲撞厂房大门、水面入侵等专项反恐处突演练，常态开展联动演练，检验协同联动处置流程，持续提高企业反恐应急能力。

国网甘肃电力以本次达标试点验收为契机，进一步强化反恐怖防范主体责任，在严格落实反恐人防、物防、技防措施的基础上，以提升安防能力为目标，以优化安防平台为抓手，以多方联动为方向，总结试点建设经验，全面完成一、二、三级重点目标达标建设任务，夯实平安电网建设基础，保障电网安全运行。

三、平安建设新高度

自2019年平安甘肃建设工作启动以来，国网甘肃电力切实履行政治、经济、社会三大责任，充分发挥国有企业“六个力量”作用，加强思想政治建设，提高政治素养，强化人民防线建设，连续三年荣获“平安甘肃建设优秀单位”。

（一）开启平安甘肃建设

2019年，国网甘肃电力将平安甘肃建设作为年度工作中的重要部分，确保各项要求落实到位。

维护国家政治安全。深入推进党建及党风廉政建设，应用大数据和互联网思维，积极构建监督网络，搭建监督平台，全面提升监督能力。对照“六个围绕、一个加强”，将政治巡察与中心工作内嵌融合，持续加大政治巡察力度。持续开展中央八项规定精神监督检查，加强重点领域和关键环节廉洁风险防控。强化执纪问责，聚焦“三类人”，紧盯重点领域和关键环节，形成反腐败高压态势。有效防范化解影响国家政治安全重大风险隐患。坚持把党的政治建设融入落实党中央、省委重大决策部署的全过程，加强电网建设，保障电网安全，服务项目建设，优化营商环境，支持新能源产业发展，支撑服务地方经济社会发展。建立“365 意识形态网格化管理”体系[1]，实现意识形态工作责任制全覆盖、全落实。扎实开展反恐防暴工作，逐项落实人防、物防和技防措施。在新中国成立 70 周年庆祝活动前期，专题下发《关于加强防恐保卫和网络安全工作的通知》，对防恐保卫工作提出要求，切实防范暴恐事件发生。2019 年，国网甘肃电力经营区域内未发生暴恐事件。筑牢国家安全人民防线。将国家安全工作纳入治安综合管理体系，层层分解落实责任。组织各级单位利用电子屏、展板、横幅、网站等媒体，广泛宣传国家安全知识。健全工作机制，加强重大节日活动、重要敏感日期安全保卫和防范工作。高度重视保密工作。进一步提高信息化条件下的保密技术防范能力，定期对涉密计算机进行扫描检查。2019 年，国网甘肃电力未发生失泄密事件，顺利通过省保密局组织的自查自评专项督查，是 30 家受检企事业单位中唯一获得优秀的企业。

预防化解社会不稳定因素。积极配合“扫黑除恶”专项斗争及惩治黄赌毒拐骗等专项行动。加大宣传力度，广泛宣传扫黑除恶、惩治黄赌毒拐骗的重要意义和举报渠道，动员揭发各类犯罪线索，提高思想认识，营造良好的治安环境氛围。针对新中国成立 70 周年等特殊时段，加大治安巡逻频次和规模，打造共建共治共享的社会治安格局。落实重大决策社会稳定风险评估机制、抓好维稳情报信息预测、预警、预防，依法妥善处置群体性事件。发挥“大信访维稳”工作机制作用，以高度的政治站位，全面整改完成 9 项中央巡视组转办信访件。建立重点信访案件领导干部包案办理机制，着力化解信访

---

[1] 包含一级网格 1 个，二级网格共 52 个，三级网格 507 个；各单位新闻发言人共 105 人，网评员队伍共 3619 人。

积案难案，保障全国两会、全省两会、新中国成立70周年庆祝活动、国家领导人考察调研等重要时段的信访稳定局面。全年未发生重大群体性事件和较大社会负面影响信访事件，未发生上级通报考核的信访责任事件。加强普法宣传教育，预防内部人员违法犯罪和可防性刑事案件。加大警示教育力度，以“身边案”警示“身边人”，提升宣传教育效果。实施精准普法，分层次、分类别、分重点明确各类主体学习重点和要求，将法律培训纳入年度教育培训计划，覆盖各层级干部职工。2019省公司层面组织各类培训16次，参加人数超过1万人次，有效提升干部员工法治意识，未发生内部人员违法犯罪和可防性刑事案件。建立特困职工的帮扶救助长效机制。建立完善特困职工生活保障、职工家庭急难救助、特困职工群体救助机制，常态化开展两级困难职工的帮扶工作。针对甘肃省脱贫攻坚工作形势，建立“帮贫帮困帮弱和助学助优助艺”为主题的具有公司特色的“三帮三助”帮扶品牌。全年慰问特困职工42户，帮扶职工子女助学151人，向西和县大桥镇300多名困难大学生捐款60万元。开展矛盾纠纷排查化解涉访工作。以覆盖全员、突出重点为基本原则，开展信访风险隐患大排查，研究制定化解措施，落实领导包案机制，建立专项处置预案，确保不稳定因素可控在控。

全力抓好社会治安防控体系建设。认真贯彻内部治安防控制度要求。组织各级单位建立内部保卫人员配备及日常巡逻、检查等制度，开展日常安全巡逻、出入登记、内部治安保卫等工作，保障正常工作秩序。严格落实物防措施，在省市县三级警务室，依法配备警棍、盾牌、防爆头盔、防刺背心、执法记录仪等装备，有效提高物防水平。常态化开展治安风险隐患排查工作，及时发现并处置治安问题。加强与公安部门的沟通联系，发挥省市县三级警务室作用，打击非法集资、金融诈骗等不法行为。在省公安厅、兰州市公安局等单位针对治安保卫、反恐等方面的多次检查调研中，国网甘肃电力社会治安防控体系建设工作得到充分肯定。

维护安全生产良好局面。建立健全生产安全责任制和安全生产规范规章制度。编制印发《全面从严安全生产管理的意见》，落实各级安全责任，加强事前监督和过程管控，严格责任性安全事故党纪政纪处分和经济处罚。修订发布《安全责任清单》，督促各级知责明责、严格履职。制定安全生产巡查管理办法和巡查标准，对所属单位开展巡查，完成安全量化评价、领导干部安全履职评价。启动本质安全体系建设工作。编制落实本质安全建设实施意见，制定本质安全建设任务清单，将履责情况纳入月度绩效考核，切实提升“八种能力”。制定《安全生产改革发展意见实施方案》，明确36条措施和126项重点任务，提升电网本质安全水平。按规定提取和使用安全生产费用，完善安全生产奖惩激励机制，设立省市县公司三级安全奖励基金，购置安全工器具、消防器材、反恐装备，加强应急队伍建设以及开展安全教育培训。

全面加强消防安全管理。严格落实消防安全责任制。制定消防安全制度，印发《健全完善消防安全管理体系工作方案》，初步建成“4+1”消防安全管理体系[1]。设立省、市公司两级消防管理中心。开展消防安全检查，及时消除火灾隐患。开展“防风险、保平安、迎大庆”消防安全专项行动，排查整治消防隐患1114项。深入开展电气火灾综合治理活动，2018年以来累计排查整改隐患4579项。以“高层建筑电气火灾综合治理”专项活动为契机，开展调度通信楼安全综合治理，全年组织消防专项检查10次，消除各类消防隐患38项。落实消防设施系统接入和值班人员持证上岗要求。依法委托专业机构开展消防设施维保和检测，确保做到按月维保，按年检测。接入省消防总队物联网远程监控系统，实行24小时值班，及时发现消除火灾隐患。开展消防安全应知应会知识抽考，覆盖三级管理网络 114 名人员。建立企业消防队伍，为消防安全保驾护航。组建专职消防队，承担直流换流站驻站消防任务，并配合地方消防队伍3次成功扑救社会突发火情，得到酒泉消防支队致函感谢。修订完善各级单位重要场所消防安全应急预案，按规定向地方有关部门报备，每半年组织一次疏散演练。

严格落实环境保护要求。建立完善环境风险防控体系。全面落实环保“三同时”制度，开展电网工程项目环保专项设计。强化制度建设，制定下发《电网建设项目竣工环境保护验收实施细则》，有效规范环保自主验收。加强政企联动，与省生态环境厅建立定期会商、集中环评和联络员三项协调机制，推动甘肃电网环保工作。拓展政企联动范围，将电磁环境投诉、生态红线划定作为重点，逐步完善电磁环境、生态红线、污染防治全体系协调机制。健全完善应急预案。逐年滚动修订应急预案，2019 年，修订《国网甘肃电力突发

[1] “4”指组织体系、责任体系、制度体系、工作体系，“1”指支撑体系。

环境事件应急预案》（甘电司科〔2019〕545 号），最大程度预防和减少突发环境事件及其造成的影响。组织所属地市公司开展应急演练或参加所在地环保行政主管部门组织的应急演练，进一步加强输变电工程电磁、噪声污染防治及环境风险防控和应急管理工作。加强环境隐患排查与应急物资管理。加强环境应急物资的仓储、管理和使用。通过加强政企联动，健全防控机制，强化隐患治理，国网甘肃电力未发生突发环境事件或污染事故。

（二）深入建设平安甘肃

2020 年，国网甘肃电力积极参与平安建设工作，巩固 2019 年良好成果，为平安甘肃建设推进贡献“陇电力量”。

坚守政治本色，维护政治安全。旗帜鲜明讲政治，贯彻中央《关于加强党的政治建设的意见》，扎实开展两批“不忘初心、牢记使命”主题教育，坚持党的全面领导，实现党的建设与公司治理深度融合，党委把方向、管大局、保落实作用充分发挥。不折不扣落实中央重大决策部署，坚持扶真贫、真扶贫，脱贫攻坚电网建设任务全面完成，光伏扶贫每年产生稳定收益 5.6 亿元，扶贫工作连续 6 年获省委省政府表彰。助力污染防治攻坚战，拓展电力外送规模和空间，推动甘肃绿色电力外送 20 个省市，陇东至山东特高压直流工程取得积极进展，为打赢全国蓝天保卫战贡献甘肃力量。持续深化全面从严治党，推进政治监督具体化常态化，实现二级单位巡察全覆盖。全面落实意识形态责任制，牢固实施“365 意识形态网格化管理”，建立健全舆情预警分析处置机制，坚守正确政治方向、舆论导向、价值取向。

立足行业本职，保障能源安全。着力建设坚强智能甘肃电网。“十三五”以来，累计投资 316 亿元，基本建成以特高压、超高压为骨干网架、各级电网协调发展的坚强智能电网，电网安全水平、供电能力大幅提升，甘肃电网安全运行超过 30 年。扎实开展安全风险隐患治理。启动安全生产专项整治三年行动，开展保障大电网安全等 15 个安全生产专项行动，排查治理安全隐患 8.96 万项，加快应急能力现代化建设，本质安全水平大幅提升。全力构建大安全管理体系。坚持依法治安、改革强安、科技兴安、铁腕治安，狠抓安全生产组织体系、责任体系和制度体系建设，构建人人有责、人人尽责的安全防控体系。

聚焦改善民生，构建和谐社会。改善营商环境，全面推行“阳光业扩”，精简办电环节，线上办电率达 92.89%，基本实现了让人民群众不跑路、少跑路。深化警企合作，联合开展打击整治涉电违法犯罪专项行动。

（三）推进高水平平安建设

2021 年，国网甘肃电力深入学习贯彻习总书记关于建设更高水平平安中国重要指示精神，牢固树立“大平安”理念，严格履行平安建设责任，推动平安甘肃建设再上新台阶。

坚决服务全省大局。新能源发电量 410.12 亿千瓦时，同比增长 13.84%，利用率 97.35%。甘电外送 473.09 亿千瓦时，同比增长 6.64%。坚决落实减税降费和降价政策，全年减少用电成本超过 83 亿元，其中国网甘肃电力承担 69 亿元、占比达 82.82%。加大投资建设力度，全年投资 99.6 亿元、同比增长 11.4%，中兰铁路供电工程等省列重大项目提前建成。省内用电首次突破 1000 亿千瓦时。

全面助力乡村振兴。巩固脱贫攻坚成果，有序衔接乡村振兴工作，开展服务乡村振兴“三队一区一岗”建设，切实把群众利益放在心上，做实乡村振兴；下达 64.63 亿元实施 10 千伏及以下配农网巩固提升工程，累计支付光伏扶贫电站电费及补贴 8.9 亿元，创新推出“智能共享用电”模式，彻底解决农机三相动力用电布点少、投资高和建设难的问题。扶贫工作连续 7 年获省委、省政府表彰，作为唯一驻甘央企获全国脱贫攻坚先进集体。

维护社会和谐稳定。深化“大信访维稳”工作机制建设，加强不稳定因素排查化解，建立信访稳定政企警电协作联动机制，农民工讨薪信访量同比下降 43%。开展“治重化积”专项工作，越级信访、重复信访大幅下降，初信初访化解率大幅提升。

全力确保电力供应。2021 年，面对全国电力供应紧张，甘肃省内电煤供应紧张、火电机组非停、黄河来水减小相叠加的严峻形势，坚决落实省委省政府部署要求，加强源网荷储协同；强化火电机组管理，督促 18 台非停机组 10 月底恢复并网。精准开展跨省区互济交易，累计调整跨区直流 86 次，实时购电 45 亿千瓦时；全力保障大电网安全运行，强化重要电力设施运行维护，切实筑牢电网安全“三道防线”，甘肃电网保持长周期安全稳定超过 33 年；2021 年累计投资 114.88 亿元，统筹推进城乡配电网发展，打造运行灵活、安全可靠的城市配电网，加快建设现代化新型农村电网。

全力保障安全生产。严格落实企业主体责任，制定领导人员安全责任、安全工作“两个清单”和“安全管理 20 条禁令”，滚动修订全员安全责任清单；扎实开展安全生产专项整治三年行动，狠抓突出问题和管理短板整改，治理各类问题隐患 5524 项，形成制度成果 76 个；圆满完成陇东南暴雨暴雪灾害和支援河南抢险救灾工作，得到省委省政府充分肯定。

全力抗击新冠疫情。严把政策执行、信息核查、人员管控、场所消毒、物资保障五道关口，出动保电人员 1.65 万人次、保电车辆 5437 台次，全力确保 6559 个防疫重要场所供电保障万无一失，得到任振鹤省长批示肯定。

加强生态环境保护。完成《生态文明建设中的电网企业环（水）保全寿命管理体系完善》政研课题，全范围、全体系生态环保管理新模式逐步形成。全面落实“三同时”制度，有力保证绿色生态环境；积极推进电力大数据在甘肃生态环境领域的创新应用，自主研发建设智慧环保用电监测平台和“电眼看祁连”等大数据分析平台，《基于电力数据的重点企业污染防治专题检测分析报告》被甘肃省科技情报所采纳应用。全年未发生突发环境事件和环境污染事件。

健全反恐防爆体系。围绕加强组织领导、完善制度体系、创新联动机制、强化日常管理、建全考评机制等重点，将反恐怖防范与生产经营工作同谋划、同部署、同考核；强化技防措施，高标准完成刘家峡水电厂国家级反恐达标试点建设，建成±800 千伏祁连换流站和 750 千伏兰州东变电站无人机防御系统，110 千伏及以上变电站实现一键报警装置全覆盖；建立与公安机关反恐处突协作机制，邀请反恐专家开展 36 场次业务培训，参培 780 余人，联合公安、武警等部门开展规模性防暴处突演练 59 次。

强化内部治安保卫。健全省市县三级内部保卫体系，配备保卫人员近千人。建立“4+1+1”内保队伍建设机制，邀请公安机关现场培训，提升保卫人员内部治安管理能力，配齐防暴应急装备，常态化开展安全巡逻、出入登记等工作，保障正常工作秩序；加强与属地公安机关协调联动，强化各类场所物防、技防措施落实检查，将调度楼、枢纽变电站等 189 个场所纳入治安保卫重点目标；积极配合“扫黑除恶”专项斗争及惩治黄赌毒等专项治理活动，应用电力大数据全面助力公安机关开展违法犯罪活动侦察。

强化网络安全信息。扛起“关键信息基础设施运营者”重大责任，筑牢网络安全“三道防线”，加快建设“依法合规、开放可信、实战对抗、联动防御”全天候全场景网络安全防御体系；建成网络安全和信息安全工程中心两大重点实验室，成功申请信息安全风险评估和应急处理资质，建立2支56人红蓝对抗队伍，被省委网信办评选为2021～2023年度网络安全技术支撑单位，荣获国家电网公司2021年网络攻防先进集体称号；建立覆盖省市县三级的多维栅格状电力监控系统安全防护体系，筑牢大电网安全稳定运行网络安全防线。

提升消防安全水平。坚持“预防为主，防消结合”，持续深化“4+1”消防管理体系，进一步提升省市两级24个消防管理中心运转质效，全面加强消防监测处置和常态管理。强化“智慧消防”，不断优化消防安全物联网平台，实现实时监测、远程可视、火灾防控、灭火救援四方面10大功能，接入全部变电站、办公楼和库房、机房等场所1488处，全年及时监测处置20起火险；加强队伍建设，祁连换流站建立20人专业消防队伍并成功扑救2起驻地附近车辆突发火情，得到酒泉市消防支队致函肯定。

加强法治宣传教育。全年组织宪法宣传、依法防疫、依法治安等专题活动20余场次，累计开展法治培训30余场次，制作展板200余块，发放普法书籍5000余册，拍摄宣传视频100余部。内外部刊登宣传报道40余篇，推动形成办事依法、遇事找法、解决问题用法、化解矛盾靠法的良好法治环境。

延伸阅读

“党建+”工程建设

建立四级责任体系。明确公司党委、专业部门党组织、基层党支部、党员四级责任主体，以落实党建工作责任制为导向，以党委领导作用、党支部战斗堡垒作用、党员先锋模范作用为根本，建立责任清单，从部署、推进、落实、评估四个层面，分类阐明四级主体抓“党建+”工程的责任。

设置五维导航模式。构建以职责为根本、任务为导向、措施为基础、机制为保障、考核为支撑的“五维一体”导航模式，全方位指导、推动、保障“党建+”工程实施。职责层面，聚焦责任上肩，清单式明确各级责任主体抓“党建+”工程的具体责任；任务层面，聚焦“加什么”，针对不同层级、专业，方向性指明实施“党建+”工程的着力点；措施层面，聚焦“怎么加”，梳理党建工作的载体方法，制定党建与生产经营融合的“七个一”[1]典型措施；机制层面，聚焦闭环管理，建立季度例会、双向共建、互评互促等工作机制；考核层面，聚焦落地见效，建立考评体系，量化评估党建与生产经营融合质效。

动态实施重点工程。把改革发展的需求作为“党建+”工程的靶向，把生产经营的难点作为“党建+”工程的重点，聚焦建设具有中国特色国际领先的能源互联网企业战略目标，紧盯年度重点目标任务和关键核心指标，每年由党委研议确定 8～10 项“党建+”工程，先后实施“党建+脱贫攻坚”“党建+优化营商环境”“党建+新能源消纳”“党建+县公司和供电所达标创优”等，真正把党建引领作用发挥在推动公司和电网高质量发展最需要的地方。

实施融合效能评估。“党建+”“加得如何”“加出了什么成效”，坚持答好“务实卷”、算好“成效账”，实施“党建+”工程效能评估，建立评价指标体系，从党建融入效果和业务提升成效两个维度衡量评价实施“党建+”工程的效能，从党建工作与业务工作两个层面应用考核评价，用生产经营的质效检验党建工作成效，实现党建工作与生产经营的相融并进。

数字化审计模式靶向监督护航脱贫攻坚

甘肃作为全国脱贫攻坚主战场，电力优先发挥排头兵作用，响应中央精准扶贫号召，优先聚焦电网建设与改造、产业扶贫、光伏扶贫发电项目接网等重点领域，仅 2020 年投资便达 316.03 亿元。为服务甘肃顺利打赢脱贫攻

[1]. “七个一”：履行一份责任、建强一个组织、建好一座阵地、强化一场教育、开展一类实践、深化一项活动、锤炼一支队伍。

坚战，国网甘肃电力的工程审计从管理审计、“嵌入式”审计到现在的“融入式”审计，陆续实现抽样到全量、传统到数字化、事后到事中的审计方式转变，以“数字化审计”护航脱贫攻坚，确保党和国家的重大政策落实落地。

坚持数字引领，持续提升审计质效。应用线上作业工具。全面应用工程审计流程管控工具（简称管控工具）进行审计全流程线上作业，各单位需充分结合本单位实际提出意见建议，持续优化应用中出现的问题，提升系统的稳定性、操作性、实用性。应用智能化工具。以管控工具为核心，全面应用非结构文档提取、模型疑点自动运行、“云审计”作业 App 三类配套工具，实现非结构文档自动转换，疑点自动输出，施工现场的资料查询，图片、音频、视频取证及上传，替代人工录入实现工作减负。持续优化审计中间表。持续完善大型基建、配农网工程 2.0 版审计中间表智能化建设，提升模型逻辑选取的针对性和问题输出的准确性，并力争形成 3.0 版审计中间表。

落实管理机制，严格把控项目质量。落实项目报审制。被审计单位、中介机构严格按照报审要求，动态跟踪项目竣工、结算进度，收集审核资料，确保结算编审与项目报审紧密耦合，对报审不实、报审滞后等情形纳入被审计单位、中介机构考核。落实项目经理制。由审计机构相关人员担任项目经理，并在计划任务、审计重点、沟通协调、质量时效等方面严格履职，充分发挥项目经理在专业部门、被审计单位、中介机构之间的纽带作用，将履职情况纳入绩效考核。落实现场督导制。结合管控工具实时对审计现场作业情况进行远程监控，了解审计中存在的问题，对审计组各项任务执行情况进行实地监督、指导，实现在审计过程中的及时纠偏并协调解决重大问题。落实报告审理制。以报告审理作为审计项目撤点前的必备条件，对数字化疑点核实情况及工程建设全过程的广度、深度进行全面审理，提出审理意见，事中查缺补漏，实现“撤现场、问题清、意见合”。落实业审协同制。借助专业优势，在计划安排、项目报审、项目实施、意见征求、问题整改等全过程与专业部门密切协作，针对审计过程中的屡查屡犯、苗头性问题，通过点对点沟通、联系单、不定期会谈等方式，形成管理合力。落实双重考核制。对各单位负责实施的“融入式”工程审计执行同质化管理，借助管控工具进行不定期抽查，对审计中间表应用、管控工具应用、作业标准、审计质量等全面纳入月度考核。

落实科技强审，促进创新成果落地。滚动修编“审计四库”。在《国网甘肃电力工程全过程合规管理“审计四库”》（审计〔2021〕19 号）的基础上，结合后续审计发现问题持续滚动修编“审计四库”，形成适用于工程建设管理的“字典”。探索造价模型数字化路径。在工程管理审计数字化模型应用基础上，探索尝试配农网造价模型数字化的实现路径，进一步将审计触角前置到项目储备环节，为项目储备、造价审计的合规性、精准性提供指导依据。形成后评审数字化模型。进一步延伸项目投运后的数字化审计，对近两年开展的重大项目后评审指标的历史数据源进行分析，研究形成后评审数字化模型，实现后评审数据指标智能分析，在评价项目建设合规基础上评价项目的运营能力。巩固拓展创新成果。国网甘肃电力审计部、国网兰州供电公司尝试与科技部合作实施省部级重大科技项目；国网张掖、庆阳、平凉、临夏供电公司 4 家单位将近几年产生的创新案例进一步完善升级，转化为各级各类研究成果，反哺于相关专业、基层单位，形成协同推进、信息共享、成果共用的健康审计生态。

通过数字化审计的建设落地，发现问题 1804 项，审计核减施工费用 9990.38 万元，提出建设性意见、建议 1800 余条；问责考核 867 人次；修订完善制度 214 项；有针对性地开展业务培训 2880 人次。

第三篇　创新篇

2020 年，国网甘肃电力创新提出生产指挥中心建设，协同组织架构、管理模式、技术手段的优化，推进安全管控、设备管控、消防管控、应急指挥“四中心”一体化管理，积极构建数字化、智能化指挥体系。各市县公司生产指挥中心稳定运转，建立相应制度、机制，两级中心在设备状态管控、现场安全管控、应急快速处置等方面发挥了重要作用，极大加强了安全生产工作。2022 年，国网甘肃电力凭借两年的探索实践经验，依托生产指挥中心，正式成立指挥中心，深化纵向贯通、横向协同、内外联动的指挥体系的建设工作。进一步打造全新组织、技术和展示平台，集中资源配置，强化业务协同，有效激发组织活力，提高对新型电力系统驾驭能力。

本篇主要阐述了在安全生产体系一系列变革基础上指挥中心的成立与发展，以及指挥体系的建设思路、建设内容与运转成效。

第七章　指挥中心建设

深化现代设备管理和数字化转型，立足“平时业务中心、战时指挥中心”，2020 年 12 月初步建成生产指挥中心，推进安全管控、设备管控、消防管控、应急指挥一体化；主动适应构建大安全大应急格局，2021 年 12 月启动指挥大厅建设，2022 年 4 月实现省市两级指挥中心实体化运转，实行指挥长负责制，整合资源要素，强化业务协同，推动常态应急，全面提高驾驭新型电力系统的能力。本章具体阐述了指挥体系建设的具体思路，详细说明了指挥中心组建方式、核心业务，以及组织平台与技术平台的建设举措。

第一节　指挥体系建设思路

一、明确一个定位

指挥中心明确“平时业务中心、战时指挥中心”定位，实施生产管控、安全管控、消防管控、应急管控、综合值班、运营展示“六位一体”职能，推动数据治理，高效支撑静态、动态电网一张图建设，做实平时业务，提升战时能力，打造安全生产“门诊部”“全科医生”。平时：聚焦设备、现场、风险、应急，用好“电网一张图”，开展信息汇集、风险管控、执行督办、指标管控、监测分析；平战转换：开展信息研判、危险源监测、开展会商、发布预警、启动预案，即转入战时状态；战时：对照预案、迅速响应、政企联动、统一指挥、高效处置。平、战转换示意图如图 7－1 所示。

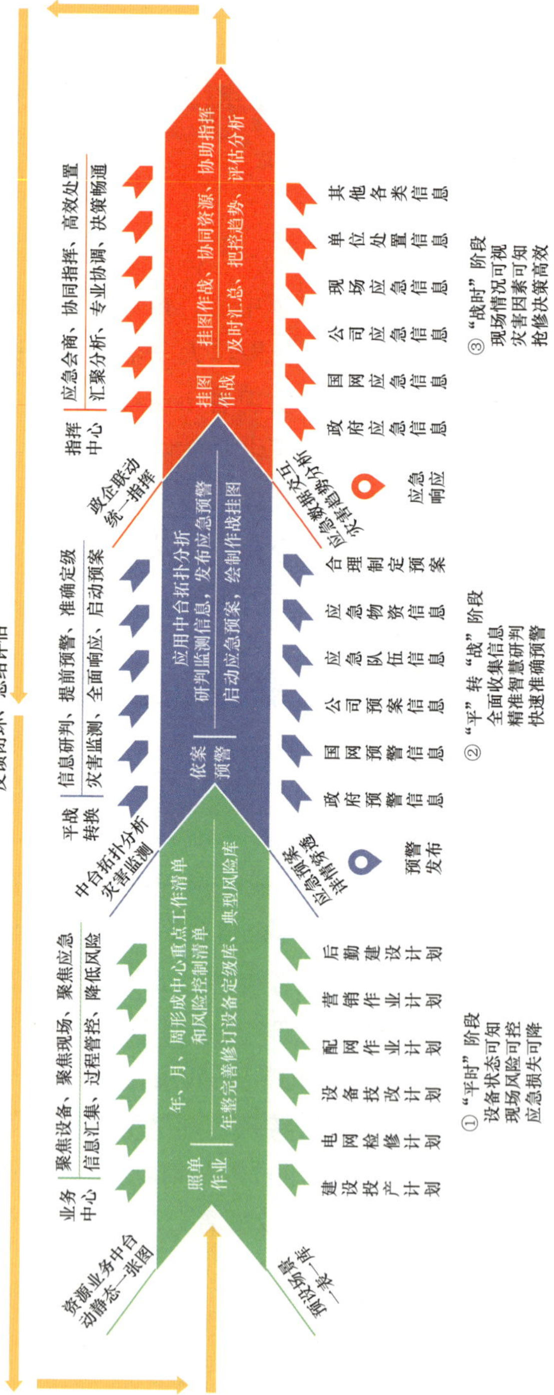
反馈闭环、总结评估
业务中心
聚焦设备、聚焦现场、聚焦应急
信息汇集、过程管控、降低风险
平战转换
信息研判、提前预警、准确定级
灾害监测、全面响应、启动预案
指挥中心
应急会商、协同指挥、高效处置
汇聚分析、专业协调、决策畅通
资源业务中台
动静态一张图
中台拓扑分析
灾害监测
政企联动
统一指挥
照单作业
年、月、周形成中心重点工作清单和风险控制清单
年整完善修订设备定级库、典型风险库
依案预警
应用中台拓扑分析
研判监测信息，发布应急预警
启动应急预案，绘制作战挂图
挂图作战
挂图作战、协同资源、协助指挥
及时汇总、把控趋势、评估分析
预设场景库
一张表
应急预案
详情推送
应急数据交互
灾害趋势分析
建设投产计划
电网检修计划
设备技改计划
配网作业计划
营销作业计划
后勤建设计划
预警发布
政府预警信息
国网预警信息
公司预案信息
应急队伍信息
应急物资信息
合理制定预案
应急响应
政府应急信息
国网应急信息
公司应急信息
现场应急信息
单位处置信息
其他各类信息
①“平时”阶段
设备状态可知
现场风险可控
应急损失可降
②“平”转“战”阶段
全面收集信息
精准智慧研判
快速准确预警
③“战时”阶段
现场情况可视
灾害因素可知
抢修决策高效

图 7-1 平、战转换示意图

二、围绕两条主线

指挥体系以安全生产全过程管控和设备资产全寿命管理为重心，对国网甘肃电力各类系统信息数据贯通、融合、共享、挖掘，为在线动态评价设备状态和优化调整设备主动运维、精准检修策略提供依据，为设备状态感知、安全风险管控、应急超前预警提供信息支撑，建设数字化、智能化、智慧化指挥中心，统一现场管控、统一资源调配、统一应急指挥，打造现代设备管理体系（SEMS）和国家电网安全管理体系（SGSMS）的核心节点。以设备可观、可测、可知为核心，以电网设备智能化升级和管理数字化转型为契机，全面落实“三全五化”工作要求，助力管理精益化、装备智能化、业务数字化、队伍专业化和绩效最优化，支撑现代设备管理体系建设。以现场可控、能控、在控为核心，落实“六个坚持”，预防为主、源头防范、分级管控，突出人身、电网、设备安全防控，执行“一表一库”，构建“五级五控”风险防控体系，支撑公司安全管理体系建设。现代设备管理体系和国家电网安全管理体系如图 7－2 所示。

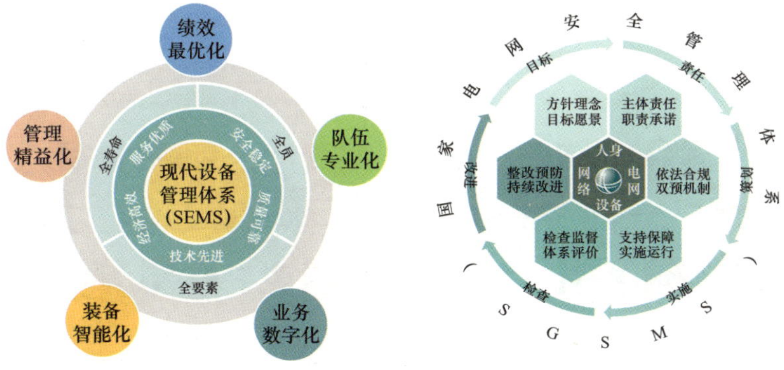

图 7－2　现代设备管理体系和国家电网安全管理体系

三、建成三个平台

为加快推进安全生产业务数字化转型，全面整合数据资源、人力资源和业务资源统筹融合应用，提升资源利用效能，国网甘肃电力系统打造指挥中心技术平台、组织平台和展示平台“三大平台”。

技术平台。应用数据中台、技术中台、业务中台成果，融合安全生产相关专业信息系统，破除“信息孤岛”，打造安全生产数字化平台，强化智能化分析和场景化应用，建设统一工作台、专业看板、智能报表等工具，实现数据透明化、应用透明化、设备透明化，为生产指挥提供数据支撑和辅助决策依据。

组织平台。整合值班资源，强化业务协同，融合信息数据，整合生产管控中心、安全管控中心、消防安全管理中心、应急指挥中心和总值班业务，加强进驻值班单位的横向协同，实现安全管控、生产管控统一协调和统一指挥，着力提升生产组织、设备管理、风险管控、应急处置能力。

展示平台。全面展示企业目标战略、关键业绩、运营状况、改革成效、创新成果、基础建设等内容；专业展示生产组织、现场管控、设备状态、配网运行、供电服务、应急资源等内容，成为对外展示、对内示范的重要窗口。

四、开展四大业务

指挥中心重点开展生产管控、安全管控、应急管控和消防管控四大业务，如图 7–3 所示。

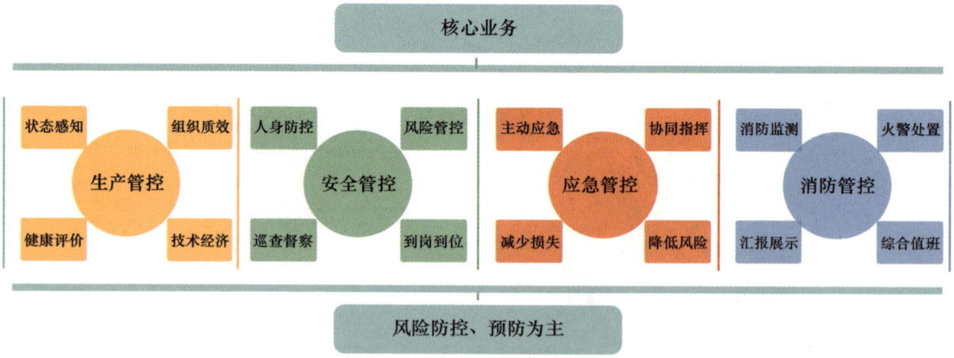

图 7–3　核心业务示意图

生产管控。聚焦设备状态精准分析，应用生产管控建设数字化、班组运检数字化、智慧供应链协同等成果，采集设备全寿命技术指标（设计制造、安装调试、运维检修、故障异常、技术监督、大修技改等数据），应用 PMS 3.0 贯通业财链路，采集设备全寿命周期成本（购置、使用、运维、退役成本），形成设备全寿命状态数据库，对标国内、国际先进水平，开展设备评级、管理评价、指标评价、寿命评估、健康评价，有效支撑设备知识库、专家辅助决策系统建设，有效支撑精细运维、精准检修、精益管理，从检修管理向健康管理转变，从实物管理向资产管理转变。

安全管控。聚焦现场风险精准管控，采集计划、实施、作业中的不安全因素，分析人员、队伍、组织中的不安全行为，采集到岗到位、安全措施、方案执行的不规范状态，对现场作业实施全流程、全过程数字化管控，对现场安全管控进行多维度综合研判，形成典型风险控制库、违章数据库、事故防范库。重点突出“三大风险”，每日重点管控生产、建设、营销、后勤等作业现场风险，作业前对风险有分析、有预判、有措施，作业中对风险有落实、有管控、有监督，作业后对风险有总结、有评价、有反馈，完善典型风险控制库，推进“四个管住”落地。作业风险：突出人身风险防控，紧盯队伍人员“两个准入”和租赁、租用设备机具准入，采用“现场督查+视频巡查+到岗到位”，确保“一表一库”风险控制措施落实到位；通过配电网运检智慧管控系统实现故障智能预判、方案自动生成、工具智能仓储、人机高度协同、完善“主动工单”，强化配电网作业人身防控，提高配电网运检管控能力。电网风险：依据电网运行方式，紧盯固有风险，三级联动、准确评估、先降再控，确保电网风险控制措施现场落实到位。设备风险：紧盯设备建设、运维、检修全过程风险，突出设备全寿命固有风险、运行环境风险、管理责任风险，高度关注新设备投运、家族性缺陷设备、重要密集通道、城市配电网“三站”“四防”、电气火灾等隐患，开展“机械化换人、智能化替人、工厂化检修、一键顺控替代”成效评价。

应急管控。聚焦应急精准指挥，按照“平时即战时、平战相结合”工作原则，推动应急工作从降低损失向降低风险和降低损失并重转变。采集应急队伍、人员、预案等基本因素，物资、装备、设施等基本信息，气象、水利、道路等灾害精准预警，上级指示、文件、通知等工作要求，完善结构化应急数据库，形成预警响应“作战”方案，应用动、静态“电网一张图”，建立应急网络拓扑图，应急作战“地图”，实现电网、用户故障损失数据全量穿透，精准预警、快速响应，完善政企联动应急机制，为统一指挥、高效协同的智慧应急体系建设提供支撑。

消防管控。强化消防精准监控，依托消防物联网平台采集各类场所火灾报警、设施告警、越界告警等基本数据，收集消防重点部位、消防基础信息和管理网络等信息，开展防火检查、通道巡检等工作，实现对消防日常巡检、定期维保和设备运维的全过程监控，做到火情精准告警、快速预警、处置及时，支撑现代指挥消防体系建设。

五、五项专题分析

指挥中心依托数字化平台，多源数据收集、汇总、提炼、分析，多维度对设备状态、现场管控、应急能力、风险防控、组织质效5类工作进行分析、评价，形成五项专题分析：设备全寿命状态评价分析、现场安全管控分析、应急能力评价分析、风险防控分析、生产组织质效分析，为现场提供全局视角，为管理提供决策支撑。五项专题分析如图7–4所示。

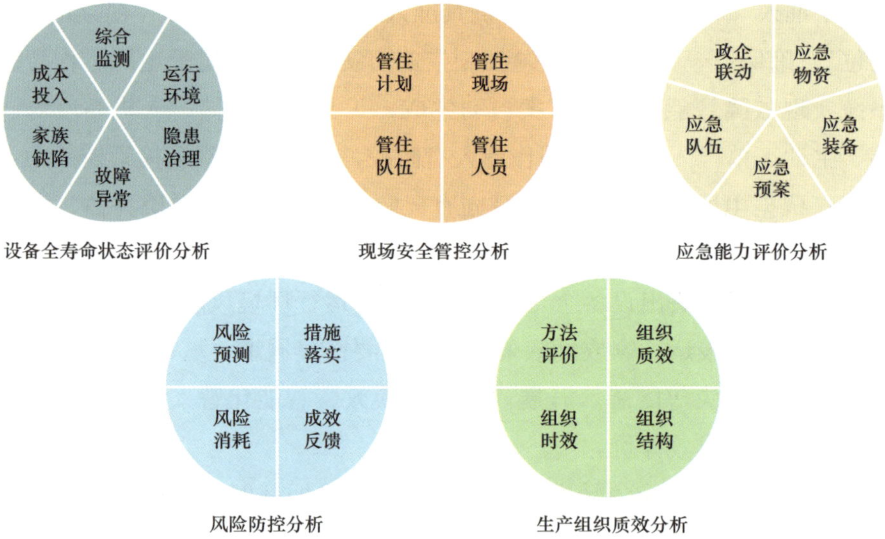

图7–4 五项专题分析

第二节 指挥中心建设内容

依托指挥平台实现日常设备精益管理和生产决策指挥。创新体制机制，打通价值链、技术链、业务链和决策链等链条，全面提升设备专业精益管理能力。

通过大数据价值挖掘与应用，实现输变配电设备状态及通道环境自动预警、智能诊断、精准定位。省市两级专业管理人员依托平台全面开展重要设备技术分析，精准研判设备运行状态，指导成熟智能运检技术推广应用。全面支撑迎峰度夏（度冬）、特高压满功率送电、重大保电任务等特殊时期重要作业现场在线指挥和过程管控，真正实现现场可控、在控、能控。

国网甘肃电力省、市两级指挥中心依托生产指挥平台、企业资源平台，高效有为开展工作，依据分工、落实职责、高效协作，做好平时支撑专业，战时协同处置，实现设备全寿命数据指标可测可知，现场安全风险可控能控，应急处置高效协同。两级指挥中心加强管理、创新工作、完善制度、健全流程，及时总结，定期交流经验，始终对标一流目标，探索科学完备的理论体系，建立先进适用的管理制度，形成具有特色的管理经验和高水平的生产指挥队伍。

一、组建三级指挥中心

（一）省级指挥中心建设

2022 年 3 月，国网甘肃电力指挥中心实体化运作，直接支撑省公司安全监察部、设备管理部和配网管理部。依托指挥技术支撑平台为省公司安全监察部、设备管理部和配网管理部提供数据支撑和辅助决策服务，协助开展安监、运检、消防、应急业务督办。

省级指挥中心按照平时业务中心、战时指挥中心工作原则，聚焦设备、现场、风险、应急，重点开展设备状态评价、现场安全管控、风险分级防控、消防安全监控、应急协调指挥、一体综合值班、运营专题展示等业务。

省级指挥中心由安全生产分管领导联系，安全总监兼任中心主任，安监、设备、配网部主任兼任副主任，另设一名专职副主任。下设生产管控室、应急管控室、安全管控室 3 个内设室，设安全督查（巡查）队（柔性），形成“三室一队”组织运作模式。消防监控由省属维保产业单位承担业务，基建现场安全风险管控、办公室总值班、负荷监控等值班业务进驻指挥中心，纳入统一管理，值班工作由指挥长负责。信息调度（运营监测）机构整体进驻指挥中心开展值班。同时，着力加强指挥长和值班员的管理，制定培养、培训计划，打造全能型指挥长队伍和一专多能的值班员队伍，适应新型电力系统建设和安全生产综合业务要求。省级指挥中心组织架构如图 7－5 所示。

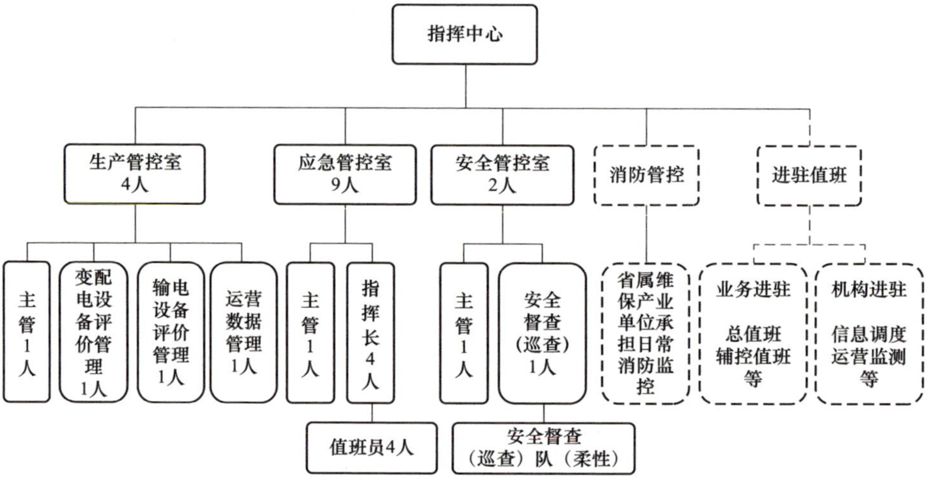

图 7-5　省级指挥中心组织架构

省级指挥中心与职能部门（事业部）。指挥中心按业务归属与省公司安监、设备、配网部门一体化运作，是相关专业部门的“信息员”“传令兵”，承接生产管控、安全督查、应急指挥具体业务，抓管控执行、抓监督落实，具体负责信息收集、数据分析、设备监测，开展关键流程、运营指标管控和生产质效分析，开展日常应急、预警响应、应急响应常态化值班；专业部门抓管理、管策略，强化专业分析、专业评价，确保各项管理策略一贯到底、一以贯之、精准落实。

省级指挥中心与基层单位。指挥中心是本部部门支撑机构，平时作为业务中心，不直接面向基层单位开展业务，仅负责与市公司层面指挥中心关键数据信息的核实跟踪和闭环管控，但当各单位生产组织失序、机制运转不畅及远程视频发现现场违章行为时，应及时提醒并予以纠正；同时，按照“平时即战时”的原则，持续开展风险监测，超前发布应急预警，常态化组织应急值班和实战演练。战时作为指挥中心，在满足公司“1+31”应急预案启动条件，或其他需立即响应的突发事件发生后，启动相关应急程序，相关职能部门（事业部）按照职责范围和预案要求，同步参与应急处置工作，协同实现生产管理和应急指挥。

（二）地市级指挥中心建设

1. 地市公司指挥中心建设

组织模式。地市公司级单位根据管理现状和业务体量的差异性，优化整合原生产指挥中心或供电服务指挥中心职能，组建指挥中心实体机构，由分管生产、协管安全三级领导联系，配置四级专职负责人。参照省公司指挥中心职能，提供四种典型组织模式供各单位参考，健全完善安全管控中心、生产管控中心、消防安全管理中心、应急指挥中心一体化业务和运作机制。各单位在内设机构数量上限和定员总量范围内，自主研究确定指挥中心设置方式（独立设置或与其他机构合署运作）、定员编制和岗位设置。

模式一：设置指挥中心，不设置供电服务指挥中心；建设事业部、超高压公司、送变电公司、科源集团采用。具体见表 7－1 和图 7－6。

表 7－1　组织模式一

模式	专业管理	参考定员		
		超高压、送变电	建设事业部	科源
模式一	负责人	2	2	2
	生产管控	3		3
	安全管控	2	2	2
	安全督察队（柔性）			
	应急管控（应急值班、总值班、消防、信息、通信等）	7	6	5
	指挥长	4	3	3
人数合计		18	13	15

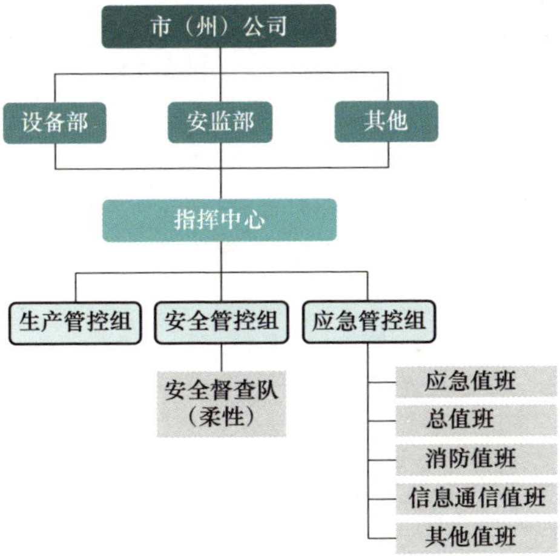

图 7－6　模式一组织架构图

模式二：设置指挥中心，不与供电服务指挥中心融合；国网兰州供电公司参考采用。具体见表 7－2 和图 7－7。

表 7－2　　组织模式二

模式	专业管理	参考定员
模式二	负责人	2
	生产管控	3
	安全管控	2
	安全督察队（柔性）	
	应急管控（应急值班、总值班、消防、信息、通信等）	7
	指挥长	4
人数合计		18

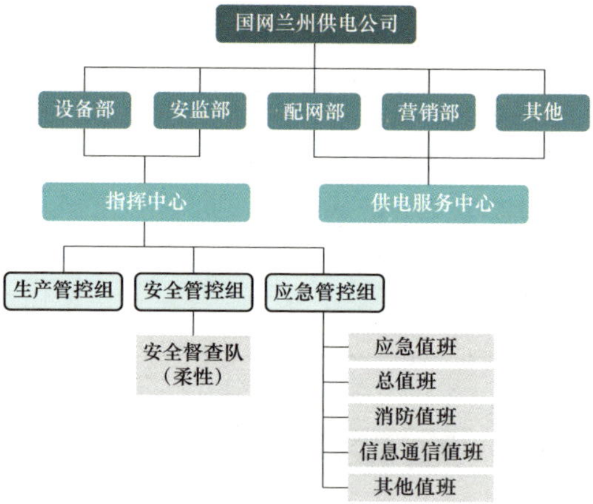

图 7－7　模式二组织架构图

模式三：设置指挥中心，融合供电服务指挥中心；国网白银、天水供电公司等单位采用。具体见表 7－3 和图 7－8。

表 7－3　　组织模式三

模式	专业管理	参考定员
模式三	负责人	3
	设备管控	3
	配电网管控（配电网、配调、配抢、负控）	8
	安全管控	2

续表

模式	专业管理	参考定员
模式三	安全督察队（柔性）	
	应急管控（应急值班、总值班、消防、信息、通信等）	8
	指挥长	4
人数合计		28

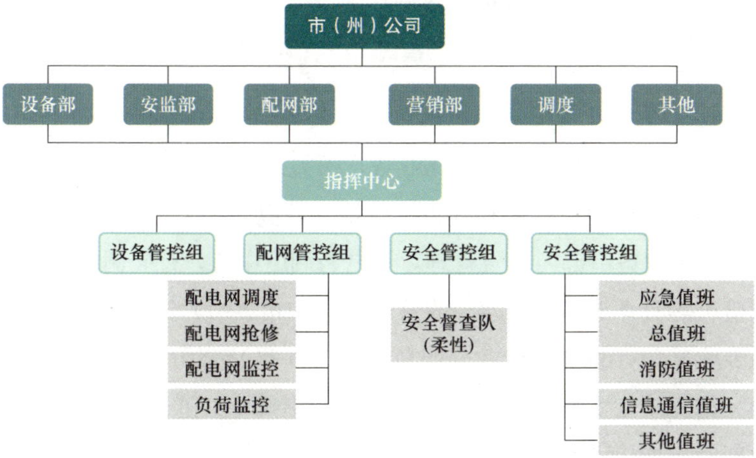

图 7–8　模式三组织架构图

模式四：设置指挥中心，融合供电服务指挥中心、县调；国网甘南、嘉峪关、新区供电公司采用。具体见表 7–4 和图 7–9。

表 7–4　　组 织 模 式 四

模式	专业管理	参考定员		
		甘南	嘉峪关	新区
模式四	负责人	2	2	2
	设备管控	2		
	配电网管控（配电网、配调、配抢、负控）	8	8	8
	应急管控（应急值班、总值班、消防、信息、通信等）	3	3	3
	安全督察队（柔性）			
	指挥长	3	3	3
人数合计		18	16	16

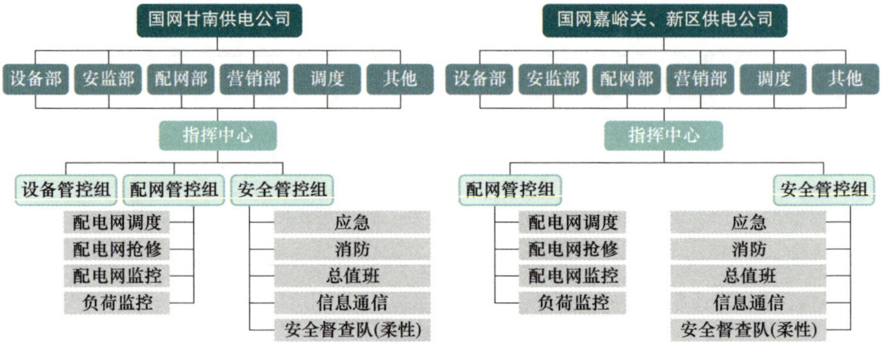

图 7-9 模式四组织架构图

职责界面。于专业管理部门，市（州）公司指挥中心是安监、设备、配网等管理部门的专业支撑机构，从事具体业务，相关专业由管理部门对口负责；同时，指挥中心也是办公室值班业务和建设、营销、后勤等专业部门作业风险管控业务支撑机构，相应业务由部门负责管理。于电力调度中心，有配调业务的指挥中心，承担配调值班等具体业务，调度专业管理职能由市（州）公司电力调度中心负责。于省公司专业部门，省公司专业部门负责对市（州）公司专业部门专业管理，并对市（州）指挥中心实施监督管理；平时两级指挥中心通过系统全量收集信息，通过专业部门沟通协调管理业务，战时统一纳入指挥体系开展应急处置。

2. 超高压公司指挥中心建设

超高压公司成立指挥中心，属于独立二级机构，为设备管理部和安全监察部提供数据支撑和辅助决策服务，协助开展安监、运检、消防、应急业务督办，涵盖安全管控中心、生产指挥中心、消防安全管理中心和应急指挥中心职能。具体职能界面如图 7-10 所示。

作为设备管理部支撑机构。对于设备管理部的决策进行执行和落实，负责汇集生产管理信息，并及时反馈、发布和跟踪；负责节假日和重要活动期间保电管理，编制发布各类预警信息；负责日常运维、检修作业全过程跟踪管控，验收及试验结果全过程监督；负责电网新建、改扩建设备业务联系及启动工作管控；负责设备缺陷隐患的统计分析、跟踪、消缺闭环监督；负责电网、设备异动、故障的分析研判、抢修指挥、供电保障，协助人员、车辆及装备等资源调配；负责电网运检管理方面重大问题的协调和处理；负责电网设备运检业务分析；负责电网设备状态监测、分析评价和故障异常统计等。

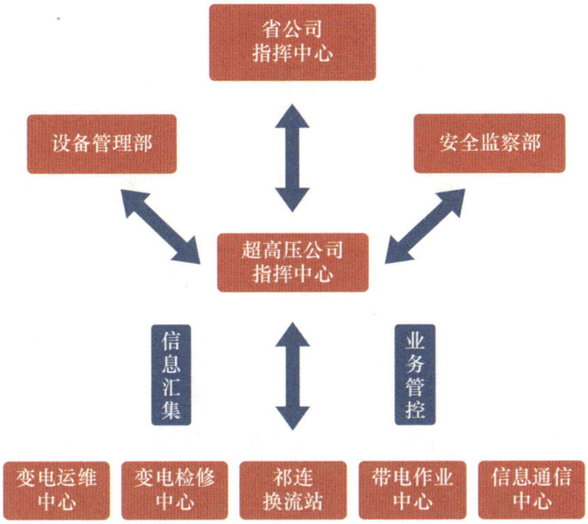

图 7-10　超高压公司指挥中心组织模式图

作为安全监察部支撑机构。对于安全监察部的决策进行执行和落实，负责利用消防物联网平台实时监测公司生产、非生产场所消防设施（设备）运行状态、火警接报，科学研判火情火险，协助现场开展火情应急处置；负责监督指导消防物联网平台各模块的规范应用；负责建立消防值班监测、隐患整治督办、维保检测监督、辅助应急处置等工作机制；负责消防安全监测处置和常态管理工作统计分析；负责组织开展消防物联网运行维护；负责电网风险、设备风险、作业风险实时监控、安全督查和安全管控；负责两级风险管控平台应用管理；负责应急预案启动和应急事件指挥等。

作为各级调度部门的业务支撑机构。负责与各级调度之间出口业务信息的报送；负责新建变电站、新扩建线路的命名申请、命名核对，根据基建里程碑计划或技改项目节点计划，提报新设备启动申请，联系启动方案并负责启动方案的核对，组织新设备启动投运；负责配合各级调度进行反事故演习等。负责与省公司信息调度、通信调度、网络安全分析室进行调度业务对接，I6000 2.0 系统和 TMS 系统工单处理。负责管辖范围内通信、信息系统的调度值班、实时监视、检修计划、应急处置、统计分析和信息报送工作。

作为公司综合业务支撑机构。负责配合办公室开展行政值班和业务报送工作。

机构及岗位设置。超高压公司单独设置指挥中心，根据公司安全监察部和设备管理部业务需求，定员 18 人，其中负责人 2 人，技术岗位 5 人（生产管控 3 人、安全管控 2 人），技能岗位 11 人（指挥长 4 人，应急管控岗位 7 人）。在全面承揽原生产指挥中心业务基础上，承接信息通信监控业务。

3. 送变电公司指挥中心建设

送变电公司设置指挥中心，实体化运作，本部化管理。按照“平时即战时、平战相结合”总要求，“组织变革+资源整合+物联互通”三步走的思路构建集约生产指挥模式，“组织变革”改变原有安全、施工、运检、应急条块化机构模式，融合智能运检管控、智慧建造管控、安全管控、消安防管控、应急指挥和无人机巡检管控六大中心，打造“前端感知+系统集成”的“六中心”一体化运作模式。实现状态实时研判、风险及时预警、决策统一指挥、指令精准发布的业务全链条管控，开展全业务大数据分析，对风险防控能力、生产组织质效、应急资源协调等开展智能评估。

指挥中心是公司办公室、安全监察部、运维检修部、施工管理部等管理部门的支撑机构，具体业务开展情况对口负责相关管理部门。明确界面职责分工，减少交叉矛盾，确保工作有流程、作业有标准、安全有保障。如图 7－11 所示。

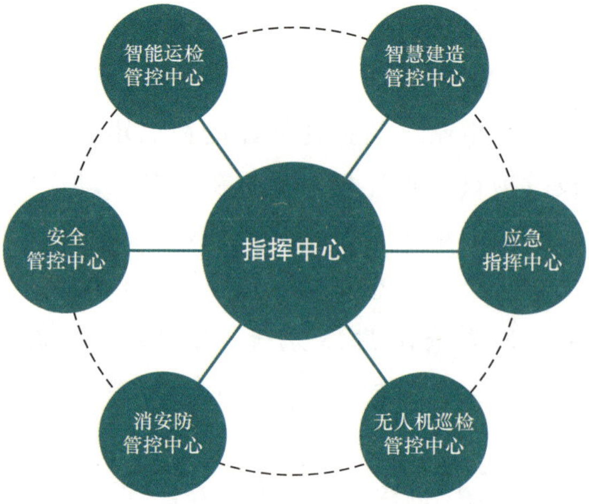

图 7－11 送变电公司指挥中心

具体业务职能如下：

作为办公室支撑机构。履行公司总值班室相关工作职责，开展24小时在岗值班，负责省公司总值班双周点到会、节假日值班情况、基层各单位值班“零报告”、相关生产、安全、维稳、舆情、灾害等重大紧急事项及时向办公室报告，确保值班信息上通下达。

作为安全监察部支撑机构。主要负责远程视频督察和风控系统、基建系统计划执行、上传资料和人员准入信息核查，编写安全生产值班日报，报送安全监察部。负责智能安防系统数据采集，无死角监控，一旦发生信息告警，处置及时，高效准确。分析、归类、统计告警信息，报送安全监察部，并完成整改。负责按时向省公司应急值班邮箱报送值班日报。安全监察部发布突发事件或重大事项预警时，做好支撑，并提供具体数据、信息或图纸资料等，协同应急抢修办公室，高效应对处置。

作为运维检修部支撑机构。负责设备全寿命周期管理、设备运行状态跟踪管控、技术监督数据收集。负责对接省公司调度中心，传达停电检修、设备故障等信息，对停电、故障设备风险全过程跟踪。常态化、流程化、程序化，收集、统计、汇总信息，每日向运维检修部报送。根据不同时段工作任务，跟踪、监督重点工作任务执行和反馈。

作为施工管理部支撑机构。负责数据统计汇总，定期向施工管理部报送。指挥中心对已接入系统的一体机平台、萤石云平台、牵张设备平台全过程监控，发现异常及时向施工管理部报送告警信息，施工管理部指挥现场人员及时处理。

机构与岗位设置。送变电公司单独设置指挥中心，根据业务需求定员26人。其中负责人3人，技术岗位4人（安全管控1人，设备管控1人，智慧建造管控1人，综合事务1人），技能岗位19人（指挥长4人，值班员15人）。安全督查队由柔性成员组成。

（三）县级指挥中心建设

为构建完善的省、市、县三级指挥体系，打造县级指挥中心，国网甘肃电力坚持安全生产末端业务融合集约，末端资源整合协同，按照“平时业务中心、战时指挥中心”定位，建设“4+N”（设备管控、应急管控、安全督查、消防管控、主配网调控、供电服务）县级指挥中心，作为县（区）公司内设二级业务机构管理，将安全生产管理支撑型业务集约至县级指挥中心。打造安全生产、供电服务业务高效运转的指挥体系，建设现场安全督查、县配一体调控、设备状态分析、供电服务指挥、应急协调指挥、智慧消防管理、综合值班等多功能的县级指挥机构。

组织模式。各县（区）供电公司内设机构数量上限和定员总量保持不变，结合典型组织模式，在本单位机构编制总量范围内，确定指挥中心设置方式、定员编制和岗位设置。根据各公司现状和业务体量差异，按照城区分公司和县（区）公司组建县级指挥中心（班组）。提供两种典型组织模式，各单位可因地制宜进一步优化调整。城区供电分公司。模式一：城区分公司下设指挥中心，融合配电网调控、配电网抢修、客户服务等业务，建议国网兰州、白银、张掖、武威供电公司城区分公司采用；模式二：城区分公司不设置指挥中心，配电网调控、配电网抢修、客户服务、安全督查等业务整合至市公司指挥中心，建议国网嘉峪关、金昌、临夏供电公司城区分公司采用。城区分公司所设指挥中心按班组管理，指挥中心须 24 小时值班，开展相关业务。配置班长 1 人，复合型值班员每值不少于 2 人，三值一运转方式。县（区）供电公司。模式一：县级供电公司下设指挥中心，融合主网调控、配电网调控、配电网抢修、客户服务、安全督查、设备管控、应急管控、消防管控、综合值班等业务；建议国网兰州、白银供电公司等 10 家单位采用；模式二：县级供电公司下设指挥中心，融合配电网调控、配电网抢修、客户服务、消防管控、综合值班等业务；建议国网天水、平凉、甘南供电公司 3 家单位采用。县（区）供电公司所设指挥中心按班组管理，指挥中心须 24 小时值班，开展相关业务。配置班长 1 人，复合型值班员每值不少于 3 人，三值一运转方式。

业务界面。于办公室，县级指挥中心负责生产值班、应急值班等 7×24 小时值班业务，接收办公室会议、保电等信息，并向办公室反馈保电、大面积停电处置等信息，办公室协同相关专业部门负责具体事项的受理和督办。于安监部门，县级指挥中心负责采用“视频+现场”方式开展“零容忍”反违章工作，监督落实各级人员责任，依法合规组织安全生产，规范化开展现场作业；负责编制发布安全督查日志，定期开展反违章工作及安全风险防控情况分析，提报安全评价考核及奖惩建议，安监部负责安全监督管理、评价及通报考核。于设备管理部门，县级指挥中心负责县域配网设备的调度、控制、监控业务，针对监测、分析中发现的异常和风险，及时发布预警信息，设备管理部门负责落实防范措施、强化数据治理、解决突出问题；负责95598抢修工单接派、协调指挥、跟踪督办等日常运营工作，开展抢修工单业务的质量评价、提出考核建议；负责生产类停送电信息的收集、审核和发布，并定期开展信息报送质量检查及评价工作；负责实时监测配电网异常数据，派发主动工单（主动抢修、主动运维、主动检修、主动服务）；负责统计分析配电网运营业务数据，编制相关分析报告，提出改进建议；负责生产类服务风险预警发布及过程管控；负责生产类申诉业务和天气类重要服务事项报备的发起应用工作；配合配电网专业做好业务运营的相关支撑工作。于营销管理部门，县级指挥中心负责95598、12398、12345等非抢修工单接派、协调指挥、跟踪督办等日常运营工作，开展非抢修工单业务的质量评价、提出考核建议；负责营销类停送电信息的收集、审核和发布，并定期开展信息报送质量检查及评价工作；负责营销类服务风险预警发布及过程管控；负责营销类申诉业务和非天气类重要服务事项报备的发起；配合营销专业做好95598业务运营的相关支撑工作。于市公司电力调度中心，负责所辖变电站及输配电线路调控业务，停电计划和运行方式安排报请市公司调度中心平衡、审定后执行，调度专业接受市公司电力调度中心管理。于市级指挥中心，市级指挥中心督促县级指挥中心落实工作职责，负责对县级指挥中心工作质效进行监督、评价。县级指挥中心在发生自然灾害、设备故障异常、大面积停电、火灾、舆情等突发事件以及违章查纠、违章整改情况时，按照汇报流程及时向市级指挥中心汇报。

延伸阅读

国网甘肃电力省级指挥中心

国网甘肃电力结合安全生产工作和电网运行实际，在生产指挥中心创新实践的基础上，于2021年11月开始着手指挥体系建设，并先后完成建设方案编制、业务系统部署等工作。指挥中心于2022年3月成立并实体化运作。

2022年，国网甘肃电力指挥中心全过程跟踪管控严重及以上缺陷72次，及时发布电网风险预警365次、作业风险预警1317次，完成在线监测异常数据处置工作196次，跟踪气象预警251次；开展外送电量重要断面、新能源并网点关键设备的监测盯防工作，全过程管控重要断面设备重过载602台次，提升了甘肃电网设备管控能力和风险预控能力。

为规范指挥中心运行工作，国网甘肃电力制订梳理了9类规章制度和8类业务流程，设计制作工作手册、系统操作手册等，明晰了业务界面和衔接职责，推动各类业务规范开展，支撑安全生产专业管理。

国网白银供电公司地市级指挥中心

2022年4月19日，国网白银供电公司指挥中心正式挂牌成立。国网白银供电公司作为国网甘肃电力地市级指挥中心建设的试点单位，积极响应工作部署，超前谋划、创新建设，按照时间节点推进机构设置、业务融合、场所建设等各方面工作，为安全生产提供了有力的技术支撑，也为甘肃电网生产体系优化树立了典型。此次揭牌标志着国网白银供电公司生产组织体系步入新的阶段，标志着国网白银供电公司生产组织模式掀开新的篇章。国网白银供电公司指挥中心现场如图7－12所示。

图7－12　国网白银供电公司指挥中心现场

指挥中心是国网白银供电公司安全生产、优质服务和应急管理发展布局的重要组成部分，也是国网甘肃电力生产组织体系变革优化的重要举措。指挥中心的成立，在应急救援、抢险救灾、物资调配等方面发挥重要作用，必将对电能质量优质供应提供坚强保障，为经济社会发展增添新的动力和活力。

国网白银供电公司指挥中心按照“平时业务中心、战时指挥中心”定位，集安全风险管控、应急指挥、供电服务指挥、智能运检管控、智慧消防五大职能为一体，以安监、设备、配电网、应急、消防系统和电网基础资源数据业务中台为基础，广泛互联生产、营销、物资、信息、后勤专业数据，结合国网白银供电公司安全生产实际，依托原生产指挥中心，融合原供电服务指挥中心业务组建的实体机构。指挥中心的成立，为国网白银供电公司安全生产业务的信息汇集、过程管控、预警研判、协调指挥发挥重要作用。

国网白银供电公司指挥中心坚持安全发展理念，深入推进一体化值班，深化资产全寿命分析，集中资源配置，强化业务协同。聚焦设备、聚焦现场、聚焦应急、聚焦客户、聚焦消防，打造具有白供特色的数字化、智能化指挥体系，提高对新型电力系统的驾驭能力，推动两个体系落地见效。

二、核心业务建设

（一）生产管控业务

指挥中心重点围绕业务流程信息化、设备状态在线化、数据分析智能化、生产指挥集约化、运检管理精益化，开展信息、过程、风险和指挥四方面生产管控，通过强化生产信息汇集、生产作业风险管控、抢修指挥支撑、保电协调和配网民生用电保障等核心业务，规范缺陷隐患督办和设备风险预警管控等常规业务，拓展生产数据挖掘和生产质效评价等远期业务，全面推进生产业务管控。

信息管控。生产信息汇集，汇集设备设计制造、安装调试、竣工验收、设备运行、运维检修等生产管理数据，为设备管理提供信息支撑；汇集重大相关环境数据、量测数据、运维数据、资源调配数据、设备数据、作业数据，并及时进行报送和发布；生产分析报告编制，汇总统计生产口径关键数据，编制统一的生产日报、周报、月报等生产分析专报，并进行发布；运检计划分析，统计、跟踪分析、定期反馈生产计划执行情况，针对非计划停运率、计划执行情况、临时计划响应能力等关键指标数据，定期整理形成通报数据；生产数据挖掘，融合设备、调度、安监、营销、物资、建设等各专业数据，开展数据价值挖掘，编制专项分析报告，支撑设备管理部门决策。

过程管控。检修计划管控，协助专业管理部门收集设备年、月检修计划，跟踪设备检修计划执行全过程管控，对检修计划执行情况开展分析，形成过程管控分析报告；设备缺陷督办，核查缺陷录入情况，保障缺陷录入率，统一管控危急、严重缺陷；及时统计、通报各单位缺陷消除情况，跟踪管控重点缺陷消除情况，对临近超期严重及以上缺陷下发工单督办消缺；参加检修计划，督促未纳入计划的应消缺陷落实消缺措施，提升消缺率；设备隐患督办，跟踪督办隐患发现及处置情况；跟踪、监督重点隐患设备巡视情况，每周、月统计隐患巡视到位率待闭环的隐患，根据闭环时间节点提前预警，督促隐患闭环。检修过程管控，依据设备管理部门发布的生产计划及现场作业信息情况，跟踪本单位生产计划完成进度；定期统计督办情况，分析形成评价意见并提交设备管理部门；保电措施落实督办，在设备管理部门专业指导下，结合特殊时段供电保障措施，核查工作开展情况，督导各单位保电措施落实；对特殊时段供电保障工作中设备巡视、检测、盯守等具体措施落实不到位的单位下发督办工单，提出考核建议；重点工作任务闭环管控，跟踪设备管理部门安排重点工作任务执行情况，开展提醒和督办（提前提醒，超期督办）；通报重点工作任务完成情况，提出考核建议；生产项目过程管控，核查并监控项目储备、项目招标、项目实施、项目结算情况，结合年度里程碑计划，开展项目进度督促，核查项目实施规范性，提出考核建议；技术监督工作执行管控，跟踪督办技术监督年度、月度计划执行情况；复核所辖电压等级工程技术监督活动是否覆盖规划可研、工程设计等 10 个阶段，是否编制工程投产前技术监督报告；跟踪技术监督告（预）警单整改情况，督促监督发现问题闭环；生产质效评价，利用生产管控数据，坚持问题导向、目标导向、结果导向，建立生产质效评价体系，对安全管控、设备状态、运检绩效、工作质量等开展综合评价。

风险管控。生产作业风险管控，审核基层单位上报周、月检修计划作业风险等级定级，汇总各等级检修，督促各单位及时报备检修方案；跟踪各单位生产作业风险定级情况，动态管控各等级检修作业，督促相关单位落实风险预控措施；利用变电站、换流站、输电线路及设备视频，调阅无人机、检修布控球等移动终端视频，开展远程督查，实时掌握现场作业情况，统计月、周、日作业风险数量、人数及管控措施，检查作业风险现场到岗到位情况，跟踪设备检修全过程信息；电网风险预警管控，根据调控部门发布的电网运行风险预警通知单，在设备管理部门指导下编制公司电网运行风险预警通知单，细化电网运行风险管控措施及要求，提交设备管理部门审核；向设备管理部门反馈电网运行风险预警通知单相关责任单位管控措施落实情况；设备风险预警管控，从生产计划、设备履历、评价报告、家族性缺陷等多维度收集设备状态信息，综合研判设备风险，在设备管理部门指导下编制细化设备风险管控措施，经专业审核通过后发布，督促责任单位制定管控措施，跟踪措施落实情况；自然灾害风险预警管控，接收转发国家电网公司有关部门或地方政府气象部门等发布的雷电、雨雪、冰冻、地震等各类自然灾害预警信息和告警解除信息，协助设备管理部门做好信息上传下达工作；结合收集的设备、气象、环境信息，进行分析研判后，经设备管理部门批准发布和解除预告警；运检大数据分析研判，开展在线监测、设备异常、气象等信息大数据分析，匹配运维、检修规则与设备状态，提出运检计划和项目储备建议；结合现场地理位置、交通情况、实时资源配置情况，调配各类资源、优化运检作业路径；收集检修或项目实施后相关数据，分析影响因素，评价检修质量和项目成效，优化检修计划和投资策略；开展其他数据挖掘及应用工作。

指挥管控。抢修指挥支撑，事故及异常应急指挥，对于突发事故及设备异常、大面积停电、自然灾害等事件，第一时间汇集事件影响范围信息，开展故障研判，动态跟踪故障抢险及异常事件处置进度；运检资源调配协调，定位全网共享及外部单位生产车辆、作业人员、仪器仪表、备品备件等作业资源信息，辅助开展作业资源跨区域调配，定期收集更新公司生产资源清单；特殊时期 24 小时应急值班。协助设备管理部门落实总部下达的各类应急响应、重大保电等活动的应急管理要求，落实应急值班要求，实时汇集响应落实情况、设备健康状态、现场处置动态等关键应急信息；重要保电协调，及时收集重大活动、重要会议保供电信息及要求，建立与保电现场的实时会商机制，协调监督基层单位落实供电保障措施；配电网民生用电保障，实时掌控配电网大范围停电事件，展示设备运行情况、事故处置进展和恢复送用电等情况，协调物资调配。县级指挥中心还需负责以下两项业务：一是县配调控。承担调管范围内 6～35 千伏电网调度及事故处理、变电站设备集中监控、运行方式安排、继电保护整定、自动化、信息通信等专业职能；负责各类检修计划、故障停电信息的编制报送，协同县公司生产技术部审核停电计划，并上报市公司地调方式组进行平衡、下发、执行；负责执行省、市公司相关部门下发的规程、规定和制度，接受公司地调的业务管理；负责配电网运行监测，重点监测配电网设备重过载、低电压、三相不平衡等异常情况。二是供电服务指挥。配电网抢修指挥负责汇总、分析配电网异常数据，派发主动检（抢）修工单，负责接收供电服务指挥系统等内外部多种渠道派发的抢修类工单，对抢修类工单进行分析研判、派单指挥、跟踪督办。负责监控抢修工单到达时限、抢修恢复时长指标预警服务风险；负责停电次数的核查、预警频繁停电风险；负责停送电信息收集、编译报送，停电范围分析到户、主动向客户推送停送电信息；负责生产类重要服务事项（恶劣天气、大面积停电）线上线下信息报备编译报送。客户服务指挥负责统一接收供电服务指挥系统、营销业务应用系统等全渠道客户非抢修类诉求信息，处理业务申请、信息查询等工单；在业务管理考核规定时限内向相关责任单位和责任人派发处理工单；针对供电服务舆情、人身安全等应急处理的工单，通过短信、电话方式报送给相应的工作人员；全过程监控工单的处理进度和质量，对临、超期的工单进行多级预警、督办，审核工单回复质量，对不符合要求的回退；负责非生产类重要服务事项的编译报送及分级、分类统计汇总。

（二）安全管控业务

安全管控工作重点包括安全风险管控、安全巡查、安全性评价、安全督察、反违章管理等工作。

安全风险管控。聚焦风险，实施人身、电网、设备、建设全过程风险监测、防控，细化作业分级、落实管控责任、完善防控机制，突出人身风险防控，紧盯队伍人员“两个准入”，依据电网运行方式，紧盯固有风险，三级联动、准确评估、先降再控，紧盯设备建设、运维、检修全过程风险，突出设备全寿命固有风险、运行环境风险、管理责任风险，实现作业前、作业中、作业后的全过程风险管控。

安全巡查。遵照“依法依规、实事求是、注重实效”的原则，开展安全生产巡查，强化落实“一岗双责”和“管业务必须管安全”要求，督促提高安全生产领导力、管控力和执行力。同步开展领导干部履职评价、安全量化评价，深入了解和掌握各单位安全生态，为各单位安全生产“全面画像”。

安全性评价。根据国家电网公司、省公司统一安排部署，组织开展安全性评价工作，编制安全性评价工作计划，组建评价专家查评组，开展专家集中培训，并按计划实施专家查评，督促闭环管理。

安全督察。严格落实“四个管住”要求，以防范人身安全为重点，紧盯重要风险现场和安全管理薄弱环节，从作业组织、措施布置、现场执行等方面，全面实施“预设场景”“新闻访谈”式安全督察，“自下而上”追根溯源，“自上而下”强化履责，对违章“零容忍”。视频督察：综合应用风控系统、基建“e 安全”等载体，按照“工作不停、监控不断”的工作要求和职责分工，分层分级开展现场视频监督，确保重要现场“有人盯、有人管”。现场督察：综合运用听、看、问等方法，对照《安全督察标准化指导卡》，规范开展“四不两直”“双随机”现场安全督察。

反违章管理。严肃违章记分、通报和考核，并将违章记分纳入各类安全评价和奖惩考核。依托风控系统健全违章管理数据库，定期开展违章统计分析，动态评价各单位反违章工作开展情况，开展“零容忍”反违章。

（三）应急管控业务

应急管控工作重点包括突发事件预防、应急事件预警与处置协调、应急值班与信息报送等，突出“平时即战时、平战相结合”原则。

突发事件预防。建立、完善协调联动和信息共享机制，依托新一代应急指挥系统，监测降雨、温度、大风、洪涝、雨雪冰冻、地震、山火等信息，以及大面积停电、火灾等事件，积极开展突发事件风险分析，监督落实各项预控措施；监测配电网线路、台区、用户停电数，监测停电舆情、95598 报修工单及投诉工单情况，并跟踪、闭环管理；定期核查各单位应急队伍、人员、装备、物资，跟踪问题数据并督促整改；常态化开展各级应急队伍、应急物资配置、分布情况跟踪，滚动修订应急预案，推动应急工作从降低损失向降低风险和降低损失并重转变。

应急事件预警与处置协调。落实突发事件预警级别划分与调整，预警发布与解除；协调开展涉电安全生产突发事件和相关舆情处置，做好事件跟踪、应急处置监测、信息收集整理与报送；统计电网运行风险、异常、故障及影响情况，以及用户停电比例、数量，配电线路停电数量，重要用户和重要地区用户全停及用电受影响情况；配合专业部门对跨市支援队伍下达集结和支援指令，跟踪执行情况；应急状态下，做好应急响应会商准备，通知相关领导、部门和单位参加应急会商，在会商前收集受灾范围、故障跳闸、设备灾损、用户停电等情况，以及应急资源的准备情况；配合对重、特大突发事件的起因、性质、影响、经验教训和恢复重建等问题进行调查评估，提出防范和改进措施。

应急值班与信息报送。日常应急值班工作与生产值班合并，发生突发事件启动应急响应后，组织相关部门人员到场会商，并组建应急值班工作组，实行 24 小时应急值班；密切关注气象及其他灾害信息、政府职能部门灾情预警、各单位上报信息等影响电网运行及安全生产的情况，认真做好各类信息记录（包括重要事项的信息来源、收到时间、去向）；如遇涉电安全生产突发事件和相关舆情，及时启动应急响应，开展应急处置，并做好事件跟踪、信息收集整理与报送工作。

（四）消防管控业务

消防管控工作重点包括消防安全监测、消防监督管理等。

消防安全监测。跟踪督办各单位火灾报警、严重故障告警的接报、实情核查、原因分析，以及报警告警处理和设施修复恢复等工作；监督做好消防设施缺陷和安全隐患整治，向相关专业部门报告消防设施运行和消防安全管理有关情况。

消防监督管理。监督指导各单位应用消防物联网系统规范开展基础管理、巡视检查、问题整治、维保监测、教育培训、应急管理等工作。

延伸阅读

省市两级指挥中心管控分层分级表见表 7–5。

表 7–5 省市两级指挥中心管控分层分级表

业务类别		省级指挥中心	市级指挥中心
风险预警发布		重点关注五级及以上电网风险、二级作业风险预警	负责六级及以上电网风险、三级及以上作业风险预警
设备故障、缺陷、异常管控		重点关注±800 千伏换流设备、750 千伏输变电设备及其他重要设备电网及设点通道	负责管辖范围内的所有设备故障、异常处置情况跟踪
设备抢修过程管控		重点关注 220 千伏及以上主网主设备和配电网设备（同区域 10 条及以上配电网线路、或 200 台区及以上停电、或影响万户及以上范围）设备抢修过程管控及协调指挥	负责所辖范围内设备抢修过程管控及指挥协调
安全管控	电网风险	负责五级及以上电网风险，抽查 30%六级及以下电网风险	负责所辖范围内所有电网风险管控
	作业风险	二级及以上作业风险，抽查 30%三级及以下作业风险	负责所辖范围内所有作业风险管控
突发事件应急管控		重点关注四级及以上应急预警事件，敏感特殊事件（可能引发小事件大影响事件）	负责所辖范围各类突发事件应急管控，在特殊情况下高效融入省公司指挥中心开展突发事件联合处置

三、组织平台建设

（一）建立指挥长体系

创新建立指挥长体系。指挥长是当值值班负责人，按照月、周重点工作计划、主管领导工作要求及专业管理部门重点工作任务形成本值重点工作任务清单并统筹执行；负责对各类信息、指标、数据汇总分析并形成工作日报；负责本值内人身、电网、设备、作业风险全过程管控监督；负责收集气象、地质灾害等预警信息和专业部门工作要求，开展关键设备重点盯防。指挥中心采用实行 7×24 小时指挥长负责值班制，四值两运转，平时负责组织开展生产、安全、基建、应急、行政等各类值班，负责对人身、电网、设备、作业风险全过程监督管控。战时负责突发状态下的信息收集、分析研判和协调指挥，组织专业部门开展应急会商，并协同相关部门开展 24 小时应急联合值班。指挥长体系业务运转结构图如图 7–13 所示。

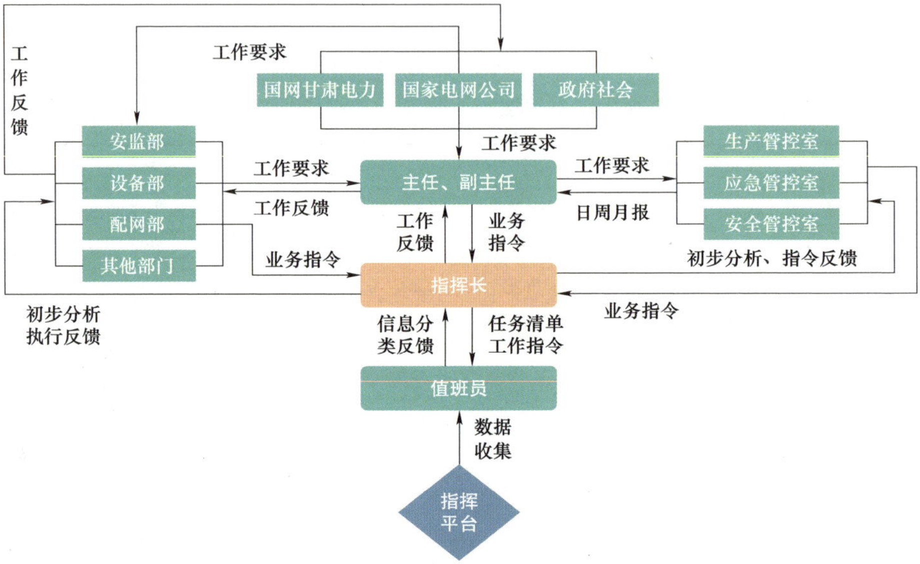

图 7－13　指挥长体系业务运转结构图

（二）整合值班资源

指挥中心主要开展生产管控、安全管控、消防管控、应急管控和各类进驻式值班管理工作。生产管控值班应用生产指挥平台及各类辅助系统开展电网设备状态管控、信息汇集、辅助决策、应急会商及协调指挥。安全管控值班应用安全风险管控系统开展作业现场违章督查，实现五级电网风险、二级作业风险督查全覆盖。消防管控值班应用消防物联网系统开展火情实时监测、火情防控、设施管理、应急协调和数据分析等工作。应急管控值班综合应用新一代应急指挥系统和各类监测系统开展应急预警、应急响应、应急指挥处置工作。业务进驻值班：对现有非调度类值班业务进行整合优化，开展总值班、营销负荷监控值班等值班业务，按照管理部门专业要求进行数据收集、分析；基建施工作业现场风险管控、“四不两直”督查、“现场＋视频”督查的业务纳入安全管控室统一管控。机构进驻值班：省公司信息调度、后勤值班整机构进驻指挥中心开展值班业务，指挥中心开展相关协调服务工作。办公室、后勤工作部、互联网事业部、建设事业部、营销事业部等业务部门的相关值班业务由指挥中心负责支撑，具体业务由相关专业部门负责。

（三）强化业务协同

组织平台聚焦设备、现场、风险、应急，横向集成安全生产信息，支撑安全监察部、设备管理部和配网管理部；纵向贯通安全生产指挥体系，按照业务驱动原则开展业务协同工作，广泛互联人资、财务、营销、物资、信息、后勤等专业系统，深化资产全寿命分析，集中资源配置，强化业务协同。

强化横向专业业务支撑。高效支撑安全监察部、设备管理部和配电网管理部常态化开展安全、生产、消防、应急等管控业务。专业部门业务支撑工作表见表 7-6。

表 7-6　　专业部门业务支撑工作表

支撑部门	支撑工作内容
安全监察部	安全生产巡查实施；安全生产量化评价、领导干部履职评价、一线员工安全技能测评工作；电网、设备、建设、发电、配电、营销、产业、网络信息、通信、后勤、物业等安全监督；现场、视频“四不两直”督查；组织安全责任清单编制、执行、监督和评价；本质安全评价、安全性评价；安全生产标准化、安全设施标准化评价与监督；应急能力评估、应急演练全过程管理；交通、消防、危化品、特种设备安全监督；防灾减灾、疫情防控监督检查和评价；安全教育培训；安全生产风险管控、隐患排查治理监督和评价；数字安监、科技兴安项目实施；安全保卫、反恐怖防范业务实施
设备管理部	生产信息汇集；输、变、配电设备状态评价过程管理；电网检修计划管理；电网设备状态监测、分析评价和故障异常统计；防汛、防灾减灾和新设备（新装置）挂网试运行等管理；电网设施运行期的环保措施落实及相关环保管理；电网设备质量过程管理；技术监督过程管理；设备全寿命过程管理；电网实物资产过程管理；可靠性、无功电压、电网谐波和技术线损专业工作实施和统计分析；运检信息化、数字化建设及应用评价；运检绩效指标跟踪及统计分析；技改、大修、零购、成本、租赁项目可研初设评审组织、计划编报、预算编报、实施跟踪督导、统计分析等工作
配网管理部	配电网大范围停电事件异常处置；配电网运行监测，重点监测配电网设备重过载、低电压、三相不平衡等异常情况；汇总、分析配电网异常数据，派发主动检（抢）修工单，接收供电服务指挥系统等内外部多种渠道派发的抢修类工单，对抢修类工单进行分析研判、派单指挥、跟踪督办；监控抢修工单到达时限、抢修恢复时长指标预警服务风险；负责生产类重要服务事项（恶劣天气、大面积停电）线上线下信息报备编译报送；全过程监控工单的处理进度和质量，对临、超期的工单进行多级预警、督办
其他部门	指挥中心大厅接入运营监测、信息调度、网络安全保障（含“红蓝队”攻防演练）及营销、物资等各类经营展示数据，加强业务协同，各相关职能部门（事业部）根据业务需要，实行“进驻”或“远程对接”模式，指挥中心预留办公坐席

强化纵向省市业务协同。省、市两级指挥中心依托生产指挥系统、企业资源平台开展工作，依据分工、落实职责、高效协作，做好平时支撑专业，战时协同处置，实现设备全寿命数据指标可测可知，现场安全风险可控能控，应急处置高效协同。按照分层分级、抓主抓重、重要双控的原则开展工作。

两级指挥中心同时对管辖范围内电压等级高、重要程度高的直流及输变配电设备，风险等级高、危险程度大的电网、作业（人员、生产、基建、营销、后勤等高风险作业），应急等级高的突发事件，同时开展全程管控，实现重要双控（见图 7–14）。使风险多一道保险绳，多一只监控眼，实现 $N-1$ 无盲点双重管理。两级公司指挥中心重点管控：直流、750 千伏及以上变电站、输变电设备，330 千伏及以下重要断面及输电线路；五级及以上电网风险；二级及以上作业风险；四级及以上应急预警事件，小事件大影响的敏感特殊事件。市级指挥中心对所辖管理范围内所有设备、风险进行全量管理。按照管控有计划、重点有清单、工作有评价、完善典型库的要求，收集年度检修、基建、技改、营销后勤重点作业计划，形成年度重点管控计划，结合月周电网检修及其他作业计划，形成月度重点工作清单、周风险管控清单，并将技术经济数据、设备监测数据、作业质效数据纳入系统，为设备全寿命周期评价提供数据支撑。结合政府及上级下达的年度自然灾害风险预测预警，编制年度应急预防重点工作，并按月周进行完善修订，形成年度有预测、月度有预防、每周有预警、日常有盯防的工作机制，结合应急预案、应急会商、应急队伍、应急装备、应急物资形成应急作战地图，实现挂图作战。按照年、月、周、日制定管理重点。按照年重点统筹、月重点防控、周重点管控、日重点督查的要求，依据年度重点工作清单，对照典型风险库、事故库、违章库，预设场景，制定年、月、周重点督查清单，科学安排督查巡查力量。紧盯“两个准入”，突出“四个管住”，开展作业现场“四不两直”督查和“现场+视频”违章查纠工作。重点盯住工作负责人、外包人员、高风险作业人员、到岗到位领导人员，及时查纠现场违章、分析违章成因，挖掘违章根源、根治违章通病，零容忍反违章。

强化联合管控。重点时段、特殊保电期间、节假日提级管控期、高峰作业期，安监、设备、配网、营销、建设、宣传部门在指挥大厅开展联合管控。加强与地方政府应急、公安、气象、水利、地震等部门沟通协作，联通共享数字政府、智慧应急、自然灾害风险评估等信息数据，围绕突发事件断、乱、慢等突出问题，提前介入、主动担当，根据突发事件影响程度，通过联合会商，科学高效处置，统筹落实保电网、保供应、保民生各项工作。

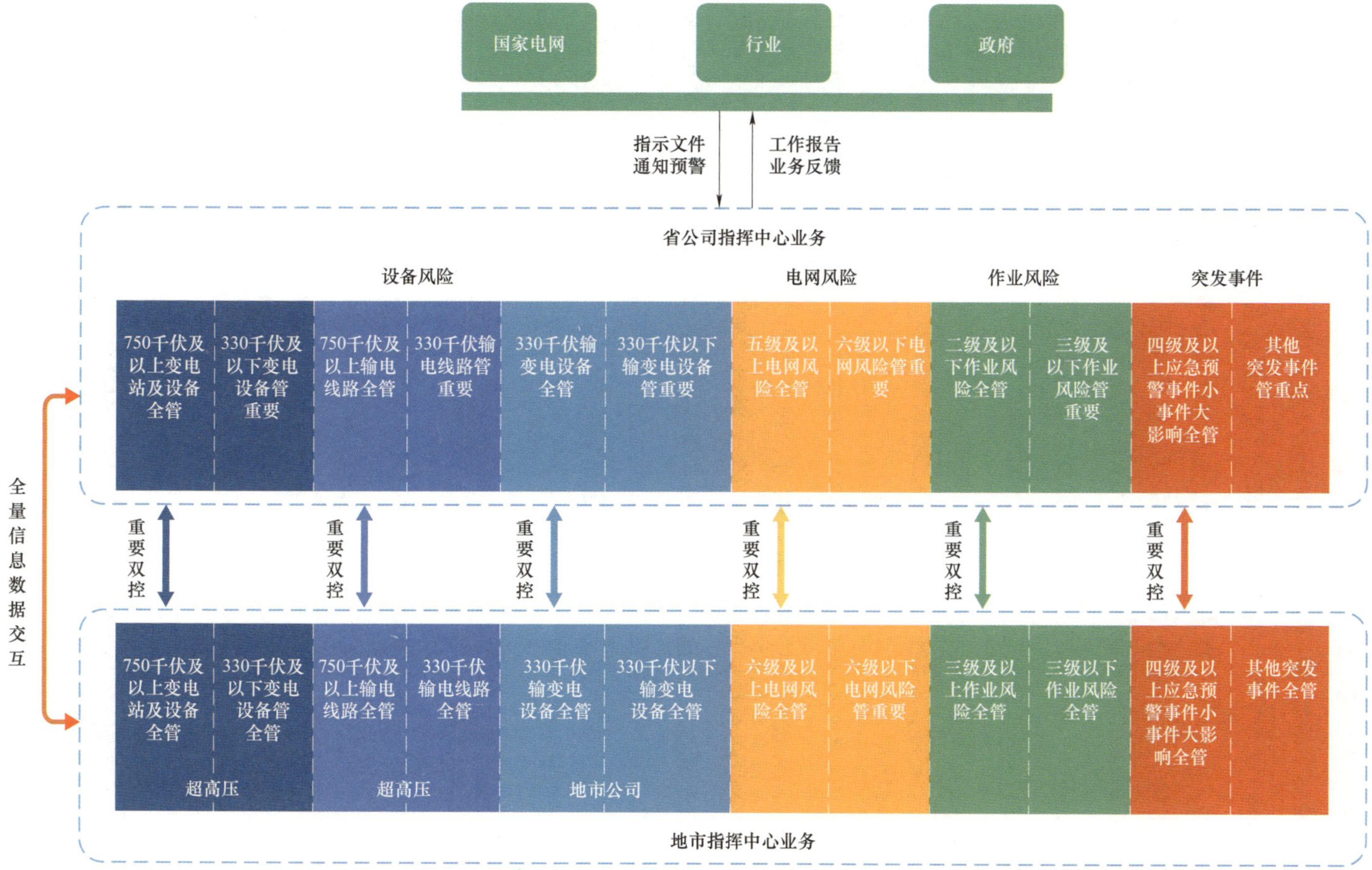

图 7－14 重要双控示意图

（四）融合全量数据

开展平台全量数据资源挖掘，实现数字业务化。依托中台（数据、技术、业务）及企业资源平台、智慧应急和政府风险评价系统，全量采集各类生产、安全、消防、应急等专业数据，实现两级指挥中心数据采集完整独立、及时高效、全量接入，并结合 PMS、可靠性、检修预试、技术监督、带电检测等数据形成完整的生产资源数据，即形成设备的“病历本”“档案册”、人员队伍的“履历表”“积分册”、作业组织的“评价表”“成绩单”，为设备评级评价、安全分析、应急评估、消防预警提供数据支撑。

四、技术平台建设

（一）总体架构

甘肃生产管控平台根据总部生产管控体系指导意见，遵循 PMS 3.0 总体架构，以电网资源业务中台、数据中台、技术中台为核心，新建省级、地市（超高压）公司两级协同的生产管控平台，采用“省级部署+多级应用”的模式，部署在管理信息大区。基于电网一张图图形化展示和空间分析能力，构建信息管控、电网状态监测、设备状态监测、过程安全管控、应急指挥管控应用体系，强化生产信息汇集、现场安全监督、业务过程管控、应急指挥处置、重大保电协调等业务，提升管理穿透、风险预控、指挥决策能力。平台总体架构图如图 7－15 所示。

（二）平台功能

大屏端围绕信息总览的全局定位汇集核心业务信息，构建全景的信息监控舱，按照电网状态监测、设备状态监测、过程安全管控、应急指挥管控四个过程构建典型应用场景，已部署完成省侧大屏端功能 25 项，地市（超高压）大屏侧功能 25 项，全面支撑省、市两级生产管控平台典型业务。基于管控全景化和决策精细化的要求，充分发挥大屏展现直观、简洁、丰富的特点，在大屏端构建生产指挥全场景应用，实现关键业务信息实时汇集、基于一张图的动态分析和呈现、指挥协调管控和智能分析决策；基于业务处理操作快捷方便的要求，在 PC 端构建异常告警跟踪处理、生产任务督办管理等流程化应用；基于管控日报、风险异常等信息及时掌握的要求，发挥移动终端携带便捷的特点，在移动端构建风险异常、关键信息的订阅场景。平台大屏示意图如图 7－16 所示。

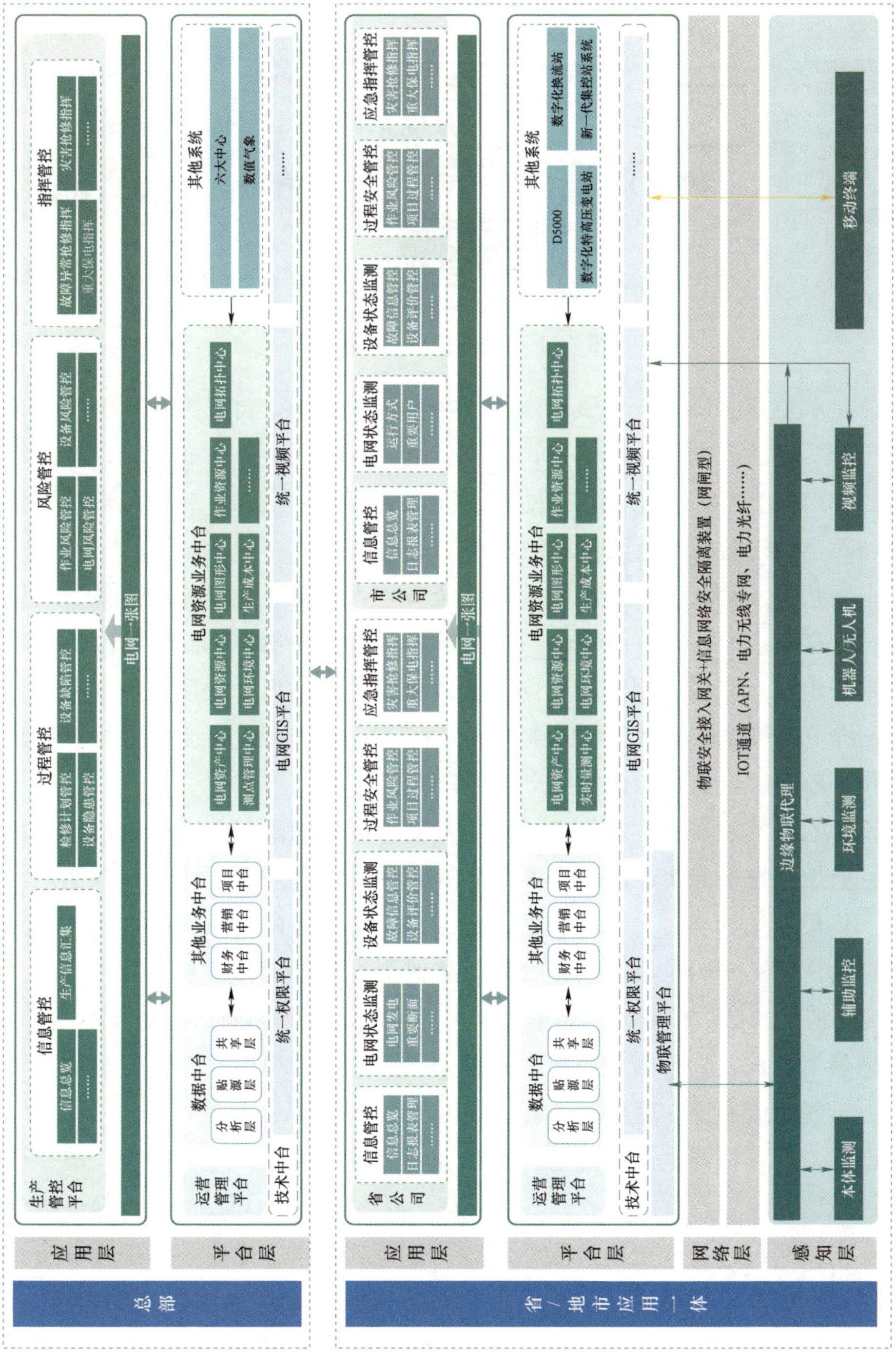

图 7-15 平台总体架构图

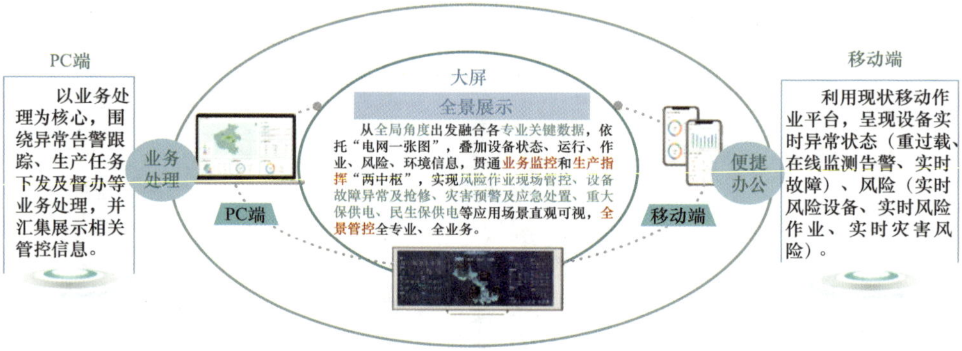

图 7-16　平台大屏示意图

信息总览在大屏端汇集展示电力平衡、气象预警、自然灾害预警、设备异常告警、消防安全、缺陷隐患、检修计划、保电任务、作业风险、智能设备管控 10 项功能。在 PC 端应用包括生产管控日报、周报、月报信息，支撑省公司对全网设备管理重要信息的掌控。

电网状态监测在大屏端汇总并展示全省电力平衡、电源侧发电量、装机容量、刘家峡水电厂、直流外送、四鱼断面、省际联络线、重要用户 8 项功能，基于电网一张图实现潮流走向、开关联络图、站内一次图、输电激光点云、三维电站等功能应用和数据接入。在 PC 端设计电网平衡监测、生产力状态监测、断面综合监测和重要用户 4 项功能。

设备状态监测在大屏端汇总并展示故障信息、缺陷信息、隐患信息、重点设备监控、设备健康评价及设备异常信息 6 项功能，基于电网一张图，结合新一代集控站和实时量测中心的建设成果，实现故障信息实时推送、故障设备自动定位、受影响设备自动关联，实时调取保护动作信息、故障录波文件、现场监控视频、作业计划等信息，可开展远程视频会商。在 PC 端设计完成故障信息管控、异常告警监控、缺陷信息督办、隐患信息督办、重点设备监控、设备健康评价 6 项功能。

过程安全管控在大屏端汇总并展示作业风险、电网风险、带电检测、检修计划、巡视计划、重点任务、工程管理、成本归集 8 项功能，全面监控生产作业现场情况，关注电网风险、跟踪计划及项目执行进度，基于设备层、站线层生产成本量化结果，以不同类型图表的形式展示各维度下成本具体分布情况。在 PC 端设计完成作业风险、电网风险、带电检测、计划督办、重点任务闭环管理、项目过程管控和成本归集 7 项功能。

应急指挥管控在大屏端汇总并展示天气预报、灾害预警及分布、保电任务、消防安全、影响态势、受影响设备、作业跟踪、今日停复电、应急预案 9 项功能。基于电网一张图展示灾害预警和分布范围，受影响电站、线路和用户信息，自动推送附近仓库可调配资源，可进行视频会商。在 PC 端设计完成天气预报、灾害预警、抢修指挥支撑、保电协调 4 项功能。

结合地域特征和实际业务需求，不断完善系统功能，开展电网平衡、风光水火装机容量、发电量（按照新能源、火电分类统计）、刘家峡水电厂、直流外送、重要断面、省际联络线、重要用户、开关联络图 9 项个性化需求设计，助力公司准确掌握上网侧到供电侧的电网生产力动态监测信息，重点关注新能源消纳能力，保障电网安全运行。

（三）数据接入

国网甘肃电力生产管控平台共接入环境、量测、停电计划等 70 类数据。其中，设备类数据来自 PMS 3.0 同源维护应用，通过业务中台资源、资产、图形、拓扑中心服务实时调用的方式，实现数据实时获取，电网图形依托电网一张图相关组件实现二次开发。作业类数据目前主要来自 PMS 2.0 系统，通过数据中台服务接口调用。随着 PMS 3.0 应用功能陆续上线，逐步实现数据切换。作业资源类数据主要来自业务中台作业资源中心、统一车辆管理等系统，通过服务调用方式，获取相关数据。视频类数据主要来自统一视频平台，通过服务实时调用的方式，获取图像数据。环境类数据主要来自国网湖南防灾减灾中心，通过服务调用、实时订阅等方式集成。量测类数据来自调度 D5000、省级集控主站等系统，通过电网资源业务中台实时量测中心服务调用、定时推送等方式，实现数据的实时获取。事件类数据主要来自调度 D5000、省级集控站、配电自动化等系统，通过实时量测中心服务调用、消息订阅方式获取实时数据。数据接入信息表见表 7-7。

表 7-7　　数据接入信息表

编号	数据类型	数据内容	接入路线	接入方式
1	设备数据	设备资产、资源、图形、拓扑数据	同源维护→省侧电网资源业务中台、电网图形中心、电网拓扑中心→省侧（地市/超高压）生产管控平台—信息管控	服务实时调用

续表

编号	数据类型	数据内容	接入路线	接入方式
2	作业数据	检修计划、工作票、操作票、缺陷、隐患等作业数据	PMS 2.0→数据中台→省侧（地市）生产管控平台—信息总览、电网状态监测、设备状态监测、过程安全管控、应急指挥管控	服务实时调用
3	作业资源数据	备品备件、车辆、人员、应急物资等作业资源数据	省侧作业资源中心、车辆管理系统→省侧（地市）生产管控平台—应急指挥管控	服务实时调用
4	视频数据	变电站、换流站、输电线路视频数据、移动布控球等	省侧统一视频平台→省侧生产管控平台—信息总览、电网状态监测、设备状态监测、过程安全管控、应急指挥管控	服务实时调用
5	环境数据	气象、山火、覆冰、雷电、大风、舞动、灾害	湖南防灾减灾中心→省侧（地市/超高压）生产管控平台—信息总览、应急指挥管控	定时推送
6	量测数据	电源侧实时出力、发电量、站内量测数据、故障录波、保护信号、在线监测	调度 D5000 系统、配电自动化、省级集控主站→省侧实时量测中心→省侧（地市/超高压）生产管控平台—信息总览、电网状态监测、设备状态监测	实时推送
7	事件数据	换流站异常告警、变电站异常告警、输电线路异常告警、故障跳闸、线路开关变位、线路故障事件数据	调度 D5000 系统、数字化换流站、配电自动化、省级集控主站→省侧实时量测中心→省侧（地市/超高压）生产管控平台—信息总览、电网状态监测、设备状态监测	实时推送

（四）典型场景

平时业务中心。气象环境监测，强化气象预警、自然灾害预警分析，跟踪山火、地灾、舞动、覆冰、大风、雷电自然灾害预警情况，跟踪暴雨、雷电潜势、大风、覆冰、寒潮、低温、高温气象预警情况，支撑专业决策。重大活动保电，结合重大保供电、民生保供电、保电电站、保电线路及停电态势信息，跟踪投入人次、出动车辆物资等过程信息，实现保供电全过程管控。作业风险管控，全面跟踪落实现场作业风险“五级五控”管理要求，跟踪输电、变电、直流、配电专业 1～5 级作业风险开展情况，远程督查预控措施落实情况。缺陷隐患督办，跟踪全网危急缺陷、重大隐患情况，关注缺陷未消除、缺陷超期未消除、隐患未消除、隐患超期未消除情况，对未消除缺陷隐患开展督办或提醒。风光区域汇聚，实现风光水火发电厂装机容量、实时出力、并网信息、发电量、减少碳排放等数据收集和监控。线路全景可视，融合激光点云建设成果，结合电网一张图对 330 千伏及以上线路的重要通道和杆塔进行全方位、多视角展示。电站立体可视，融合数字孪生变电站，通过变电站三维模型，对变电站内设备异常、告警、故障等事件进行可视化展示。

量测实时应用，基于甘肃集控主站的建设成果，完成设备模型与电网资源业务中台档案台账的关系映射和动态一张图的集成。

战时指挥中心。故障信息汇集，集中展示故障跳闸及异常告警信息，汇集故障报文、波形、分布式、台账、履历、现场视频等信息，通过平台实现省公司故障异常信息的自动汇集，故障跳闸信息全景可视。故障处置建议，根据地市公司故障评估报告，结合现场视频信息、故障点和专家评判，提出故障处置建议并下发地市公司。远程视频会商，安排抢修工作视频会商，确定故障抢险范围，会同地市公司制定抢修方案，指挥协调，优化策略；构建总部、省、地市多级远程联动体系，通过过程图像、影音实时查看，实现专家远程会诊、协同指导。作业远程督查，基于电网一张图，显示各专业 1～5 级作业风险地理分布，实现作业现场关联设备和监控设备映射，可快速通过视频、布控球查看现场作业开展情况，远程监控现场人员规范作业。抢修资源调配，集成电网资源专业仓储系统，掌握车辆、人员、备品备件等实时状况，实时监测故障抢修资源短缺情况，结合地市公司上报的资源调配申请，自主推送资源分布信息，平台辅助生成资源调配策略，指导省公司跨区调配。

【成效】

生产管控平台汇集电网风险预警、作业风险预警、在线监测、设备缺陷、故障处理等信息，开展设备差异化运维、精细化管控。共发布电网风险预警 724 起，作业风险预警 1824 起，完成 268 起在线监测异常数据闭环管理，跟踪 251 条气象预警，处理故障 70 起、全过程管控危急缺陷 56 条、严重缺陷 135 条。

生产管控日报实现重要设备负载、机组出力等数据自动获取、报表线上流转、自动统计分析及汇报材料一键导出等功能，累计自动生成生产管控日报 270 份。解决了各级生产管控中心日报数据的多头提报、多头汇总等问题，全力支撑生产指挥中心日报管控。

生产管控平台依托电网资源业务中台、数据中台、技术中台服务能力，共调用业务中台资源、资产、拓扑、实时量测等 10 个中心 150 个服务，累计调用 258 万次，在数据中台发布 85 个 API 接口，累计调用 35 万次。通过“以用促建、边用边治”的应用模式，反推数据治理，涉及输电线路 35 条，变电站 24 座，配电线路 596 条。有效提升各业务数据对生产管控平台的支撑能力。

第八章 指挥体系运转成效

指挥体系建设与运转取得“五强化、五提升”的显著成效。横向打破专业壁垒，强化专业协同，提升安全生产领导力；纵向贯通层级链条，强化层级落实，提升安全管理穿透力；统筹生产核心要素，强化资源共享，提升安全管控执行力；全力打造三大平台，强化系统融合，提升数智赋能驱动力；优化生产指挥体系，强化专业支撑，提升应急处置实战力。本章主要说明了指挥体系运转取得的五大方面成效。

第一节 提升安全生产领导力

一、组织全方位协同

2021 年，国网甘肃电力创新提出建设指挥中心和指挥平台，着力解决设备状态后知后觉、安全管控亡羊补牢、业务数据烟囱林立、应急指挥经验判断等问题，积极构建数字化、智能化指挥体系。各市县公司陆续成立指挥中心，建立相应制度、机制，两级中心在设备状态管控、现场安全管控、应急快速处置等方面发挥了重要作用。

流程协同。构建基于“强前端、大后台、精准指挥”需求实现的端对端主干流程体系。在流程推进过程中，生产组织各个专业部门打破专业和部门限制，以流程节点的推进为首选，跨部门跨专业流程协同。

客户协同。面对客户，以客户需求为原点，打破界限，以临时性任务的形式统一客户工作界面，为客户提供系统解决方案。

任务协同。在任务推进过程中，尤其是一线生产任务、应急作业等，需要各方参与时，组织中台敏捷反应，设备、安监、配网等后端专业部门及时支持，极大提高生产任务推进与管控效率。

能力协同。前端提升执行能力，中台提高指挥与管控效率，双方共同提升安全生产能力。通过跨专业、跨职能的专项任务等形式实现能力协同。各职能部门深入前端业务一线，履行职能管控、满足业务需求、赋能业务团队，加强管理能力与业务能力之间的协同。

人才协同。构建内部人才市场，依据组织需要，加强各板块之间，后台、中台、前端之间的人才流动，实现人才配置效率最优。加强复合型人才岗位轮换，通过不同专业视角和岗位视角的转变，实现人才培养的协同。

二、机制全方位重塑

为落实、指导各级指挥中心与组织平台的建设，明确各层级、各专业部门与一线班组的协同工作与流程优化，国网甘肃电力按照管办分离、职责明确、流程清晰、闭环管理的工作要求，制定2项综合管理制度，4项专项工作规范及7项业务流程。

管理制度（两项）：《指挥中心管理办法》《指挥中心值班管理制度》。

工作规范（四项）：《智能运检管控中心工作规范》《安全风险管控中心工作规范》《消防安全管控中心工作规范》《应急管理中心工作规范》。

梳理业务流程（七项）：《突发事件应急处置流程》《设备缺陷处理流程》《输变电设备跳闸故障处置流程》《预警管控流程》《安全风险管控流程》《检修计划管控流程》《配电设备故障抢修通用流程》。

实现了机构编制零增长。在改革过程中，严控机构编制总量，在实现管理强度持续提升的同时，借助流程精简、业务融合、人员集约等方式，持续提升组织运行效率和劳动用工效益。省层面指挥中心采取柔性组织方式，不增加机构数量、人员编制；地市公司指挥中心纳入内设机构设置标准，各单位内设机构总量、人员编制内部调剂，只减不增。

实现了值班业务全整合。将现生产、应急、消防、安全管控、防汛、行政、基建视频监控、营销负荷监控、信息调度、配电网调度、供电服务指挥等职责分散、机构林立的12类非电网调度值班业务统一整合至指挥中心，实现值班业务统一归口、信息共享共用，有效降低内耗，提升响应速度，值班人员整体数量压减约1/2，大幅释放用工存量。

实现了管理体系高效运转。通过集约指挥模式的构建，全面优化相关部门职责界面，加速生产组织方式和企业管理模式变革，依托多系统在指挥平台上的汇集融合和联动应用，实现管理模式从事后应对向事前防范、分散管控向集约指挥、传统人工驱动向数据智能驱动转变，从根本上推动企业安全提质、管理增效和基层减负。

现阶段，国网甘肃电力已建成省市县三级指挥中心构成的指挥体系，其中省市两级指挥中心将原来在各专业分封而立的安全风险管控中心、智能运检管控中心、消防安全管理中心、应急指挥中心集约整合，实现“四中心”一体化运作，县公司指挥中心与生产技术部一体化运作，实现 4+*N* 生产类值班集约整合；“组织架构+技术平台”实现人员同台值班、指令统一下达、平台数据共享、高效协同指挥。

三、业务全方位联动

2022 年 3 月 23 日，《关于下发地市公司级单位指挥中心实体化运作指导意见的通知》的印发，标志着指挥中心创新建设实践迈上了新台阶。

对于前端业务与一线班组，“大数据+互联网+移动终端”新型班组作业模式和“强前端、大后台、精准指挥”的一线班组管理模式，成为国网甘肃电力平台型架构的前端，而指挥体系的定位，对上基于“大数据+算法”成为安全生产管理决策“驾驶舱”，对下就是服务数字化班组的支撑体系，是数字化前端的全业务赋能中台。

指挥中心作为组织平台的载体，是组织变革与发展的关键环节，更加注重以国网甘肃电力生产运营目标为核心，专业联合、协调统筹，有效推动安全生产管理模式从事后应对向事前防范、从分散现场管控向集约生产指挥，全面建成层次清晰、业务明确、高效联动的新一代安全生产组织体系，有力推进新兴技术与业务组织深度融合，建成智能互动、灵活柔性、安全可控的新一代安全生产技术体系，有效提升安全生产管控力和生产管理穿透力，实现全业务赋能。

第二节　提升安全管理穿透力

一、设备安全状态全息感知

基于共建共享的组织平台、技术平台，能够基于设备运行信息、设备状态信息和环境要素分析，有效共享数字政府建设成果，开展设备健康状态综合评价，形成主动抢修、主动检修、主动巡视、智能巡检的策略预定。

对接智能监控、生产管理系统，重点展示电网简要情况、生产组织架构、甘肃主网架和各市县区网架情况、输变电设备规模等关键信息，支撑电网潮流和设备规模监视业务运转，实现全时域全维度的设备健康动态监测分析，以电网生产全视角多维度动态展示电网设备状态综合数据。

在智能监控平台嵌入智能巡检、三维全景、变电站辅控等系统，汇集融合保信分站、录波组网、在线监测、安防消防、区域防误、智能锁控、生产管理等多系统数据及业务信息，逐步具备对变电站主辅设备的全面监控、远程遥控、一键顺控、智能巡检、智慧分析功能；优化温控联动、视频联动、入侵联动、异常联动策略，完善 16 类辅助设备的远程控制、集成监控、自动预警、分级管控、智能联动等功能，推动辅控设施向集中化、智能化转型，填补运维辅控空白，促进辅助设施从无人管、无法控向智能联动、智慧管控方向发展，实现主辅设备一体化控制、一体化联动、一体化展示。

建成集控式智能巡检系统，有效压减巡视时间，支撑变电巡检业务高效运转。各集控主站服务器集群，共享资源，互为备用，节省投资成本，减少调试运维工作量；站端“机器人+视频”联合巡检，实现巡检模式优势互补、多站巡检同步执行、异常状态精准识别、巡检报告自动生成。嵌入智能监控平台，实现设备故障、环境异常智能启动巡检策略，辅助变电运检人员实时掌握设备运行工况。智能巡检系统对接移动作业自动回传巡检数据，移动作业灵活调用智能巡视系统资源，明确机器巡视范围，真正实现人机协同；系统对接立体巡检，综合展现运行工况，快速推送异常工况，全面提升设备状态感知能力和应急处置能力。机器人巡检如图 8-1 所示。

图 8-1 机器人巡检

指挥中心依托技术平台以及全量采集各类生产、安全、消防、应急等专业数据，实现指挥中心数据采集高效准确、全量接入，全息感知设备运行状态。并结合 PMS、可靠性、检修预试、技术监督、带电检测等数据形成完整精准的生产资源数据，即形成设备“病历本”“档案册”、人员队伍“履历表”“积分册”、作业组织“评价表”“成绩单”，为设备评级评价，安全分析、应急评估、消防预警、组织质效分析提供数据支撑，同时形成设备全寿命状态评价分析、现场安全管控分析、应急能力评价分析、风险防控分析、生产组织质效分析等分析报告，加强日、周、月数据指标分析，做到日报告、周小结、月分析、年评价，高效支撑相关业务部门。实现设备状态安全管理三大方面的优化：

（1）优化了运维模式。加大技术平台集控系统建设投入，加强监控人员配置，加快独立监控场所建设。建立监控、运维人员双向轮岗机制，加强人员综合能力培养，提升设备监控强度。深入推进检修策略优化。开展主设备健康管理，合理延长设备使用寿命，延缓和降低“资产墙”对运营的影响。开展设备故障风险量化评估，推动构建以可靠性为中心的精准状态检修体系，提升设备管理精准度。

（2）优化了全寿命周期管理。推动变电主设备 LCC 精准核算，推进实物“ID”与变电业务深度融合，落实技改大修项目储备重点，提高投资精准度和资产运营质效。

（3）优化了运检装备保障。加大了先进装备配置力度，提高数字装备配置比例。完善了装备全过程管理，提升巡检机器人、无人机等智能装备实用化水平，实现现场全景可视、作业精益管理。设备运行状态管理如图 8－2 所示。

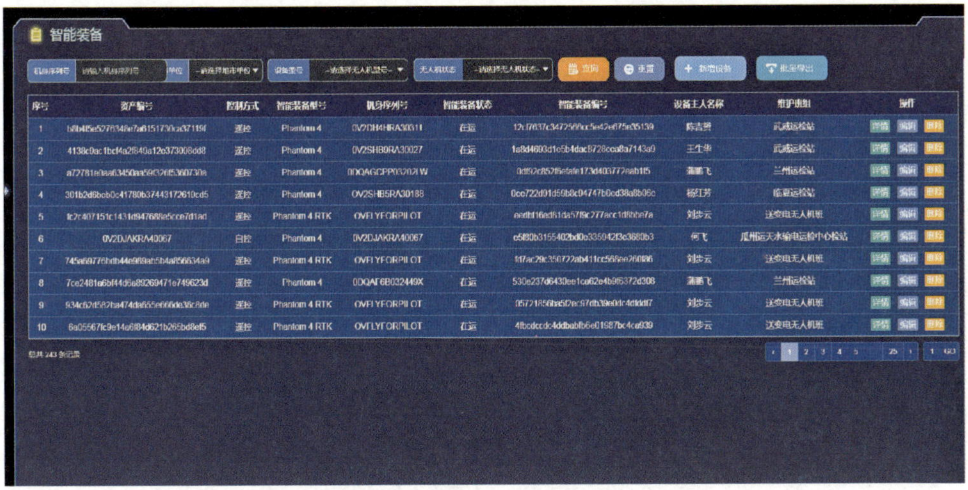

图 8－2　设备运行状态管理

二、生产作业过程精准可控

依托技术平台，深化指挥体系建设，推进设备信息融合共享，强化业务过程管控、加强故障预警研判、统筹运检资源调配，持续提高安全生产管理能力。

贯通生产业务系统，实现数据与业务的全面融合。技术平台接入雷电、山火、覆冰等七大预警监测中心数据，气象、地震、水利、应急等政府部门预测预报数据，以及电网状态监测类系统、故障分析定位诊断类系统、生产业务信息类系统、主辅设备监测类系统、安全风险管控类系统等生产业务所需信息系统。以电网资源业务中台为核心，全面融合数据中台、技术中台等数字化基础设施，开展已有系统中台化演进（如电网运检智能分析管控系统等），灵活定制扩展微应用，支撑现场监督、业务管控、分析决策、生态共享等业务开展。

技术平台建设，贯通安全生产管理链路。各单位指挥中心实现对上接受主网运检管控中心的业务指导和监督，对下统筹各单位变电运维室、变电检修室、输电运检室等专业执行机构和县公司运检管理及执行机构，不断创新生产管理模式，优化调整业务流程，充分发挥其对上支撑、对下指挥、过程监督、分析管控的综合职能，实现电网主辅设备的全方位监视、工作任务的全流程管控、生产计划的精益管理、运检资源的统筹调配等功能，通过建立指挥中心与运维、检修等一线班组的直通关系，缩短业务链条，减少交叉干扰，实现设备异常及缺陷、检修作业过程的实时交互，指挥决策信息的快速、无损传递，切实做到直达班组、直到现场。借助指挥中心建设和设备主人制推广实施，试点开展运检一体化和市县联动机制，加强专业横向贯通、纵向穿透，提升专业管理的穿透力和业务融合度。

对枢纽核心实施重要双控。指挥中心按照“分层分级、抓主抓重、重要双控”的原则开展工作。两级指挥中心同时对管辖范围内电压等级高、重要程度高的直流及输变配电设备、重要断面，风险等级高、危险程度大的电网、作业和有较大影响的突发应急事件，利用技术平台开展全程管控，实现重要双控。

实现安全管控有计划、重点有清单、风险有管控、管控有评价。依据年度电网运行风险以及各专业年度作业计划、月度检修计划和作业风险，形成年度重点管控计划、月度重点工作清单、周风险管控清单；结合灾害预测形成年度有预测、月度有预防、每周有预警、每日有盯防的安全管控工作机制。

第三节　提升安全管控执行力

一、作业安全管控智能化

基于组织平台、技术平台，全要素实现安全生产人、财、物等资源共建共享，对接智能监控、智能运检管控、消防物联网、安全风险管控、应急指挥系统，重点展示输变电设备负载率、设备故障、在线监测告警、变电站消防故障报警、气象灾害信息、电网运行风险、生产作业风险、应急抢修队伍和作业进展等关键信息，支撑生产指挥业务运转。

指挥平台作为肩负设备监视、流程管控、资源调配、人员评价、生产指挥的新一代生产管理信息系统，其定位为信息共享、量化分析、设备精益管理、业务集约融合的综合信息平台，以设备状态全景化、生产指挥集约化、评价分析智能化、业务流程信息化为建设原则，将现有运检信息系统进行有效整合，使智能运检管控平台成为生产指挥信息汇聚中心，实现各系统间数据互通互联，深化大数据挖掘高级应用，形成集信息汇聚、过程管控、预警研判、指挥协调功能于一体的集约化指挥管控中枢，为指挥中心提供技术支撑。指挥平台界面如图 8－3 所示。

图 8－3　指挥平台界面

借助第三代智能站一键顺控、自动巡检、移动作业等智能运检新技术应用，既能促使指挥中心直面生产现场，延伸指挥中心对设备、作业、人员的管控手段直达生产作业一线；又能替代繁琐、重复的人力作业，变革以人力投入为主的传统生产模式，提升现场管理穿透力和作业效率。

作业现场实时监控。在作业现场，利用图像智能识别、人员定位、三维GIS开展场站安全、作业安全实时监控（见图8－4）。实现人员非法闯入告警，基于视频图像分析实现站内人员非法闯入预警；实现作业安全告警，基于电网三维模型和人员定位、车辆定位信息，对作业人员偏离工作区域（检修工作区域、常规巡视区域）进行预警，对作业不规范行为进行纠偏；实现生产任务全过程管控，综合重点任务、里程碑计划等要素，实时检查各单位重点任务进度和执行情况，对进度滞后的任务进行督办，以及工作任务回溯评价。实现对公司重要决策部署、重大专项工作、重点工作任务等事项的监督、检查、评价，解决工作任务管控能力薄弱的问题。

图8－4 作业人员作业安全实时监控

二、生产资源调度可视化

基于GIS地图实现各类生产资源的库存、使用状态、存放位置综合展示，提供运检作业、应急保障各阶段工作的有效查看和资源掌控。

备品备件在线化管理。基于GIS地图开展各类备品备件库存、存放位置、设备类型、领用状态信息可视化管理，支撑日常检修及应急保障工作开展阶段的设备资源明细调阅。

工器具在线化管理。基于 GIS 地图开展各类工器具库存、存放位置、设备类型、领用状态信息可视化管理，支撑日常检修及应急保障工作开展阶段的设备资源明细调阅。

车辆在线化管理。基于 GIS 地图开展车辆信息、车辆负责人信息、车辆工作状态信息、车辆定位信息可视化管理，支撑日常检修及应急保障工作开展阶段的设备资源明细调阅。

人员在线化管理。基于 GIS 地图开展人员信息、人员位置信息、人员工作状态信息的可视化管理，支撑日常检修及应急保障工作开展阶段的设备资源明细调阅及调度安排。

延伸阅读

现代智慧供应链建设成果卓越

国网甘肃电力按照国家电网公司 2020 年物资管理重点工作任务部署，以大云物移智链应用为核心，扎实推进现代智慧供应链“五 E 一中心”[1]建设应用工作，促进物资供应效率、采购设备质量和管理效率持续提升。

国网甘肃电力提前完成国家电网总部场景建设目标。初步建成具有智慧大脑中枢功能的省级供应链运营中心；自主研发并建成出库待使用物资（物资供应“最后一公里”）监管可视化平台；成为国家电网第一批试点应用单位开展 ECP 2.0 系统智能投标、在线评标与授标；自主开发计划申报智能审查和物资结算自动化辅助工具；率先应用 ELP 电力物流服务平台实现重点物资运输全程可视化；在合同电子签名签章、履约单据电子化、仓储移动作业、应急物资智能调配等方面先行先试，取得了显著实效。

2020 年 6 月 3 日，国家电网公司在北京召开物资工作暨现代智慧供应链建设成果深度应用推进会议，在会议的场景体验、应用巡礼和云会展三个

[1] “五 E 一中心”是指电子商务平台 ECP、企业管理系统 ERP、电工装备智慧物联平台 EIP、电力物流服务平台 ELP、“e 物资”移动应用和供应链运营中心 ESC。

环节，国网甘肃电力充分展示智慧采购、协同管理、监察管理、合同管理、仓储管理、全景质控六大业务方面的建设成果。第一个建设成果是在场景体验环节的焕然一新篇章，国网甘肃电力充分展示现代智慧供应链计划智能申报审查、智慧采购和数字物流等业务场景，在国网甘肃电力“三区两州”脱贫攻坚战场甘南临潭县的落地应用。第二个建设成果是在应用巡礼环节，国网甘肃电力充分展示现代智慧供应链计划智能申报审查、协议库存可视选购、合同电子签章和实物 ID 仓储移动作业等业务场景在全省各单位落地应用成果。第三个建设成果是在云会展环节，通过远程监控实景展示了国网甘肃电力评标活动现场。

国网甘肃电力现代智慧供应链 64 个业务场景建设成果已在全省 21 家发供电、直属单位全面应用（含 33 个试点任务和 31 个推广任务），覆盖内部人员 1986 人，供应商 121 家、设计院 24 家。

第四节　提升数智赋能驱动力

一、“三台”支撑技术平台架构

2022 年，国网甘肃电力在指挥体系建构推广的同时，启动了指挥平台建设。技术平台以电网资源业务中台为核心，基于电网一张图，以构建覆盖信息、过程、风险和指挥 4 类管控的 16 项应用为建设目标，实现重大事件清单化弹窗、关联信息自主化推送、作业风险精准化管控、重要事项定制化呈现、业务过程可视化查询、辅助策略智慧化生成。以设备可观、可测、可知为核心，以电网设备智能化升级和管理数字化转型为契机，全面落实“三全五化”工作要求，助力管理精益化、业务数字化和决策智能化，支撑“平时业务中心、战时指挥中心”的打造。

国网甘肃电力统一组织，遵循国家电网公司统一的数字基础架构，应用新型数字基础设施建设成果，立足生产信息化管理现状，全面分析设备资产管理业务数字化需求，规范指挥平台业务、技术、应用和数据架构，统筹开展顶层设计。平台顶层设计架构如图 8－5 所示。

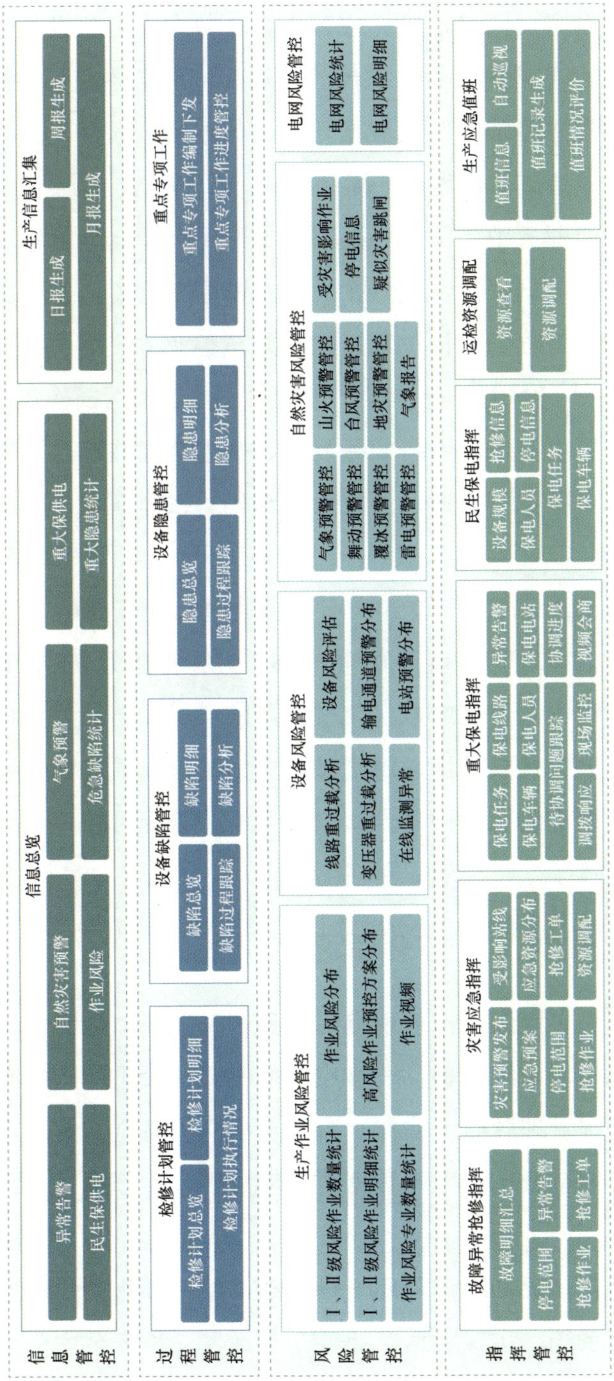

图 8－5　平台顶层设计架构

在“三台”建设方面，目前已完成云平台、数据中台建设，数据中台已接入 5 套业务系统，电网资源业务中台已接入 9 套业务系统。其他各业务系统随着“三台”建设进度陆续完成数据迁移，数据的全面性、正确性不断提升，已具备建立统一指挥平台数据支撑条件。

其中，电网资源业务中台的定位是整合电网生产和运行管理中的核心数据，沉淀共性业务和数据资源，提供企业级共享服务能力，全面支撑基础管理、设备管理、作业管理、分析决策、生态共享类业务应用，助力新一代设备资产精益管理系统（PMS 3.0）建设；企业中台基于国网云构建，是企业级能力共享平台，业务上实现能力跨业务复用、数据全局共享，支持前端应用快速、灵活搭建，支撑业务快速发展、敏捷迭代、按需调整，赋能业务发展和管理创新。

在基层数字化建设方面，依据 2020 年国家电网公司发布的“数字新基建”十大重点建设任务，2021 年接连下发的 PMS 3.0 系统建设方案、数字化班组建设方案，全面推进生产管理的数字化建设，随着感知层部署规模的持续扩大，数字化建设任务的持续推进，国网甘肃电力生产模式的数字化转型必将会有质的飞跃，依据上述资源构建一个信息可视、管理可控、安全可信的全景式指挥平台势在必行。

二、“数据+业务”一体化贯通

最大限度利用已有资源，梳理现存问题和业务需求，按照“试点先行、分步实施”的原则，以省级部署、三级应用的模式建设生产指挥平台，形成覆盖全省的生产指挥管理脉络。依托平台实现电网信息全汇集、电网安全状态全监控、生产作业全管控、生产数据全自动分析、生产质效全维度评价、现场安全全覆盖。

当前，指挥平台建设贯通安监部、设备部、配网部相关生产业务系统，接入调度中心信息系统，实现数据、业务全贯通，支撑安全生产业务指挥与管控。数字化指挥平台整体架构如图 8－6 所示。

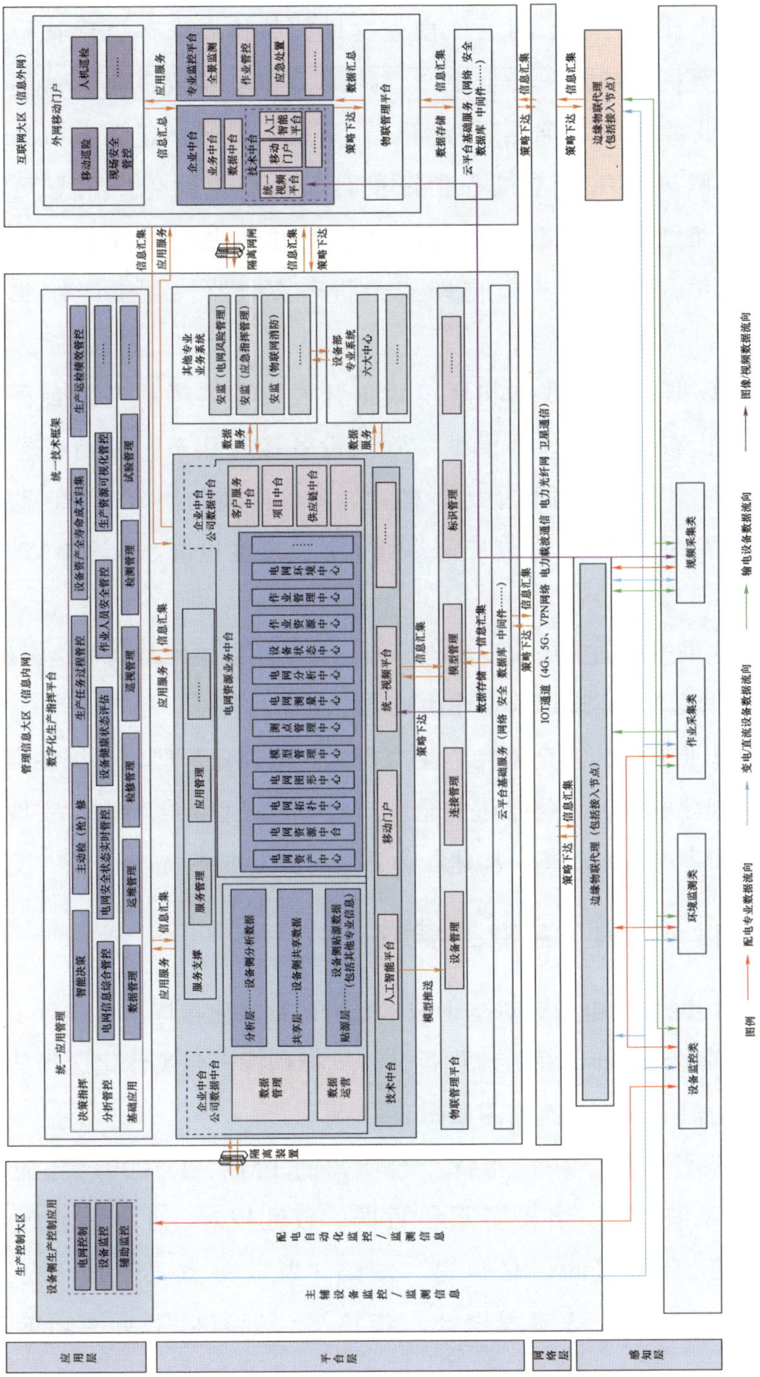

图 8-6　数字化指挥平台整体架构

按照国网甘肃电力“十四五”规划建设的整体要求，以现代设备管理体系变革为契机，以提升安全生产管控能力和电网数字化运营能力为重点，在现有业务系统基础上进行整合、集成、提升，建立省市县三级互联互通的电网安全生产全过程指挥平台，实现电网生产信息可看、电网作业过程可管、业务数据价值可分析挖掘的主动预警和指挥性系统。实现电网信息综合管控、电网安全状态实时监控、生产作业全流程管理。

基于状态数据、作业数据和环境数据开展设备健康状态综合评估，通过建立设备状态分析和预警模型，判断设备运行状态、提前告警设备异常，提升设备事故主动预防能力，构建设备检修辅助决策模型，助力检修班组制定设备检修策略，做到应修尽修、避免过度检修，节约检修人力、物力。

基于数字化班组移动应用实现状态分析结果、辅助检修策略与运维班组、检修班组的实时联动，实现运检工作由被动向主动的转变。

提升现场作业人员的安全管控、生产资源的可视化管理，支撑各类应急保障工作的可视化管控。最终推进安全生产数字化、智能化转型，实现生产组织体系优化和生产技术变革，构建融合并进的新发展格局。

三、“中台+场景”全业务渗透

2021 年，国网甘肃电力针对基于技术平台的数字化指挥平台进行了场景功能设计、数字字典设计、业务流程设计，支撑指挥平台实体化运作的初步实现。数字化指挥平台业务流向图如图 8－7 所示。

数据字典设计梳理了生产指挥平台所需的 PMS、D5000、风控、供服指挥等业务系统指标，各业务系统数据一致性校对，业务流程设计梳理了生产指挥平台所需的信息传递、缺陷、故障处置、工作任务、应急处置、预警预告等业务流程设计，指挥平台拥有以下主要功能应用场景：

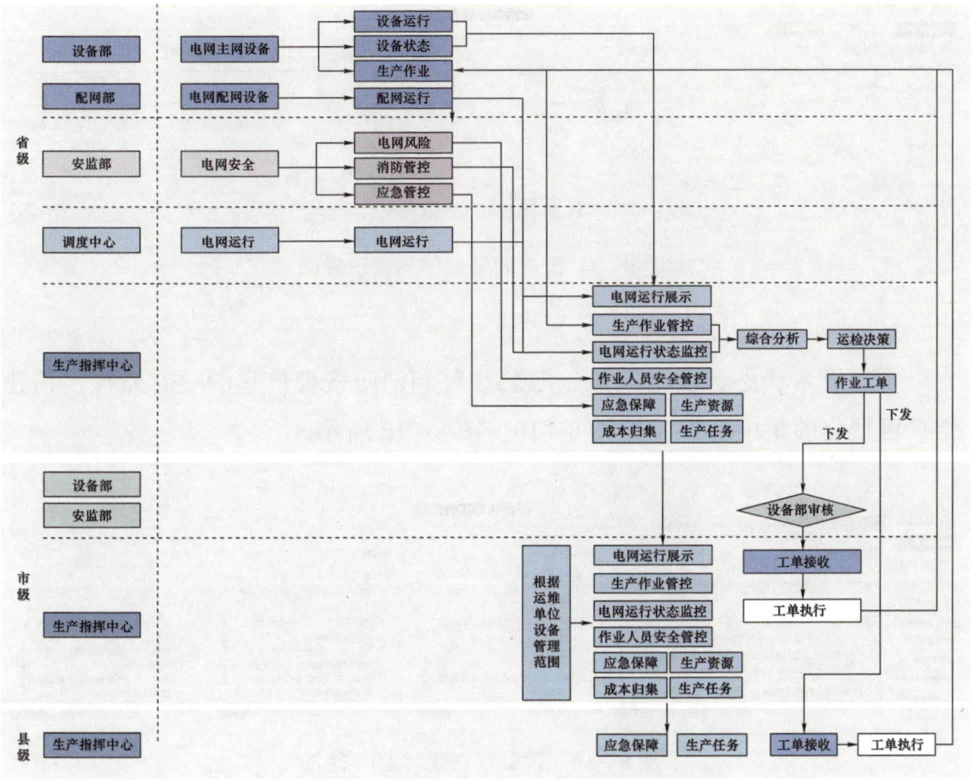

图 8-7 数字化指挥平台业务流向图

1. 生产力状态监测

融合展示甘肃电网上网侧到用户配售电侧的电网生产力动态监测，实现全时域全维度的生产保障能力动态监测分析，以电网生产全视角多维度动态展示电网运行业务综合数据。包含重点电网信息管理、主网常规信息管理和配电网常规信息管理三个子模块，如图 8-8 和图 8-9 所示。

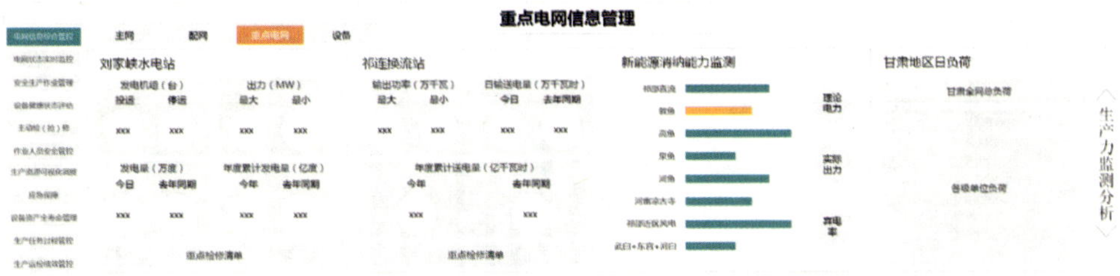

图 8-8 重点电网信息管理界面

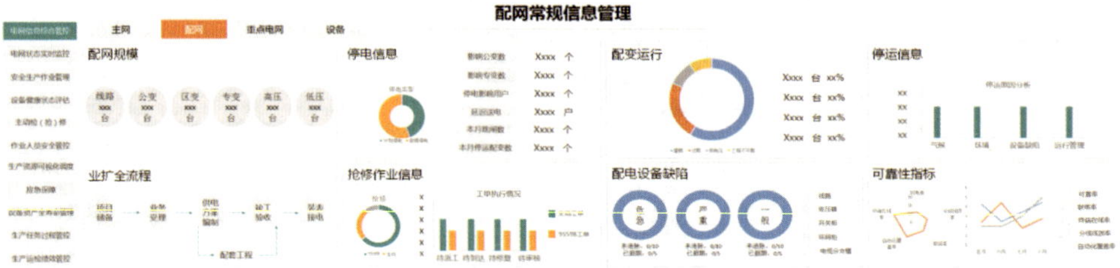

图 8－9　配电网常规信息管理界面

2. 电网状态实时监控

实现设备状态、安全风险、应急预警和消防告警信息的实时监控，构建全景可视化的集中监控。如图 8－10～图 8－12 所示。

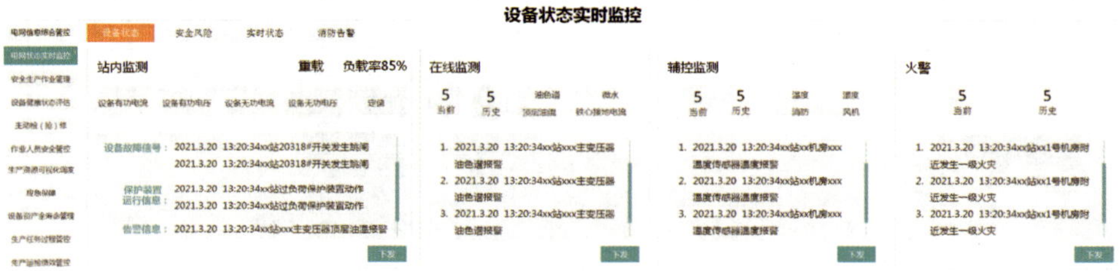

图 8－10　设备状态实时监控界面

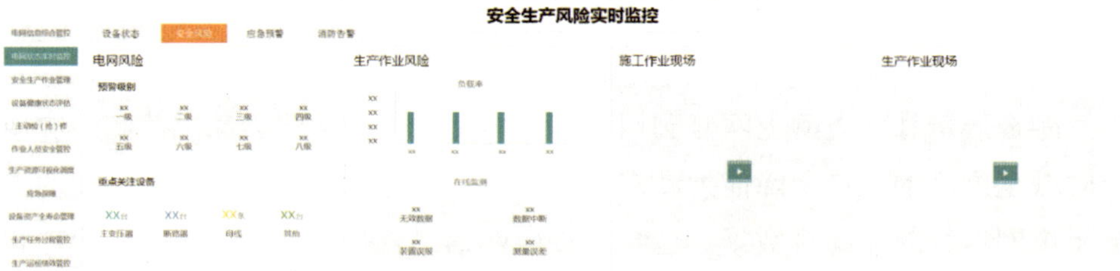

图 8－11　安全风险实时监控界面

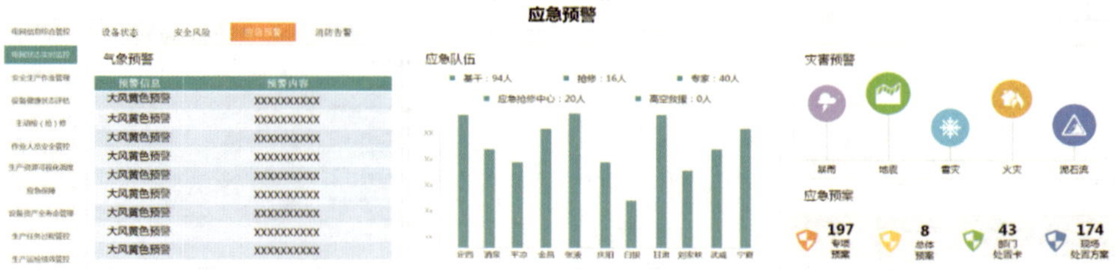

图 8－12　应急预警界面

3. 基于数字化班组移动应用的安全生产作业管理

构建数字化班组移动应用业务过程管控的承载平台，实现各类运检业务的全面管控，同时融合告警、工单开展主动检（抢）修工作的推送管理和执行。

4. 基于大数据的设备状态健康评估

基于设备运行信息、设备状态信息和环境要素分析，开展设备健康状态综合评价，形成主动抢修、主动检修、主动巡视的策略预定，指导主动检（抢）修工单的制定。如图 8－13 所示。

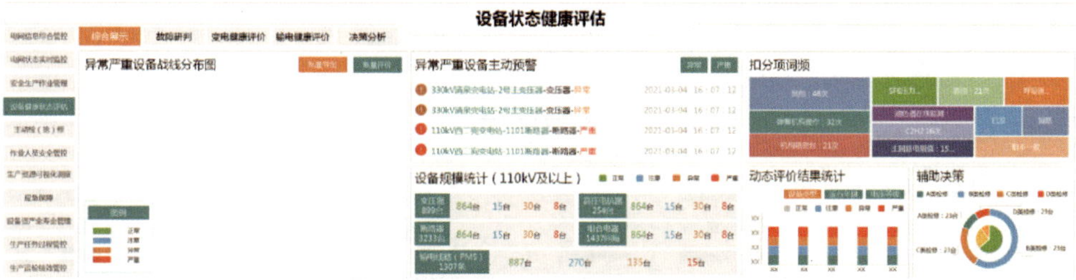

图 8－13 设备状态健康评估界面

5. 基于综合评价分析的主动检（抢）修

包含综合评价分析和主动检（抢）修两个子模块，如图 8－14 和图 8－15 所示。对设备状态监控及综合评价分析形成的主动检（抢）修工单开展推送、跟踪、执行过程管控。实现告警信息自动推送。对电网安全状态实时监控，向移动应用下发告警信息，指导运检人员主动判断并开展巡视工作。主动抢修工单推送。大数据故障研判分析结果形成抢修工单，向移动应用下发工单信息，指导运检人员主动判断并开展抢修工作，实现抢修工作的闭环管理。主动检修工单推送。基于设备状态综合评价分析结果及检修策略，发起主动检（抢）修工单，向移动应用下发工单信息，指导运检人员主动判断并开展巡视工作，利用移动应用巡视作业模块开展缺陷、故障、隐患信息填报并跟踪整个流程闭环，形成知识图谱。通过对设备专业知识的分级分类筛选、过滤、存储，构建数字化设备知识体系，支撑设备知识智能检索、关系分析与推理形成设备缺陷和隐患告警。面向各类设备专业提供设备的缺陷分析、隐患分析、故障分析等知识应用于服务。支撑设备管理业务中缺陷、隐患、故障知识便捷化和智能化应用，形成具备可复制推广的设备缺陷、隐患、故障图谱构建与知识服务方案。

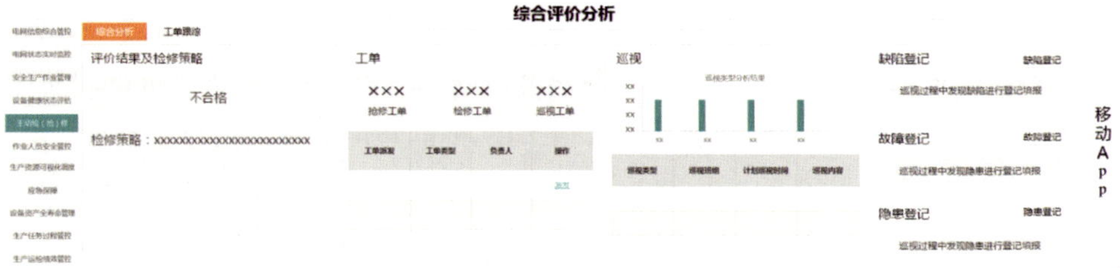

图 8-14 综合评价分析界面

图 8-15 主动检（抢）修界面

6. 作业人员安全管控

利用图像智能识别、人员定位、三维 GIS 开展场站安全、作业安全实时监控。基于视频图像分析实现站内人员非法闯入预警，基于电网三维模型和人员定位、车辆定位信息，对作业人员偏离工作区域（检修工作区域、常规巡视区域）、不规范操作进行预警。如图 8-16 所示。

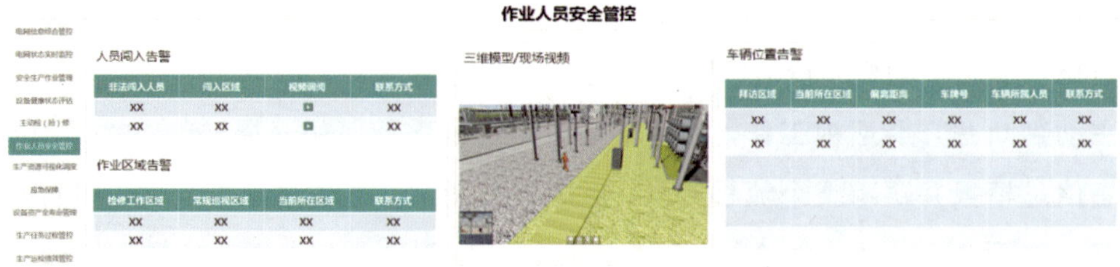

图 8-16 作业人员安全管控界面

7. 生产运检绩效管控

通过指标监控实现对生产运检绩效的管控。核心业务指标监控方面，对安全稳定、质量可靠、技术先进、经济高效、服务优质等设备管理体系核心业务指标实时监控。生产运检绩效指标监控方面，从提升运检绩效出发，统计分析各单位缺陷消除率和及时率、隐患消除率和及时率、故障抢修及时率、主动检（抢）修工单处理完成率和及时率、违规作业率、运维人员承载力、各类生产任务完成率，建立综合运检绩效评价模型，开展绩效综合分析管控。如图 8–17 所示。

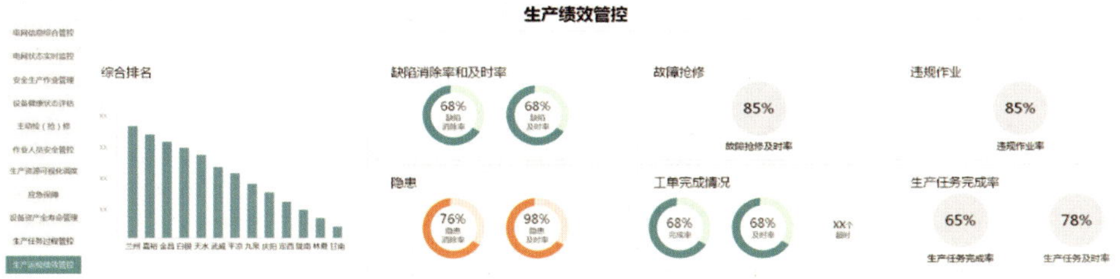

图 8–17　生产运检绩效管控界面

8. 应急保障

指导供电保障、应急管控阶段的工作开展。落实保障阶段工作任务的下发、工作执行；协同安监、设备、配电网、调度等专业，实现大面积停电、火灾、气象、地质灾害等应急指挥流程管控、应急预案发布、应急响应、应急资源调配、应急处置跟踪和应急演练编排，将应急处置管理模式由被动转为主动。

9. 设备资产全寿命成本归集

基于资产全寿命管理平台，汇总项目类成本、日常运维检修项目、非项目类其他成本、非项目类自营成本、职工薪酬及生产用车辆使用费的二次分摊等成本归集信息。

10. 生产任务过程管控

提高电网安全生产重点工作任务的集中管理能力，实现对重要决策部署、重大专项工作、重点工作任务等事项的监督、检查、评价，解决工作任务管控能力薄弱的问题。主要功能有：重点任务、制定进度计划和工作里程碑、任务分解派发、任务跟踪查询等。实时检查各单位重点任务进度和执行情况，对进度滞后的任务进行督办，对已完成的工作任务进行评价。如图 8-18 所示。

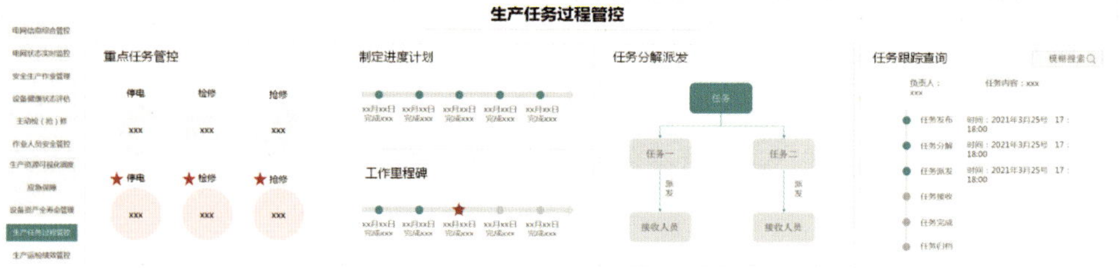

图 8-18 生产任务过程管控

第五节 提升应急处置实战力

一、提升精准预警能力

完善灾害信息在线监测。加快实现 ECS 系统与气象、水文、地质等信息的联动交互，进一步推进微型气象站、站房水位监测等信息感知传感器布局，提升电网状态与外部气象等信息叠加分析的支撑能力。

强化各类信息综合研判。建立异常数据信息研判模型，对电网事件、抢修投诉等各类异常数据进行综合分析研判，有效提升灾害综合监测、风险早期识别和预报预警能力。

提高预警响应指令的针对性。加强预警范围与电网设备的关系匹配，提高可能受影响电网、设备、用户清单的精准性，结合电网基础差异、负荷特性差异、地质地貌差异，提出针对性预防预控措施。

二、提升响应处置能力

推动指挥处置流程的标准化。进一步推进各类预案结构化工作，固化预警响应、应急响应、现场勘察、资源调配、应急抢修、信息报送等流程环节，确保全过程应急行动规范化、标准化。

推进应急处置全链条可视。进一步完善 ECS 系统图上作战功能，全景展示自然环境状态、电网设备状态、资源调配过程和应急处置过程，推进灾损信息、任务分配、结果反馈在PC端、App端实时展示，支撑全场景可视化应急处置。

强化应急通信支撑。有效应用政府信息资源，融合无线移动网关、卫星通信、单兵装备的技术手段，持续优化便携式卫星站、融合调度一体机等应急通信装备，提升公网通信中断等突发情况的应对能力。

【成效】

加快指挥体系创新建设，是推进现代设备管理体系和国家电网安全管理体系在国网甘肃电力落地的生动实践，是推动全业务、全环节数字化转型，深入挖掘数据资源价值，利用数字化促进生产提质、经营提效、服务提升，以数据要素的放大、叠加、倍增效应助力企业转型发展的重要手段。

国网甘肃电力指挥体系建设与运转3年以来，取得显著成效，大幅提升安全生产领导力、安全管理穿透力、安全管控执行力、数智赋能驱动力和应急处置实战力。设备管控方面，共故障处理61起，处理危急缺陷41条，严重缺陷119条，重过载设备342台次，完成196起在线监测异常数据闭环管理，实现设备运行状态全过程管控，专业部门联合处置、联合管控和指挥中心信息汇集、专业支撑能力提高、效率提升。安全管控方面，省市县三级全覆盖开展预设场景式风险管控、“视频＋现场”安全督查、“零容忍”反违章，有效管控四级及以上生产作业风险87540项，四级及以上施工作业风险32553项。特殊时段，各级指挥中心和专业部门联合值班，指挥协调、统配资源、统筹管控。消防管控方面，全过程跟踪消防设施运行状态、越限突变等异常跟踪，接入变电站、办公楼、物资库房、电缆隧道等各类生产经营场所1488处，成功处置火警数量22起，提升了消防管控能力。应急处置方面，建设应用智慧应急指挥系统，接入国家电网“七大中心”和政府应急、气象、水利、地震等灾害预警与自然灾害风险普查信息数据，跟踪258条气象预警，在郑州洪灾抢险支援、西安疫情保供支援、青海门源6.9级地震处置过程中，统一指挥、政企联动、信息互通，高效组织灾害抢修工作，战时指挥中心作用充分彰显。

延伸阅读

国网甘肃电力迅疾应对大面积降雪 积极组织抢修恢复保供电

2021 年 10 月 10 日，甘肃天水、定西、临夏、甘南、平凉、陇南等地普降大雪。受天气等因素影响，多地电力线路和设备受损跳闸，部分线路供电中断。为保障人民群众安全生产生活用电，国网甘肃电力相继投入 193 支供电抢修队伍，1322 人、304 台抢修车辆，积极组织开展抢修任务恢复供电。

国网甘肃电力党委高度重视，要求各地市公司有序组织供电抢修，注意人身安全。供电抢修人员克服雨雪天气和山区道路湿滑泥泞等不利因素造成的故障点查找困难、抢修受阻等影响，第一时间深入覆雪区域开展线路设备巡视及覆雪观测工作，加紧组织开展电力线路巡视和应急抢修。

国网临夏供电公司迅速启动应急抢修预案，开展保电抢修工作；国网甘南供电公司制定保民生设施、保供水供暖、保特殊群体的“三保”工作方案；面对大雪封山、道路崎岖、车轮打滑致车辆无法前行的情形，国网陇南供电公司抢修队员徒步进山，进行抢修、树障清理工作；国网天水供电公司加强对重要输电通道、重点用户供电线路的全面巡视，对雨雪天气可能造成的次生灾害加强研判；在国网定西供电公司生产指挥中心，安监、设备、调度、营销、宣传等专业部门的工作人员通力合作，随时准备投入应急抢修。截至 10 月 10 日 12 时，抢修恢复 78 条电力线路，恢复配电变压器 2623 台，142803 户用户恢复正常供电。

第四篇　笃行篇

习近平总书记在党的二十大报告中作出“加快构建新发展格局，着力推动高质量发展”“加快建设世界一流企业”的重大部署。要坚决贯彻党的二十大精神，坚持以习近平新时代中国特色社会主义思想为指导，深刻领悟“两个确立”的决定性意义，准确把握新时代新征程国有企业的战略定位，加快建设世界一流企业，谱写中华民族伟大复兴电力新篇章。

本篇主要阐述了能源电力行业高质量发展新要求、生产发展新方向及甘肃电力新征程，探索了企业级数智化指挥体系构建思路及方向。

第九章 构建企业级数智化指挥体系

本章主要阐述了在党的二十大精神、能源产业发展方向及国家电网公司发展布局的背景下，国网甘肃电力基于指挥体系建设基础上对企业级数智化指挥体系的建设思路与建设规划。

党的二十大报告对中国式现代化进行了全面系统深入阐述，清洁低碳、安全高效作为现代能源体系的核心内涵，需要从根本上破解能源“不可能三角”难题（即能源的清洁、安全和经济三者不可能做到同时兼顾或同时达到最优），安全、经济、环保是“双碳”目标下对能源发展的客观要求和现实需要，决定了我国能源电力行业必须肩负起更多减排任务与更大转型责任。党的二十大报告要求，深入推进能源革命，加强煤炭清洁高效利用，加快规划建设新型能源体系，积极参与应对气候变化全球治理。

国家电网公司作为关系国家能源安全和国民经济命脉的特大型国有重点骨干企业，积极响应“加快构建新发展格局，大力推动高质量发展”“加快建设世界一流企业”的重大部署。提升国家能源安全保障能力，推进国家安全体系和能力现代化。能源高质量发展是以安全为前提的发展。一方面，以满足经济社会可持续发展用能需求为前提，立足“富煤贫油少气”的能源禀赋，加强油气勘探开发和增储上产，推动煤炭行业高质量发展，确保“能源的饭碗必须端在自己手里”。另一方面，提升有效应对百年未有之大变局下多维度、跨系统、高不确定性能源安全潜在风险的能力，进一步加强对潜在重大因素的前瞻性辨识研判、预测预警分析和应急处理能力。谋划构建新型电力系统，助力积极稳妥推进碳达峰碳中和。能源高质量发展是目标导向路径优化的发展。能源系统清洁低碳转型中，在供给侧，清洁能源高质量规划建设和利用消纳，主要以电力的方式完成；在消费侧，电力是全面改善社会生产生活方式，为满足人民美好生活需要提供安全、经济、绿色、普惠用能服务的最直接载体；在配置侧，持续完善特高压及各级电网网架，确保能源电力资源大规模广域优化配置，是助力加强能源产供储销体系建设的关键支撑。

国网甘肃电力将更加注重电力保供，更加注重加快发展，更加注重提质增效，更加注重改革创新，更加注重强基补短，加快推进“一体四翼”发展布局落地。坚持国家总体安全观，建设“安全稳”的现代企业。牢固树立安全发展理念，全力加快安全生产治理体系和治理能力现代化建设，以“时时放心不下”的状态，扛好电力保供重大政治责任，确保电网安全稳定运行，确保不发生一般及以上人身、电网、设备事故，不发生恶性误操作事故，不发生五级信息系统事件。坚持高质量发展，建设“发展新”的现代企业。坚持清洁低碳是方向、能源保供是基础、能源安全是关键、能源独立是根本、能源创新是动力，着力打造西电东送大基地、大枢纽、大通道，建成陇东至山东、甘肃至浙江特高压工程，开工建设酒泉至中东部特高压工程，750 千伏省间联络线路增至 22 条，新型储能规模达到 950 万千瓦，新能源装机规模超过 1 亿千瓦。强化三级指挥中心建设和运转，以指挥体系为载体，面向一线、贴近设备、紧盯现场，构建“大安全、大应急”框架，以精准作为发力点，建设瞄准精准可观、可测、可控，机制完善瞄准设备、现场、风险、应急的精准，深化打造“强前端、大后台、精准指挥”安全生产体系，探索构建甘肃电力全专业平台型组织，利用数字化、智能化技术，打造全业务数字化平台，统筹源、网、荷、储资源，实现跨专业、跨层级的指挥联动和业务融会贯通，多维度提升平台型组织指挥调节能力、安全保障水平和综合运行效率。

第一节 深化平台型组织建设

一、平台型组织建设挑战

专业壁垒阻碍传统业务提质增效。国网甘肃电力传统业务总体运行良好，但仍存在专业壁垒阻碍传统业务进一步提质增效、影响客户服务满意度及响应效率持续提升的问题。具体表现为专业分割条块化，横向协同效率较低。由于自上而下的专业条块分割管理方式，导致建设、生产、营销等部门间存在专业壁垒，跨专业业务流程长。长期以来，企业偏被动营销，虽然开展了一系列改革，市场化意识仍不足、灵活性仍不够，客户响应速度慢，传统的垂直式管理模式需进一步优化。

资源整合不足，阻碍业务加速发展。按照国家电网统一部署，国网甘肃电力业务数字化融合持续推进，以指挥中心为核心的指挥体系，初步实现了安全生产资源的数字化融合管理。受数据类型、管理体系和算法限制，需进一步加速全专业技术驱动型产品应用，中台化数据统一管理，实现内部提质增效，数据资产价值挖掘，促进企业科技创新。同时，在河西能源基地新能源并网等新兴业务中，作为区域电网新能源转化中枢，为实现供用端资源集约管理，需进一步开展企业管理平台化演进，广泛开展内外部合作，实现高效支撑区域电力产业发展。

组织支撑不足，难以实现开放共享。受传统实物资产驱动管理思维限制，国网甘肃电力需进一步打破专业间及传统业务与新兴业务之间的边界，向多元业务赋能，实现多元业务融合发展。对外，需打破组织边界，建立客户数据中台、客户服务中心、负荷控制中心，围绕用户需求实现集合能源服务的一体化供应。此外，加强对外合作，本着开放共享、互利共赢的思维建立对外合作平台，主动打造区域行业合作生态。

二、平台型组织建设目标

紧抓技术革新趋势，全面提升管理质效。现阶段，大生产专业的全网感知、人工智能等技术的落地，极大提升传统运维业务的效率，更多的人力资源将从现场作业中解放出来，以省市县三级指挥中心监控业务为核心，转入设备监控、专业支撑、专业分析与管理。下阶段，国网甘肃电力全专业核心技术将更加集中到企业级中台，集中监控的范围和专业人员管理的幅度将极大地增加，营销、建设、物资等专业开展全面数字化，实现全业务数字化线上贯通，“集中监控+统一指挥”将成为可能。

推动定制化产品和网格化服务，占据市场竞争优势。聚合多方资源与能力实现客户价值，通过营配贯通、网格化等专业融合方式提升供电业务效率与客户响应速度、客户体验感。通过能源产业平台实现区域客户多元用能需求、降低客户用能成本。基于属地客户资源及网架资源，通过对现有供电业务延伸，围绕市场与客户需求培育新业务，寻求新的利润增长点。从能源为中心转变为用户为中心，实现客户价值增值与客户流量变现。

深化平台型组织建设，引领产业生态互利共生。按照新型电力系统建设思路，国网甘肃电力进行前台、中台、后台组织模式演进，实现内部多专业融合发展、资源与能力充分复用，外部建立产业平台，充分开放共享，实现生态圈的建设。以营销事业部为业务中心，在传统业务的基础上，挖掘客户延伸及综合能源服务需求。将规划、建设、调度、生产等职能，建设成为业务中台。将通信、信息、数据、新业务相关职能，建设成为技术中心或数据中心。将营销、市场、客服等职能，建设成为客户中台。其他人、财、物的供应管理及其他管理职能，建设成为后台。对外融合国网甘肃电力系统内部相关企业，建成内部生态圈，包括电科院、综合能源公司、经研院等组织；对外开放合作，建成外部生态圈，与咨询企业、金融企业、设计企业、能源产品企业、施工企业等组织合作，共同引领产业生态互利共生。

三、平台型组织建设内容

外部环境变化巨大，国网甘肃电力迫切需要加快建设新型组织模式和机制，提升组织效率，基于平台型组织理念，进一步完善指挥中心业务职能，实现全业务统一指挥，系统地规划组织模式和运行机制，有效提高企业运营管理水平和效率。

优化组织平台模式。遵循安全生产新特点，牢牢把握生产力与生产关系辩证统一规律，转变指挥中心定位，由原先的"信息员""传令兵"转变为"作战室""司令部"，指挥中心变革为生产指挥部，始终坚持"平时业务中心、战时指挥中心"的功能定位，统筹推进安全管控、设备管控、消防管控、应急管控等业务统一指挥，构建"大后端、强中端、小前端"生产组织模式。生产指挥部为"大后端"，作为安全生产决策大脑，全面汇集全景业务数据，开展智能分析与决策，并向中端发送决策指令；安全监察部、设备管理部、配网管理部和调度控制中心组成"三部一中心"为"强中端"，作为拉通前后的智慧躯干，实现前后信息有效流通，形成对前协调指挥、对后赋能决策的高效协同机制；"小前端"作为安全生产行为四肢，搭配新一代智能终端，重构生产管理行为与管理对象联结方式，做到敏捷交互。"大后端、强中端、小前端”生产组织模式如图 9－1 所示。

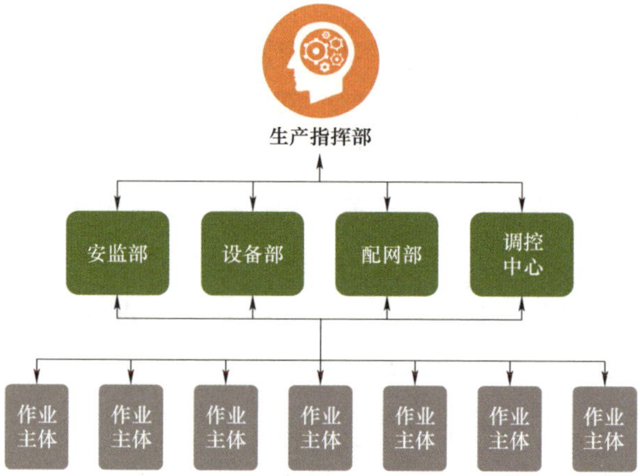

图 9－1 “大后端、强中端、小前端”生产组织模式

开展业务流程再造。为了适应未来指挥中心发展的需要，保证电网和设备的安全运行，提高电网运营管理水平，就需要对各级电网的生产管理界面和流程中所涉及的各个环节进行改进和再造。业务流程再造（BPR）与企业组织变革是相辅相成、缺一不可的，二者都是以客户价值创造为导向，使组织达到能迅速响应环境变化、便于管理层注重整体利益及员工人尽其才的要求，企业业务流程再造能够让企业生产运作更好地适应新的组织平台，并且在成本、质量、服务及工作速度等方面获得显著改善。指挥中心本身的业务流程再造。以提供不间断的电力供应目标，以更好地保障每一台设备的安全稳定运行为根本，基于指挥中心“智慧大脑”模式，对调度、安监、设备、配电网等职责界面和生产流程进行全面的梳理和流程再造，特别是对指挥中心与各生产单元的流程联结的断点、堵点进行完善，促进机构职能编制优化协同高效，全流程再造赋能“最强大脑”指挥高效生产。多专业融合的业务流程再造。生产管理组织模式变革和生产方式的数字化转型，将带来生产部门与其他专业部门协同方式的转变，开展指挥中心与发展、财务、基建、物资、后勤等其他专业融合的业务流程再造，健全高效的协调配合机制和敏捷的流程拉动机制，驱动新时代电网企业内部数字化高效运营。电网企业与外部接口的流程再造。随着数字生态的建设，电网企业与公众、政府机构、能源企业、供应商等能源生态圈伙伴的沟通交互的方式、频率和载体将发生根

本性的改变，需要站在构建现代能源体系的高度，对涵盖发输变配用领域和涉及利益相关方流程进行业务流程再造，为智慧能源生态建设提供强有力的支撑。

打造新型指挥队伍。建设能战善战的指挥型人才队伍。指挥队伍主动从幕后走向台前，立足队伍现状和工作实际，瞄准当前队伍紧缺、具备培育潜力和发展优势的专业领域，选定培育方向，完善工作机制，培育一批业务精湛、能力出众、成绩突出的人才骨干，打造实战型专业化指挥团队，带动指战员能力素质和指挥中心工作水平实现整体提升。建设技艺超群的技术性人才队伍。着眼生产管控、安全管控、应急管控、消防管控任务需要，培养造就一批行业人才和创新型消防信息化人才队伍，能够熟练运用大数据、数据孪生等前沿技术，提升数据挖掘、数据整合、数据应用能力，熟练运用 AI 人工智能技术应用、语音交互、三维建模辅助、绘图标注等先进技术，为灾害事故处置提供科学指导，技术队伍结构更加优化，布局更加合理，素质水平明显提高。建设思战研战的专家型人才队伍。从最困难、最复杂、最不利出发，紧扣防范化解重大安全风险，及时应对处置各类灾害事故的职责使命，分领域、分专业、分方向开展专项研究，实现在某些专业领域、某一灾害类型的深入研究，争取创建一批国内顶尖、行业一流的应急专家型人才队伍，形成一套具备消防特色的应急指挥学术体系。建设一专多能的复合型人才队伍。在突出专业、突出实战的基础上，必须具备一定综合协调、应急处变的基本素质，做到对上能报告、对下能指导，对内能统筹、对外能协调，不断在加固长板的基础上不断补齐短板，既要在某项领域做精做实，又要在其他方面全面提升，具备统筹协调、调度指挥、应急处突的综合能力，切实承担窗口桥梁、中枢神经作用，树立起核心地位。

优化提升企业运营体系。打造灵活、高效、优质的一体化客户服务体系。基于前端营配融合集成经营与一体化的理念，按照“前台业务融合、中台专业支撑”的思路统筹优化营销专业职责分工和资源配置。实现前端新老业务融合拓展，区域能源服务中心积极发挥属地优势，维护客户关系，履行市场前端职能。业务扩展和综合能源服务实现一口受理、双线实施、同步施工、同期投运。提升已有项目服务质量、挖掘新型潜力项目，主动调研客户用能需求，为客户提供集供电方案和综合能源服务方案于一体的综合用能解决方案。构建安全、规范、集约的资产管理体系。以提质增效为核心对资产管理体系进行优化，以保障电网安全，提升资产回报率。以平台型协同管理替代直线职能管理制的组织模式下分专业的条块式管理模式，实现资产管理体系的整体效能提升。在保障电网安全运行的前提下，强化规划、计划、监督职能，提升生产效率，资产管理体系采取专业化管理，实行管、办分开。进一步完善指挥中心资产管理体系，推动资产管理工作统一共识、统一目标、统一行动。采用跨部门对建设管理部（项目管理中心）、电力调度控制中心、营销事业部、财务管理部制定相应规则，同时各专业对指挥中心进行专业配合。以指挥中心资产管理为枢纽，高效推动资产全寿命周期管理标准的制定与实施，减少资产管理历史上流程跨部门协同难的问题，进一步明确资产管理各流程环节权责，减少责任推诿的问题，减少跨专业协同困难、专业管理要求落实不到位的问题。建设开放共享融合的数据管理体系。进一步优化互联网事业部业务，对各专业数据进行统一管理，增强数据可用性。推动基于客户用能大数据分析的新兴业务培育机制发展成熟，培育未来利润增长点，实现可持续发展。数据管理体系包括数据支撑体系和产业发展体系两部分，数据支撑体系实现数据驱动提供支撑，促进全业务流程数字化、智能化，产业发展体系通过数据应用促进业务发展，提升传统业务效率，发现新业务增长点。设置专业高效的指挥支撑保障体系。通过优化管理体系，强化核心职能，优化管控流程，提供专业服务，建成生产业务指挥中心。下阶段，拓展指挥中心业务，完善指挥中心战略规划、规则制定、服务支持、资源整合职能。通过优化管控流程，强化核心职能，实现职能部门角色转换，由管控转变为“管控+服务”，建立精干、高效的职能管理和后勤保障服务体系，支撑全业务统一指挥发展。

第二节　深化企业级技术中台建设

一、基础设施数字化转型

电力安全生产管理数字化转型的根本是以数据为驱动，是建立在设备管理、业务管控、应急指挥、电力调度数据的准确采集、高效传输和安全可靠利用基础上，离不开数字基础设施的支撑。

建设数据中心。在 PMS 3.0 体系业务中台化建设过程中，进一步集约调度、安监生产管控业务，建立省级数据中台，实现核心业务数据统一接入、汇集、存储，成为安全生产管理和企业运行分析数据中心。

部署完善人工智能平台。按照国家电网公司安全生产系统适应性改造要求，完成生产管控数据形式、业务场景统一，打造标准化、通用化人工智能平台，实现跨业务数据互联互通、共享应用，依托人工智能平台开展快速业务创新。

二、电网业务数字化转型

进一步深化人工智能技术在设备运行、控制、管理等多领域应用，渗透到发、输、变、配、用各环节，形成人工智能服务生态，提升电网自动化和智能化程度。

电网智能调度。依托知识图谱、自然语言处理和语音识别等技术，综合处理电网运行、检修计划、发电计划和电网拓扑信息数据，实现设备故障智能辨识、停电范围智能计算和负荷精准预测，实现调度枢纽顺畅，保障调度高效稳定运行。

输电线路智能巡检。通过巡检机器人、无人机、直升机、固定监控摄像头等多种方式采集巡检影像数据，构建典型缺陷样本库，通过视频处理分析、图像识别、深度学习等技术，打造巡检缺陷识别、诊断、检修一体化智能服务体系。

变电站智能感知。运用高清摄像头、巡检机器人及各类传感器、在线监测装置，通过图像识别、声纹识别及知识图谱等技术，对变电站主辅设备全面监视，促进变电运维管理精益化。

配网带电作业。配网带电作业机器人运用三维环境重建、视觉识别、运动控制等技术，实现机器人自主识别引线位置、抓取引线，完成剥线、穿线和搭火等工作。

智能生产安全管控。结合人脸识别、光学字符识别（OCR）等技术，实现作业人员身份资格验证、工作信息自动采集、提供实时可视、自动巡视、智能研判、高效管控的作业现场安全监管服务。设备安全方面，践行设备全寿命周期管理体系建设，实时评估设备的运行状况和风险。通过自动获取设备相关信息，动态分析设备的整个生命周期，跟踪设备性能，对风险源进行有效的预警，最大限度减少因设备引起的电网故障。

智能客服机器人。利用语音识别、语义理解、自然语言处理等技术，研发营销客服机器人，提供24小时在线服务。同时，基于过去客户咨询的电话记录执行语义挖掘，并创建语言资源数据库以及电网知识库，通过交互式的在线客户服务系统，为客户提供精准服务。

机器人流程自动化（RPA）。RPA技术可以将人员从大量、重复、有规则的事务性工作中解放出来，将更多的资源、精力投入财务分析、科学决策等高附加值工作中。

三、中台优化提升

数据中台优化。数据中台以“对内提质增效，对外价值挖掘”为能力提升要求，推动各类型数据资源全量纳管至数据中台，为设备专业事务型业务提供高效可靠的数据存储、计算服务。提升多源异构数据接入和计算存储能力，拓展能源、气象、经济等专业结构化、量测和非结构化数据接入能力，强化对接政府、服务民生等能力；通过增加数据中台计算节点及裸金属替换虚机等方式，提升数据计算能力，支撑低时延、高并发计算作业需求；扩展数据中台存储节点，提升数据中台存储空间，支撑物联平台、统一视频平台、业务中台等技术中台数据接入。提升数据共享和监测能力，建立数据分类分级标准，构建全链路数据流转安全监测预警和全链路监控治理能力，提升数据接入、转换、提供环节质量自动监测能力，确保在数据中台内数据资源的链路关系清、质量状态清，实现数据流转的安全合规共享，提升数据安全合规管控能力。提升数据创新应用能力，构建数据中台地市数据拆分能力，实现数据下沉和分域管理，支撑各地市公司盘点、获取、梳理、运用自身数据，满足地市应用建设需求；制定标签设计开发规范，建立规范标签建设与运营机制，推广标签中心建设应用，实现数据标签在设备专业领域全面建设灵活应用；完成报表中心建设，归集各单位成果数据，对外提供权威的可查、可用、可视报表平台。

业务中台优化。业务中台服务完善提升。遵循电网资源业务中台建设总体架构，围绕“模型统一、资源汇集、同源维护、共建共享”的建设原则，依据电网资源业务中台服务调用情况和 PMS 3.0 应用建设需求，重点开展电网资源中心、电网资产中心、电网图形中心、电网拓扑中心、测点管理中心、作业管理中心、作业资源中心、电网分析中心的服务优化提升工作，并结合成本归集分摊需求新建生产成本中心，迭代完善服务设计，提升业务支撑能力。服务运营能力提升建设。电网资源业务中台构建和完善服务运营管理工具，通过元数据的方式将管理粒度细化到能力级别，解决业务能力复用粒度不清晰、扩展不明确等问题，以服务运营管理规范为参考，借助服务运营管理工具实现中台业务能力的持续沉淀完善和可持续运营。平台基础实施建设。源端存量基础数据校核治理，包括图模数据的完整性、规范性、一致性和拓扑连通性等；存量基础数据迁移，采用分单位逐条（线路、大馈线）逐台（变电站）迁移的工作方式，完成全省存量数据迁移；电网资源同源维护集成改造，开展营销业务应用系统、配电自动化、调度系统、ERP 系统、GIS 2.0 平台、同期线损等电网资源同源维护集成改造，包括营销业扩接入、财务设备转资退役报废、调度红黑图管理、PMS 2.0 回写、GIS 2.0 沿布等流程及相关功能改造，实现基于同源维护应用开展业扩交互、设备新投、设备修改、设备更换、设备退役、线路切改、资产转资等业务。

技术中台优化。统一视频平台方面，进一步提升平台内外网基础能力，开展内外网数据融合建设。电网 GIS 平台方面，进一步提升平台基础能力、应用能力及内外网信息安全交互能力。统一权限平台方面，推进 PMS 3.0 建设工作和数字身份服务实用化工作，统一权限从平台架构优化、业务优化治理、外网应用支撑、用户权限管理及全寿命周期管理等方面着手，开展平台能力提升和深化应用工作。人工智能平台方面，人工智能平台持续赋能前端业务应用，支撑对内业务提质降本增效、对外业务融通共享生态，推动输电、变电等专业人工智能场景建设和生产应用，加速推进数字化、智慧化转型。

第三节 打造全业务数字化平台

一、数字化平台建设愿景

业务平台化适应性改造是国网甘肃电力的主要改革方向，全业务数字化平台是平台型组织建设的技术支撑。全业务数字化平台，以国家电网 PMS 3.0 体系构建为契机，加快推进传统业务数字化融合，建设全业务协同数字化管控平台。

流程数字化协同。构建基于外部客户需求，按照源、网、荷、储、配新型能源业务主线，数字化赋能，实现端对端主干流程体系建设。在流程推进过程中，打破专业和部门限制，以流程节点的推进为首选，真正实现跨部门或跨专业流程协同。

客户数字化协同。贴近客户，贯通前后数据链路，精准感知客户需求，积极响应客户提供个性化系统解决方案。

任务数字化协同。以企业级业务中台为支撑，单点发起，多专业共同参与，参与者需要及时跟进，处理好临时性任务和常规性工作的关系，贯通业务中台专业壁垒，提高工作效率。

能力数字化协同。前台提升经营能力，中台提高交付效率。技术中台具备“经营思维”，为前台提供技术支持和服务；前台具备技术敏感性，跨专业、跨职能打破技术、交付、市场壁垒，实现能力协同。

资源数字化协同。企业级客户中台，建立客户管理体系，作为市场与客户资源协同平台，技术中台作为技术资源协同平台，人力资源部建立内部人才市场，作为人力资源协同平台，建立财务和供应链管理体系，作为财务、物资资源协同平台。

理念上坚持客户导向，快速响应，满足客户需求；战略上坚持开放协同思维，打造价值生态；商业模式上整合资源，扩大网络效应；价值选择上聚焦规模经济，产生聚合价值；组织运行上，打造数字孪生的企业数字化运行与决策系统；机制层面，建立以客户为导向的独立核算机制，依靠规则实现员工自我驱动。

二、数字化平台建设目标

到 2025 年，按照国家电网数字化转型发展纲要部署，全面响应“163”数字化赋能工程建设，初步建成数字化驱动的平台型智慧甘肃电网，实现“三个转型、两个升级”。

电网生产数字化转型方面，实现“电网一张图、数据一个源、业务一条线”，源网荷储智能互动能力大幅提升；企业经营数字化转型方面，实现电网核心业务智能精准洞察和人财物等核心资源科学高效配置，企业级决策支持能力大幅提升；客户服务数字化转型方面，实现客户全领域、全业态业务线上化、自动化、智能化高效运转，市场、客户、运营等全方位、多元化服务能力大幅提升。

创新能力升级方面，数字化连接感知、高效处理和共享服务能力大幅提升，企业级数据管理和应用水平成熟稳健，形成以用户为中心、安全高效的数字化运营体系，推动核心业务向赋能型数字化架构转型升级；新兴产业升级方面，技术密集型和高附加值产业营收比重显著提高，规模增长、价值贡献和产业带动效应明显，形成互利共赢能源互联网生态圈，推动整体产业结构转型升级。

到 2035 年，全面建成具有甘肃特色的数字化智慧电网，以能源电力数字化、运营服务数字化、能源数字产业化为主线，推进数字化转型。能源电力数字化重点围绕电网全环节智能化改造数字化升级，提升全息感知、灵活控制和智能响应能力，构建覆盖输变配全环节的数字化设备管理体系，实现源网荷储一体化运行，有效满足高比例清洁能源并网消纳和多元用能设施便捷接入需要。运营服务数字化重点围绕以数据驱动业务流程再造和组织结构优化重塑，推动人财物等核心资源科学高效配置，提升企业级决策支持能力，推动线上线下智能服务全渠道融合，为各类客户提供多元化、互动化、个性化高品质用能服务，推动国网甘肃电力向能源互联网企业转型升级。能源数字产业化重点围绕主责主业，依托电网主导产业业务、客户、数据等资源优势，运用数字化技术和互联网理念，大力发展能源转型新业务、能源数字新产品、能源平台新服务，推动整体产业结构转型升级，构建互利共赢能源互联网生态圈，带动产业链上下游共同发展。

三、数字化平台建设部署

“十四五”期间，以“三融三化”为总体思路，全力推动国网甘肃电力全业务、全环节数字化转型。主动融入电网业务、融入生产一线、融入产业生态，推进架构中台化、数据价值化、业务智能化，赋能企业高质量发展。

设备级业务数字化应用。计划专业：新增水电技改项目管理、水电大修项目管理应用，重点解决水电技改项目管理缺乏系统支撑，采用线下方式开展系统管理数据不够精准等问题。技术专业：包括技术监督管理、供应商运行绩效评价管理、供电电压管理、电能质量管理、技术降损评价管理、防汛管理、电网知识库、状态评价管理 8 个一级应用。输电专业：新增输电资源管理一级应用，统筹输电智能装备、数据模型全过程数字化管理，为设备精益化管理提供数据和决策支持；新增差异化巡视计划管理二级应用，综合设备状态监测分析决策，解决协同立体巡检巡视策略、巡视计划数据及测点模型不统一等问题，实现输电立体巡视策略集中制定，分类调用。变电专业：新增生产力状态监测、作业人员安全管控、电网安全状态实时监控、安全生产作业管理、生产资源可视化调度、主动检（抢）修等一级应用。解决设备智能化、业务数字化水平不高，设备安全质量管控手段不完善，设备感知系统间信息壁垒等问题。直流专业：在直流控保软件修改应用中新增直流保护软件修改流程模块；与直流控制软件修改进行区分，在检修计划内新增紧急抢修工作申请单模块；整合数字化换流站中多维信息展示，直流设备状态评估与故障诊断为省公司侧换流站远程集中监控应用；将设备跳闸管理修改为设备故障管理，增加阀组闭锁、极闭锁、双极闭锁、交流线路跳闸、直流线路再启动等事件的相关记录功能。

企业级业务数字化应用。基于 PMS 3.0 顶层设计架构，依照开放共享、生态共建的原则，打破各部门、各专业壁垒，整合各部门数字化建设成果，逐步开展电网一张图、资产全寿命周期管理、全过程技术监督等企业级应用构建工作，推动设备管理对内对外业务支撑，提升服务创新能力，支撑企业经营管理决策。

生态级业务数字化应用。通过与政府、移动运营商、设备供应商、设备设计方等上下游行业生态圈的电网实物设备及数据的共享协同，围绕资源增值复用、业务赋能、数据共享等方面，开拓新业务、新业态、新模式，驱动产业链、生态链的创新能力，深化 PMS 3.0 应用，推动设备管理业务变革，全面支撑现代设备管理体系高效运转，构建协同发展的设备资产管理新生态。

深化展示平台建设。电网一张图：依托电网资源业务中台、数据中台、技术中台，汇聚相关系统电网资源静态数据、业务动态数据、设备运行数据、地理位置等信息，通过“图”上开展核心业务，以“图”串联业务流程，实现“业务从图中来，结果到图中去”。数据一个源：构建“数据一个源”是基于数据中台进行数据的全量接入和统一存储，对外提供统一数据服务，打造“一源采集、一源录入、一源多用”的数据服务新模式。业务一条线。基于“数据一个源”“电网一张图”，结合移动作业手持终端，将流程中线下业务线上化，打通业务流程断点，实现业务全在线、流程全贯通的“业务一条线”。

打造新型数字基础设施。聚焦企业中台、物联感知和云网融合等领域，打造适应国网甘肃电力数字化转型发展需要的新型数字基础设施，提升能源互联网全面感知和泛在互联能力，支撑业务快速创新。

完善企业中台建设。建设具有甘肃特色的电网资源、客户服务、项目管理和财务管理等业务中台，沉淀基础、共性、稳定的业务功能，支撑前端业务快速灵活构建；完善数据中台，推动海量、多源、异构数据汇聚，服务数据高效获取、便捷应用；完善技术中台，提供地理信息、移动应用、人工智能、区块链等公共数字技术服务，与电网和公司业务深度融合应用。构建智慧物联体系。基于中台服务，建设全域互联、深度感知、开放共享、高效互动的智慧物联体系，推动感知层资源和采集量测数据共享共用，为能源互联网业务提供统一、开放、便捷的感知接入、终端管控和数据共享服务，加快国网甘肃电力企业级数字化智能化指挥体系建设，推进电网生产运行和企业运营服务各环节数字化升级、智能化应用。推进云网融合建设。加强 5G、北斗等通信基础设施建设和应用，构建一体化电力通信网络，全面覆盖、实时连接能源电力全环节基础设施；建设资源全域调配、业务敏捷支撑、开发运维一体的国网甘肃电力云平台，实现业务系统全面上云，为国网甘肃电力上下游企业提供云化服务。5G 适配电力物联网，基于 5G 网络切片实现配电自动化、精准负荷控制、用电信息采集、分布式电源监控等功能；配电自动化建设，构建一项集计算机技术、数据传输、控制技术、现代化设备及管理于一体的综合信息管理系统，属于控制类智能电网业务。打造分布式电源监控，主要具备数据采集处理、有功功率调节、电压无功功率控制、孤岛检测、调度与协调控制等功能。构建“大连接”业务，以智能电能表为基础，开展用电信息采集、处理和实时监控的系统，实现用电信息的自动采集、计量异常监测、电能质量监测、用电分析和管理、相关信息发布、分布式电源监控、智能用电设备的信息交互等功能，满足智能用电和个性化客户服务需求。

升级智能电网基础设施。推动先进信息通信技术、控制技术和能源技术深度融合应用，促进电网基础设施与数字基础设施深度融合，助力构建清洁低碳、安全高效能源体系。强化电网智能装备，构建自主可控、安全可靠的新一代变电站二次系统，实现自主化、数字化、标准化、智能化；强化无人机、机器人等智能装备应用，全面推进智慧变电站和输电线路建设；优化量测控制类智能终端布局，推动配电网智能化升级，提升分布式能源、电动汽车和微电网接入互动能力。构建供需互动体系架构（图 9–2）。供需互动是指电源、负荷与电网通过多种交互形式，实现更经济、高效和安全的电力系统功率动态平衡，是一种实现能源最大化利用的运行模式。系统由供给侧

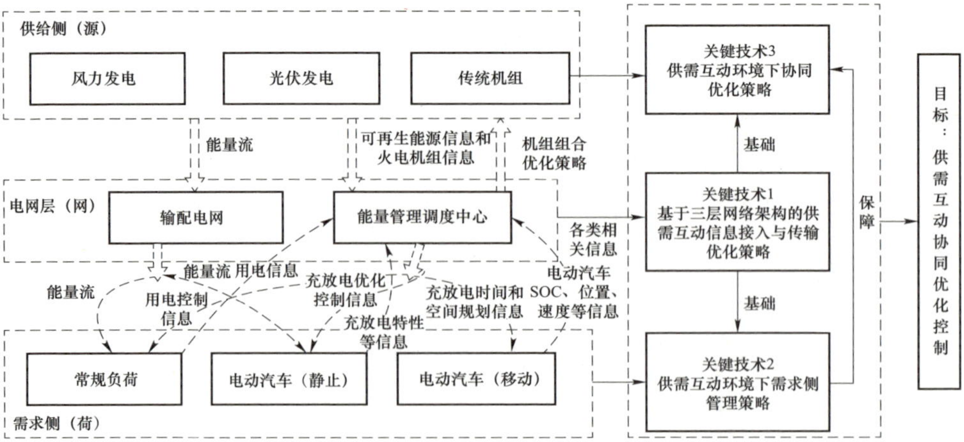

图 9–2　供需互动体系架构

（源）、电网层（网）和需求侧（荷）构成。在信息通信技术的支撑下，供给侧和需求侧通过网络实现信息资源和能源开发利用的实时共享，通过作为物理载体的电网进行相互作用，实现电力系统功率动态平衡能力的显著提升。

提升电网智慧运营能力。围绕电网运营全环节，推动业务协同、流程贯通和数据共享，构建智慧、绿色、安全、友好的电网智慧运营体系，深化数据驱动的规划建设。打造图数一体、在线交互的网上甘肃电力，构建“一图一网一平台”，推行网上管理、图上作业、线上服务，实现规划更科学、计划更精准、建设更高效、投资更合理。健全规划设计、物资供应、建设施工、运维检修等环节数据标准和移交流程，打造敏捷、易用数字化现场施工监管体系，实现电网建设全过程数字化。强化能源电力网络和交通网络、市政规划等深度融合，形成一体化发展格局。推进电网设备管理现代化。打造现代设备管理体系数字化支撑平台，推动实现设备、作业、管理、协同数字化，双向支撑设备管理全业务、全流程、全场景应用，保障设备资产精益管理。强化设备全过程技术监督、全寿命周期管理，实现信息全面采集、贯通共享、协同应用，提升设备管控能力，提高设备管理质效。提升电网智能调控能力。开展新一代调度技术支持系统升级改造，建设运行控制和调控云双平台支撑、模型和数据双引擎驱动、大云物移智链技术全面融入的技术体系，强化能量管理、现货市场、新能源预测和调度管理四大业务子系统协同运转的新兴技术装备建设。创新大电网安全管控、市场交易、新能源消纳和资源调配技术手段，提升电网调度数字化、自动化和智能化水平。构建电力物联网。在发电及储能环节，电力物联网技术主要应用于抽水蓄能电站的机组运行状态检测、电气参数监测、坝体监测、站区污染物及气体监测、脱硫监测、储能监控等方面。在输电环节，电力物联网应用于输电线路覆冰，微风振动、舞动、风偏、弧垂及杆塔应力监测；利用光纤传感技术实现对导线温度等参数的在线监测及载流量动态增容、预警；利用无源光波导传感器实现对绝缘子串风偏、污秽、盐密等的监测；利用图像、视频传感技术实现对线路防盗、杆塔倾斜、基础滑移、接地腐蚀的实时监控，为输电线路故障定位和自动诊断提供技术支撑，为线路生产管理及运行维护提供信息化、数字化的共享数据。在变电环节，物联网技术可用于变电站设备的电气、机械、运行信息的实时监测、诊断和辅助决策，尤其可通过传感设备对变压器进行油气检测，判断其健康状态和运行情况；利用无线传感、遥测及三维虚拟技术实现对变电站的防护入侵检测；还可将电子标识技术与工作票制度相结合，实现变电站智能巡检、作业安全管理和调度指挥互动化，促进无人值守数字化变电站的发展。构建多能源云储能系统。多能源云储能允许多个用户以共享的方式使用多个储能供应商提供的储能资源。多能源云储能系统包含云储能运营商、储能供应商和储能用户三大利益主体。云储能运营商是云储能模式的组织者，其将各处的多类型储能资源集中和组织起来，并进行统一调度，以更小的成本为用户提供储能服务。多能源云储能系统组成与基本运营模式如图 9－3 所示。

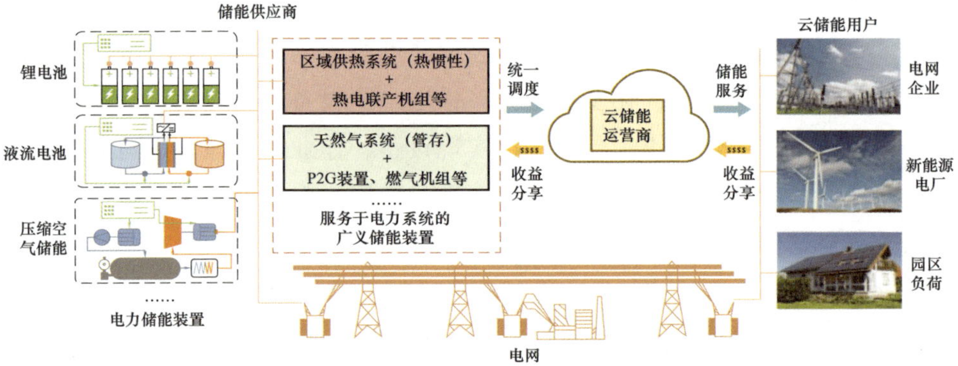

图 9－3 多能源云储能系统组成与基本运营模式

提升企业智慧运营能力。建设数据驱动的国网甘肃电力运营能力，提升业务洞察、资源配置水平，构建高标准、高质量、高效率的数字化治理模式。推动核心资源科学配置。构建企业级人力资源“四个工作台”新服务，建设智慧化业务应用，实现企业组织的高效协同和数字化运营。打造智慧共享财务价值生态，构建价值引领、数据驱动、敏捷洞察、灵活智能的数字化财务管理体系。深化现代智慧供应链体系智能化建设、智慧化运营，推动数智化赋能，带动国网甘肃电力上下游企业数字化转型，强化内外部资源全方位统筹，提升供应链现代化水平。打造透明高效业务流程。以数据流带动业务流，提升业务全链路数字化、透明化程度，打通协作壁垒，优化流程效率。以数字化推动放管服，提升基层末梢的需求响应速度和市场敏感度。加快数字化班组建设，培育数字员工，为员工配备数字化移动装置，提高员工工作效率。

构建企业级智慧决策体系。打造数据驱动的经营管理模式，推进数据深度共享、资源最优配置、业务高效协同，实现企业核心资源精益化科学合理调配。加强人工智能技术应用，打造企业级智慧大脑，实现公司内外部运营的动态感知、预测预警、自主决策和精准执行。

提供高品质能源电力服务。以客户为中心，借鉴互联网理念，以广泛连接和数据驱动为手段，提升客户体验，丰富服务内容，满足客户多元化、互动化、个性化用能需求，助力改善营商环境。加快全渠道数字化应用。加强营业厅、线上平台、移动应用与外部联动，推动服务渠道、服务产品、服务方式全方位数字化，推进线下业务线上化。优化客户服务线上业务交互方式，丰富服务内容，提高客户黏性。构建客户服务新模式，提升“一网通办”能力。打造全面洞察精准服务。构建统一的客户全景视图和精准画像，推进服务社交分享、在线互动，推动客户价值准确识别，打造新型客户交互关系。深化电力大数据应用，满足个性化、便捷化、极致化用能需求。统筹营销、交易、产业、金融和各类市场主体客户资源和服务需求，打造数据驱动的一站式服务。构建电力市场服务体系。打造适应新型电力系统的市场机制，贯通绿电交易、可再生能源消纳责任权重、绿证与碳市场等数字化应用。聚合储能、虚拟电厂和需求侧可调节资源，创新探索商业模式，建设支撑新能源快速发展的国网甘肃电力交易平台，创新运营“e 交易”电力市场服务平台。

参 考 文 献

［1］李代耕. 中国电力工业发展史料（解放前的七十年）［M］. 北京：水利电力出版社，1983.

［2］李代耕. 新中国电力工业发展史略［M］. 北京：企业管理出版社，1984.

［3］张国宝. “西电东送”工程：中国电力史上的重要篇章［J］. 中国经济周刊，2019.

［4］刘洪硕. 百年电力初心不改［J］. 华北电业，2018（5）：1.

［5］章建华. 推动新时代能源事业高质量发展［J］. 人民周刊，2019（19）：2.

［6］张安华. 中国电力发展 40 年成就斐然［J］. 中国电力企业管理，2018（25）：4.

［7］朱金凤. 新型电力系统来了［J］. 电气时代，2021（7）：1.

［8］辛保安. 加快建设新型电力系统助力实现“双碳”目标［J］. 电力设备管理，2021，000（011）：P.23－24.

［9］辛保安. 为美好生活充电为美丽中国赋能［J］. 国家电网，2022（8）：4.

［10］辛保安. 以电网数字化助推能源清洁低碳转型［J］. 电力设备管理，2022（10）：2.

［11］杨帆，张晶杰. 碳达峰碳中和目标下我国电力行业低碳发展现状与展望［J］. 环境保护，2021，49（17）：9－14.

［12］李晖，刘栋，姚丹阳. 面向碳达峰碳中和目标的我国电力系统发展研判［J］. 中国电机工程学报，2021，41（18）：14.

［13］赵勇强，钟财富. 碳达峰碳中和目标下的新能源产业发展与升级［J］. 中国能源，2021，43（9）：44－49，88.

［14］辛保安. 为实现“碳达峰，碳中和”目标贡献智慧和力量［J］. 国家电网，2021（3）：2.

［15］邢璐，鲁刚. 构建清洁低碳，安全高效的能源体系［J］. 国家电网，2017（12）：6.

［16］辛保安. 以电网数字化助推能源清洁低碳转型［J］. 电力设备管理，2022（10）：2.

［17］叶雷. 2020 年中国电力可持续发展战略研究［C］. 中国科协学术年会电力分会场暨中国电机工程学会学术年会. 2004.

[18] 向海平. 推动能源革命建设能源强国保障能源安全和绿色低碳转型发展[J]. 中国电业与能源，2022（5）：2.

[19] 人民日报. 甘肃大力发展清洁能源产业[EB/OL].（2022-3-22），https://view.inews.qq.com/a/20220322A01ZX700.

[20] 叶军. 保障公司战略在甘肃精准落地[J]. 国家电网，2020（4）：1.

[21] 叶军. 打造构建新型电力系统的“甘肃样板”[J]. 中国电业，2021（9）：2.

[22] 郭文萍，白文远，王磊，等. 电网企业生产指挥中心的转型[J]. 中国电力企业管理，2022（3）：2.

[23] 魏解，周祯，李磊. 地市公司供电服务指挥中心建设运作实践[J]. 大众用电，2020（4）：2.

[24] 张玉刚，刘沛，张耀明，等. 数智时代下电网企业组织形态进化论[J]. 中国电力企业管理，2021（27）：2.

[25] 王慧.“生命体”班组建设探索与研究[J]. 现代企业文化，2018（33）：1.

[26] 周作春. 北京电力公司生产组织和流程再造研究[D]. 北京：中国人民大学，2007.

[27] 李元钊，李偈旸. 生产指挥中心：北京电网的“智能大脑”[J]. 中国电业，2017，（9）：46-47.

[28] 赵昕. A电力公司电网业务流程再造研究[D]. 西安：西安科技大学，2019.

[29] 梅沁. 江苏省电力公司电力生产设备管理流程再造——从全生命周期管理视角分析[D]. 江苏：东南大学，2009.

[30] 管必萍，戴人杰，余浩斌，等. 基于电网一张图的“三链融合”模型构建和应用[J]. 电力与能源，2021，042（001）：61-64.

[31] 何明，路轶，杨小磊.“电网一张图”在四川公司的落地实践[J]. 中国电力企业管理，2021（16）：2.

[32] 刘广一，王继业，李洋，等.“电网一张图”时空信息管理系统[J]. 电力信息与通信技术，2020，18（1）：11.

[33] 石磊.“AI虚拟调度指挥”在配网生产指挥中心的研究与实现[J]. 电气技术与经济，2021（4）：5.

[34] 刘广一，谭俊，魏龙飞，等. 基于云雾边协同理念的“电网一张图”维护与自动更新策略研究[J]. 电力信息化，2020，18（4）：25-32.

［35］王琪. 平台型企业及其自组织机制研究［D］. 大连：东北财经大学，2017.

［36］刘绍荣，夏宁敏，唐欢，等. 平台型组织［M］. 北京：中信出版社，2019.

［37］赵强，韩英华，汪晋宽. 智能电网技术：面向供需互动能量优化［M］. 北京：电子工业出版社，2021.

后　记

新时代国家能源战略给我国电力行业发展指明了方向，即“四个革命、一个合作”能源安全新战略，“双碳”目标，构建新型电力系统实施路径。构建新型电力系统是一场全方位变革，是极具挑战性、开创性的战略性工程，同时也是一个长期渐进、久久为功的过程。

国网甘肃电力站在时代潮头敢闯敢试，领导班子与时俱进，开拓进取，提出“37814”工作思路，引领各方面工作取得了显著成绩，在一些影响长远发展的关键问题上取得了重要突破，在一些重点领域走在了前列、形成了示范，为能源清洁低碳转型和地方经济高质量发展做出了成绩。

本书系统总结了国网甘肃电力围绕生产体系变革所做的一系列创新探索，通过调整生产关系激发企业生产力发展活力，通过变革组织结构适应电网转型发展要求，让电网企业更加符合规律地向前发展，从而凝练出了电网企业指挥体系建设的理论与实践经验。

由于本书重点阐述的指挥体系建设理论是基于国网甘肃电力的企情所提出，实践的周期也相对有限，难免还有一些不尽如人意之处，欢迎各位专家、学者及同仁批评指正，凝聚智慧、形成合力，带动更多有志之士为国网甘肃电力的改革创新和高质量发展建言献策。

编　者

2023 年 1 月 19 日